市场营销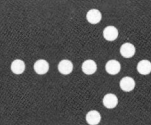

Marketing

孙福东　主　编

于　淼　副主编

电子工业出版社

Publishing House of Electronics Industry

北京·BEIJING

内 容 简 介

本书采用通俗易懂的语言，对市场营销的基本理论进行了整理和归纳，在编排上，既注重理论的完整性，又加强了技能的强化与训练，做到了理论够用、技能实用。本书共计 12 章，其主要内容包括市场营销的认知、市场营销环境分析、市场营销信息系统、消费者市场分析、目标市场营销策略、产品策略、价格策略、分销策略、促销策略、市场营销组织与管理、市场营销策划和市场营销的新发展等。每章均附有案例导入、相关链接、营销视野、课后拓展，以便学生理解与掌握。

本书可作为各类高等职业应用型院校市场营销、电子商务等经济管理类专业的教材，也可作为企业管理人员自学或培训用书。

图书在版编目（CIP）数据

市场营销 / 孙福东主编. —北京：电子工业出版社，2021.8
ISBN 978-7-121-41965-2

Ⅰ. ①市… Ⅱ. ①孙… Ⅲ. ①市场营销学 Ⅳ.①F713.50

中国版本图书馆 CIP 数据核字（2021）第 180716 号

责任编辑：杨洪军　　特约编辑：马凤红
印　　刷：三河市君旺印务有限公司
装　　订：三河市君旺印务有限公司
出版发行：电子工业出版社
　　　　　北京市海淀区万寿路 173 信箱　邮编：100036
开　　本：787×1 092　1/16　印张：15.5　字数：397 千字
版　　次：2021 年 8 月第 1 版
印　　次：2025 年 8 月第 4 次印刷
定　　价：54.00 元

前　言

党的二十大报告指出："教育、科技、人才是全面建设社会主义现代化国家的基础性、战略性支撑。必须坚持科技是第一生产力、人才是第一资源、创新是第一动力，深入实施科教兴国战略、人才强国战略、创新驱动发展战略，开辟发展新领域新赛道，不断塑造发展新动能新优势。"这为推动当下和未来一段时间内我国科教及人才事业的发展、构建人才培养体系指明了基本方向。

高等职业教育已经从精英教育迈进了大众化教育的行列，任务是培养面向生产、经营、服务第一线的高素质应用型、技能型的专业人才。在培养模式上，高等职业教育以适应社会需要为目标，以培养技术应用能力、提升学生实践能力为主线，设计学生的知识、能力、素质结构和培养方案，以应用为主旨和特征构建课程和教学内容体系，重视学生的技术应用能力的培养。市场营销是一门建立在经济科学、行为科学、现代管理理论基础上的综合性应用学科，研究以满足消费者需求为中心的企业营销活动过程及其规律性，具有全过程、实践性、综合性的特点。

本书在参考国内外有关教材及相关领域最新研究成果的基础上，结合编者多年教学经验，在营销理论内容、学生营销技能的提升等方面进行了新的尝试。本书在编写过程中，为了突出高等职业教育注重实践性、应用性、技能型的特点，从高职高专教育教学的要求出发，本着理论够用的原则，着重强调营销技能的掌握与训练；在体例编写上，注重编排的新颖性。

本书的特点主要体现在以下几个方面。

（1）活化基本理论，定位准确。遵循高职高专人才的培养特点与要求，保留了市场营销的基本理论框架，补充了市场营销领域的最新发展形势。本书内容力求做到简洁明了、简明扼要，采用适当的标题，注重文笔的简练，使知识表达具有逻辑清晰、层次清楚的特点，立足于创立全新的课程教学模式，在能力和素质两个方面均衡培养。

（2）强化实践应用，重点突出。遵循应用型的人才培养特点，强化市场营销基本原理、方法和技巧的应用。通过每章的案例导入、课后实训，注重强化营销技能训练的系统性与连贯性。课后实训针对特定行业进行系统的技能训练，以学生针对某一行业创业为起点，根据营销的各个环节所需技能要求进行设计，力求做到涵盖一个企业在营销过程的基本环节，使学生更深刻地理解企业的营销活动，掌握相关技能。每章的课后同步测试、案例分析与讨论，有助于学生对基本内容的理解、掌握与应用进行及时考核。

（3）突出知识的趣味性。本书采用基本统一的设计体例，在基本理论、基本知识、基本技能教学的基础上，每章都配有大量的案例分析，插入"营销视野"和"相关链接"模块，使学生的视野得以拓展，理论应用能力得以提升。案例新颖，与时俱进，具有代表性；营销视野提供不同的营销观点；课后拓展可以丰富学生的营销知识，拓宽学生的视野，增强本书的可读性。

本书提供丰富的课程配套资源并持续更新完善，主要包括智慧树线上课程资源、教学日历、案例集、电子课件、习题和答案、模拟试卷及答案等。这些资源都可以在华信教育资源网上免费下载使用。

本书由黑龙江生物科技职业学院孙福东副教授任主编，负责内容的组织与撰写。具体编写分工是：孙福东老师编写第 1、2、5、6、8、12 章；于淼老师编写第 3、4、7 章；陈通编写第 9、10、11 章。本书在策划和编写过程中，隋东旭老师对本书做了细致的审校工作，使本书的内容更加完善。同时，得到了电子工业出版社姜淑晶编辑的大力支持和帮助，在此深表谢意！

本书在编写过程中，借鉴了国内外许多专家学者的学术观点和文献，参阅了大量书籍、期刊和网络资料，在此谨对各位作者表示感谢。由于编者学识、能力及经验的局限，书中的缺点、不足等难以避免，谨请 相关专家和广大读者批评指正。

编者

目 录

第1章　市场营销的认知 ……………… 1
　1.1　什么是市场营销 ………………… 2
　　1.1.1　市场的含义 ………………… 2
　　1.1.2　市场营销的含义及特点 …… 3
　　1.1.3　研究市场的意义 …………… 5
　1.2　市场营销的核心要素 …………… 7
　　1.2.1　需要、欲望和需求 ………… 7
　　1.2.2　产品 ………………………… 8
　　1.2.3　效用、价值和满足 ………… 8
　　1.2.4　交换和交易 ………………… 8
　　1.2.5　市场 ………………………… 9
　　1.2.6　市场营销和市场营销者 …… 9
　1.3　市场营销管理 ………………… 10
　1.4　市场营销观念的演变 ………… 12
　　1.4.1　传统市场营销观念 ……… 12
　　1.4.2　市场营销观念 …………… 14
　　1.4.3　社会市场营销观念 ……… 14
　1.5　客户满意理论 ………………… 16
　　1.5.1　客户让渡价值 …………… 16
　　1.5.2　客户满意度理论（CS
　　　　　理论） ……………………… 18
　本章小结 ………………………… 20
　课后拓展 ………………………… 20
　课后实训 ………………………… 21
第2章　市场营销环境分析 ………… 22
　2.1　市场营销环境概述 …………… 23
　　2.1.1　市场营销环境的概念 …… 23
　　2.1.2　营销环境的特征 ………… 23
　2.2　市场营销宏观环境分析 ……… 24
　　2.2.1　人口环境 ………………… 24
　　2.2.2　经济环境 ………………… 26
　　2.2.3　自然环境 ………………… 28

　　2.2.4　政治、法律环境 ………… 28
　　2.2.5　社会文化环境 …………… 29
　　2.2.6　科技环境 ………………… 29
　2.3　市场营销微观环境分析 ……… 30
　　2.3.1　企业内部环境 …………… 30
　　2.3.2　供应商与营销中介 ……… 31
　　2.3.3　社会公众 ………………… 32
　　2.3.4　竞争者 …………………… 32
　　2.3.5　目标客户 ………………… 33
　2.4　市场营销环境分析方法 ……… 33
　　2.4.1　SWOT 分析法 …………… 33
　　2.4.2　机会潜在吸引力与企业成功
　　　　　概率分析 ………………… 35
　　2.4.3　潜在威胁的严重性与威胁出
　　　　　现的可能性分析 ………… 35
　　2.4.4　威胁与机会的分析 ……… 36
　本章小结 ………………………… 36
　课后拓展 ………………………… 37
　课后实训 ………………………… 37
第3章　市场营销信息系统 ………… 39
　3.1　市场营销信息系统概述 ……… 40
　　3.1.1　市场营销信息的含义与
　　　　　特征 ……………………… 40
　　3.1.2　市场营销信息的作用 …… 41
　　3.1.3　市场营销信息系统的构成 … 42
　3.2　市场调查 ……………………… 44
　　3.2.1　市场调查的含义 ………… 44
　　3.2.2　市场调查的特点 ………… 44
　　3.2.3　市场营销调查的分类 …… 45
　　3.2.4　市场调查的内容 ………… 46
　　3.2.5　市场调查的方法 ………… 48
　　3.2.6　市场调查的步骤 ………… 49

3.3 市场营销预测 ·············· 51
  3.3.1 市场营销资料的整理 ······· 51
  3.3.2 市场营销资料分析 ········· 52
  3.3.3 市场营销预测方法 ········· 53
本章小结 ··················· 54
课后拓展 ··················· 55
课后实训 ··················· 56

第4章 消费者市场分析 ········ 57
4.1 消费者市场购买行为模式分析 ····· 59
  4.1.1 消费者市场的含义 ········· 59
  4.1.2 消费者市场的特点 ········· 59
  4.1.3 消费者购买行为模式 ······· 60
4.2 影响消费者购买行为的因素分析 ··· 61
  4.2.1 社会文化因素 ··········· 61
  4.2.2 个人因素 ············· 65
  4.2.3 心理因素 ············· 67
4.3 消费者购买决策过程分析 ········ 70
  4.3.1 消费者购买决策过程的参
       与者 ··············· 71
  4.3.2 消费者购买行为的类型 ····· 71
  4.3.3 消费者购买决策过程 ······· 72
本章小结 ··················· 75
课后拓展 ··················· 76
课后实训 ··················· 76

第5章 目标市场营销策略 ······· 77
5.1 市场细分 ················ 79
  5.1.1 市场细分的含义 ········· 79
  5.1.2 市场细分的作用 ········· 80
  5.1.3 市场细分的标准 ········· 81
  5.1.4 市场细分的原则 ········· 83
5.2 目标市场 ················ 84
  5.2.1 目标市场的含义 ········· 84
  5.2.2 目标市场选择模式 ········· 85
  5.2.3 目标市场营销策略 ········· 86
5.3 市场定位 ················ 88
  5.3.1 市场定位的含义 ········· 89
  5.3.2 市场定位的内容与作用 ····· 89
  5.3.3 市场定位的步骤 ········· 90
  5.3.4 市场定位的策略 ········· 91

本章小结 ··················· 92
课后拓展 ··················· 93
课后实训 ··················· 93

第6章 产品策略 ············· 95
6.1 产品整体概述 ············· 97
  6.1.1 产品整体概念 ··········· 97
  6.1.2 产品分类 ············· 99
6.2 产品生命周期 ·············100
  6.2.1 产品生命周期原理 ········100
  6.2.2 产品生命周期各阶段策略 ···102
6.3 品牌策略 ················105
  6.3.1 品牌的含义 ············105
  6.3.2 品牌的作用 ············105
  6.3.3 品牌设计原则 ··········106
  6.3.4 品牌决策 ·············107
6.4 包装策略 ················109
  6.4.1 包装的含义 ············110
  6.4.2 包装的作用 ············110
  6.4.3 包装设计原则 ··········111
  6.4.4 产品包装策略 ··········113
6.5 产品组合策略 ·············113
  6.5.1 产品组合 ·············114
  6.5.2 产品组合的要素 ·········114
  6.5.3 优化产品组合分析 ········115
  6.5.4 产品组合决策 ··········117
6.6 新产品开发 ··············118
  6.6.1 新产品的含义 ··········118
  6.6.2 新产品的分类 ··········118
  6.6.3 新产品开发方式 ·········119
  6.6.4 新产品开发流程 ·········120
本章小结 ··················122
课后拓展 ··················123
课后实训 ··················123

第7章 价格策略 ············124
7.1 影响产品定价的因素 ·········125
  7.1.1 产品成本 ·············125
  7.1.2 市场供求 ·············126
  7.1.3 市场竞争 ·············128
  7.1.4 政策法规 ·············130

7.1.5 心理因素 ················ 130
7.2 产品定价的方法 ············ 131
7.2.1 成本导向定价法 ········· 131
7.2.2 需求导向定价法 ········· 132
7.2.3 竞争导向定价法 ········· 133
7.3 产品价格的策略 ············ 134
7.3.1 新产品价格策略 ········· 134
7.3.2 相关产品价格策略 ······· 135
7.3.3 差别定价策略 ··········· 136
7.3.4 折扣价格策略 ··········· 136
7.3.5 心理定价策略 ··········· 137
7.4 价格调整 ·················· 137
7.4.1 价格调整的原因 ········· 138
7.4.2 价格调整中的客户反应 ··· 139
7.4.3 价格调整中的竞争反应 ··· 139
本章小结 ······················ 140
课后拓展 ······················ 140
课后实训 ······················ 140

第8章 分销策略 ············ 142
8.1 分销渠道概述 ·············· 144
8.1.1 分销渠道的含义 ········· 144
8.1.2 分销渠道的职能 ········· 145
8.1.3 分销渠道的类型 ········· 147
8.1.4 分销渠道的整合 ········· 148
8.2 分销渠道的设计与选择 ······ 149
8.2.1 中间商 ················· 150
8.2.2 分销渠道的设计 ········· 152
8.2.3 分销渠道的选择 ········· 154
8.3 分销渠道的管理 ············ 155
8.3.1 检查中间商 ············· 155
8.3.2 分销渠道的激励与扶持 ··· 156
8.3.3 渠道调整 ··············· 156
本章小结 ······················ 157
课后拓展 ······················ 157
课后实训 ······················ 157

第9章 促销策略 ············ 159
9.1 促销策略概述 ·············· 160
9.1.1 促销的含义 ············· 160
9.1.2 促销组合 ··············· 160

9.1.3 促销的作用 ············· 162
9.1.4 影响促销组合策略的因素 ··· 163
9.2 人员推销 ·················· 164
9.2.1 人员推销的含义 ········· 164
9.2.2 人员推销的任务与基本
形式 ················· 166
9.2.3 推销人员的素质 ········· 167
9.2.4 推销人员的选聘与培训 ··· 167
9.2.5 人员推销的步骤及策略 ··· 168
9.2.6 推销人员的激励和评估 ··· 169
9.3 广告策略概述 ·············· 170
9.3.1 广告的含义 ············· 170
9.3.2 广告的功能 ············· 171
9.3.3 广告策略的步骤 ········· 171
9.4 营业推广策略 ·············· 175
9.4.1 营业推广策略的概念 ····· 175
9.4.2 营业推广策略的环节 ····· 176
9.5 公共关系 ·················· 178
9.5.1 公共关系的要素及特征 ··· 179
9.5.2 公共关系实施的步骤 ····· 179
本章小结 ······················ 181
课后拓展 ······················ 182
课后实训 ······················ 182

第10章 市场营销组织与管理 ··· 183
10.1 市场营销组织 ············· 185
10.1.1 市场营销组织的演变
过程 ················ 185
10.1.2 市场营销部门的组织
类型 ················ 186
10.1.3 市场营销组织设置的
原则 ················ 188
10.2 市场营销执行 ············· 189
10.2.1 市场营销执行过程 ······ 190
10.2.2 市场营销执行技能 ······ 191
10.3 市场营销控制 ············· 192
10.3.1 市场营销控制的含义 ···· 192
10.3.2 市场营销控制的流程 ···· 192
10.3.3 市场营销控制的方法 ···· 194
10.3.4 市场营销的战略控制 ···· 196

课后拓展 ·············197
本章小结 ·············197
课后实训 ·············197

第11章 市场营销策划 ·············199

11.1 市场营销策划概述 ·············201
  11.1.1 市场营销策划的基础 ······201
  11.1.2 市场营销策划的基本
        原则 ·············202
  11.1.3 市场营销策划的流程 ······203
11.2 市场营销策划创意 ·············206
  11.2.1 市场营销策划创意概述 ···206
  11.2.2 创意思维的培养与开发 ···207
本章小结 ·············211
课后拓展 ·············211
课后实训 ·············212

第12章 市场营销的新发展 ·············213

12.1 新媒体营销 ·············214
  12.1.1 新媒体营销的概念 ·······214
  12.1.2 新媒体营销的特点 ·······214
  12.1.3 新媒体营销的核心要素 ···215

12.1.4 新媒体营销的方式 ········216
12.1.5 新媒体营销的优势 ········218
12.1.6 新媒体营销的渠道 ········220
12.1.7 新媒体营销的策略 ········221
12.2 直播营销 ·············222
  12.2.1 直播营销的概念 ··········222
  12.2.2 直播营销构成的要素 ······223
  12.2.3 直播营销的主要特点 ······223
  12.2.4 主流直播平台 ·············224
  12.2.5 主流电商平台 ·············225
  12.2.6 直播营销的优势 ·········229
12.3 社群营销 ·············230
  12.3.1 社群营销的概念 ··········230
  12.3.2 构成社群的五大要素 ······231
  12.3.3 如何构建社群 ·············233
  12.3.4 社群变现方式 ·············234
本章小结 ·············236
课后拓展 ·············237
课后实训 ·············238

参考文献 ·············239

第1章 市场营销的认知

导入案例

2020年天猫"双十一"落下帷幕 成交额再创新高

2020年11月1—11日，天猫"双十一"订单创建峰值达58.3万笔/秒，这一数字是2009年第一次天猫"双十一"的1 457倍。同时期，天猫"双十一"全球狂欢季总成交额达4 982亿元人民币，约合741亿美元；实时物流订单总量约23.21亿单，约等于2010年全年我国快递量的总和；淘宝直播已经诞生了28个成交额超1亿元的直播间。

阿里巴巴公布的2020年天猫"双十一"期间的AI数据表明，AI调用量超过了15万亿次，相当于7.5亿消费者人均使用超过了2万次。其中，AI处理图片约165亿张，处理视频超过了3 500万个小时，AI翻译词汇高达3.7万亿个。同时，天猫平台公布的数据显示，从11月1日到11日中午12点，已有16个新品牌在天猫累计成交额突破1亿元大关，数量接近2019年的3倍，而且这个数字还在增长。

天猫平台预计，未来3年，将有1 000个年销售额超过1亿元、100个超过10亿元的新锐"黑马"品牌在天猫平台上诞生。

（资料来源：百度百科）

分析：在网络时代，人们不可能离开营销。营销几乎充斥在人们身边的任何活动中，不仅有街上戴着熊头套的推销员，商场里声、光、电交相辉映的大型促销设备，报纸、广播、电视、互联网上各种各样的广告，还有互联网大数据的精准广告推送……真可谓营销无处不在。网络经济的爆发式发展和人们网络购物行为的日常化，使企业不得不将经营活动进行根本性的改变，由原来的公司主导转变为网络市场主导，这时候市场营销的作用也就日益凸显，重视营销、成功营销已经是企业生存和发展的核心要素，成为企业生存的关键。

思考：（1）市场具有什么特点？

（2）在"双十一"购物节中，有哪些因素是市场环境必须具备的？有何作用？

📣 **学习目标**

通过学习本章内容，学生应明确从企业角度定义的市场概念与构成；能够解释什么是营销；准确掌握从"销"到"营"的理念转变的根本原因；掌握市场营销核心要素的构成；了解市场营销的发展历程。

1.1　什么是市场营销

📣 **关键词语**

市场　市场营销　营销要素

1.1.1　市场的含义

市场是连接生产和消费的纽带，它的概念随着商品经济的不断发展，内容得到不断的丰富和充实。在不同的环境中，从不同的研究角度进行分析，市场有如下多种含义。

第一个角度是从"场所"的概念进行分析。市场是商品交换的场所，是买卖双方购买和出售商品、进行交易活动的地点或地区。作为商品交换场所的市场，对每个企业而言都很重要。企业在进行营销活动时，首先要知道自己的市场在哪里、自己的商品都销往哪里。但是，如果有人说"我国的汽车市场很大"，这显然不是指我国交换汽车的场所很大，而是指我国汽车的市场需求很大，指买主很多，需求量很大。

第二个角度是从购买者进行分析。市场指某项商品或劳务的所有现实和潜在的购买者，即买方构成市场。市场不但包括有购买力和购买欲望的现实购买者，还包括暂时没有购买力，或者暂时没有购买欲望的潜在购买者。对企业而言，明确本企业商品的现实和潜在市场的需求量，对正确制定生产和市场营销决策具有重要意义。

第三个角度是从商品交换进行分析。市场是商品交换关系的总和。交换关系主要是商品在流通领域中进行交换时发生的关系。只要存在着买卖关系，就意味着存在市场。

第四个角度是从营销进行分析。市场指对某种商品或劳务具有需求、有支付能力和希望进行某种交易的人或组织。这是当代最著名的市场营销大师菲利普·科特勒的理解。营销领域中的市场包含三个要素，即有某种需要的人、有满足这种需要的购买力和购买欲望。用公式表示为

$$市场=人口数量+购买欲望+购买力$$

人口是构成市场的基本因素，人口数量是决定市场大小的前提；购买力是人们的货币支付能力，用以购买商品或劳务等，购买者收入的多少决定了其购买力的高低；购买欲望是消费者购买商品的动机、愿望和要求。这里要引起注意的是，购买欲望是消费者把潜在的购买愿望变为现实购买行为的重要条件，因而也是构成市场的基本要素。人口数量是市场三要素中的重要组成部分，直接决定了市场的规模和潜在的容量，人口的性别、年龄、民族、婚姻状况、职业、居住分布等也对市场格局产生着深刻的影响，

从而影响着企业的营销活动。

人口数量、购买欲望和购买力称为市场三要素，如图 1-1 所示。这三个要素相互制约，缺一不可，只有结合起来才能构成现实或潜在的市场，才能决定市场的规模和容量。

对于经营者而言，市场三要素中，哪些是可以改变的？哪些是不可以改变的？如果企业无法改变这三个要素，那么企业研究"市场"就没有什么意义了。在三要素中，人口数量和购买力的状况，可以通过调研实现。人口数量并不能随企业的意志转移，购买力的绝对数量也无法改变，企业只能通过价格的调整小幅度地改变购买力的相对数量。

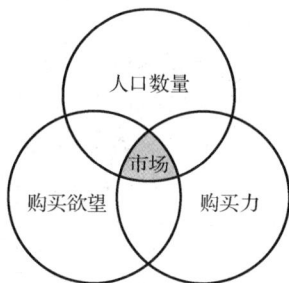

图 1-1　市场三要素

成功营销的关键在于掌握什么是市场营销和如何进行市场营销。为客户创造价值的多少、客户的满意度和忠诚度的高低成为衡量营销成功与否的重要指标。在市场经济条件下，企业的命运决定于市场，机遇与挑战并存。在以结果为导向的企业竞争中，企业所走的每一步都显得尤为重要。企业要真正地走向市场，就必须了解市场，面向市场。所以，正确地理解市场的含义，是学习市场营销的重要基础。

🔍 营销视野

为提升经济效益，企业需全面了解市场

因为企业改变不了人口数量，所以，企业只能通过改变消费者的购买欲望达到企业的营销目标；企业也改变不了绝对的购买力，但可以通过价格调整的营销手段影响购买力。

企业必须全面理解市场的含义，这对企业的生产、经营和营销都具有重要的意义。企业面向市场，是指企业要面向某一国家、某一地区的客户，面向目标客户的需求，研究其购买行为和购买心理，并以客户需求为导向，结合企业实际情况，研究商品销售地区的供求状况，商品交换中的买卖、协作、竞争等关系，从而确定企业的经营方向和经营服务对象，制定生产经营决策和市场营销策略，以达到企业的经营目标，提升经济效益。

1.1.2　市场营销的含义及特点

1. 市场营销的含义

市场营销是企业在市场环境中从事的经营活动，是在市场营销观念指导下产生的一种现代企业行为。在理解市场营销的含义时，绝不能把营销理解为企业的销售。

美国西北大学教授菲利普·科特勒（Philip Kotler）下的定义强调了营销的价值导向：市场营销是个人或集体通过创造，并同他人交换产品和价值，以满足需求和欲望的一种社会和管理过程。

近些年，我国不少企业提出了"公司不需要营销，做好产品即可"的观点，甚至有人提出"品牌大于营销"的理念，这些误区的源头在于对营销的曲解。那么，营销到底是什么呢？

营销是企业发现或挖掘准消费者的需求，让消费者在了解产品后，进行购买产品的过程。现代管理学之父彼得·德鲁克先生在《管理：任务、责任、实践》一书中写到："真正的营销要从客户的属性、现实状况、需求及价值观等方面做起。"真正的营销并不是跟客户说："这是我们提供的产品或服务。"而应该说："这些是客户所追求、重视的事物及需要的满足。"按照他的标准去对照一些企业的营销行为，会发现诸多"伪营销"和"坏营销"。

把"营销"一词分解一下，可以分成两个部分，"营"指"经营"，"销"指"销售"，想要做好销售，必须学会经营，经营的效果决定销售的效果。

由以上列举的定义可见，随着经济的发展和人类认识的深化，市场营销的内涵和外延已经得到了极大的丰富和扩展，其过程向前延伸到生产领域和生产前的各种活动，向后延伸到流通过程结束后的消费过程；其内容扩大到市场调研、市场细分、产品开发、确定价格、选择分销渠道、广告、促销、售后服务、信息反馈等诸多方面；其目的上升为保证消费者的需要得到全部和真正的满足，并为人们创造更高的生活标准；其运行表现为在现代市场营销观念指导下有计划、有组织地、自觉加以调节和控制的理性活动。

根据现代市场营销的发展历程，可以给出如下定义：市场营销是企业在变化的市场环境中，为满足消费者需要和实现企业目标，综合运用各种市场营销手段，把商品和服务整体地销售给消费者的一系列市场经营活动。

🔍 营销视野

推销、经营与营销的区别

推销是以销售为导向，强调产品销售，是一种市场被动行为；经营比推销前进了一步，包含了买与卖两种活动——为了卖而买，但同样以销售为导向，是一种市场被动行为；营销则比经营更复杂，它应以需求为导向，不是单纯的买与卖，而是注重企业的长远目标，进行的市场引导行为。

2. 市场营销的特点

作为一种综合性市场经营活动，现代市场营销与一般或传统意义上的经营活动相比，具有如下几点显著的区别和鲜明的特点。

（1）市场营销是包括市场营销战略决策、生产、销售等阶段在内的总循环过程。

这一过程涉及生产、流通和消费各个领域。市场营销战略决策作为市场营销过程的第一阶段，主要是解决制定或调整经营方向、进行经营规模的合理优化、选择有利的经营时机、评价市场营销战略方案的经济效益等重大战略问题。市场营销战略决定着企业市场营销活动的方向和效果，为保证战略决策的科学正确，必须进行科学的调查和预测，在市场细分的基础上选定目标市场，根据目标市场的需求决定企业的经营方向和经营规模，制定相应的市场营销战略方案。因此，市场是企业开展市场营销活动的起点和制定市场营销战略的根本依据。

生产阶段的市场营销活动作为市场营销过程的第二阶段，主要在生产领域进行。这一阶段的重点是根据市场分析与预测的结果，确定产品品种组合决策，制订新产品开发计划，注重产品生产和经营的数量、质量、包装、商标等的设计与实施。同时，加强生产过程中的各项管理，降低生产成本和经营费用，为提高产品的市场竞争力和企业的经济效益奠定坚实基础。

销售作为市场营销过程的第三阶段，主要在流通领域完成，同时向消费领域延伸。这一阶段需要综合运用价格、促销、渠道、储运、广告、服务等各种市场营销手段和策略，在全面满足消费者需求的基础上，促成产品的最终销售。以上 3 个阶段在时间上连续，在空间上并存，既紧密联系，又相互制约，从而实现和保证市场营销过程的循环往复，连续不断。

（2）市场营销是以消费者需求为基点和中心的企业经营行为。

现代市场营销与传统的经营活动相比，一个显著的特点是以消费者需求为中心，需求成为左右企业一切生产经营活动的出发点。从事市场营销的企业仍以盈利为基本目标，但这一目标的实现，必须以满足消费者需求为基础，获取利润的手段必须有利于消费者需求的满足。因此，在营销活动中，企业追求的首先是商品或服务对满足消费者需求的功效，然后根据需求的被满足程度来确定企业的盈利水平。

事实上，满足需求与获取盈利并非相互对立，而是彼此依存、相辅相成的。消费者需求被满足的程度越高，企业的盈利会随之越多；反之，需求被满足的程度越低，企业的盈利也只能越少。基于上述认识，企业在市场营销中应强调以消费者需求为出发点，不仅要满足已有的现实需求，还要激发、转化各种潜在需求，进而引导和创造新的需求；不仅要满足消费者的近期、个别需求，还要顾及消费者的长远需求，维护社会公众的整体利益。

（3）市场营销是以整体营销组合作为运行手段和方法的有机系统。

传统的经营活动中，企业往往集中运用一种或几种经营手段达成预定目标，如借助产品本身扩大市场，只依靠推销手段促进销售。与传统方式不同，市场营销不主张采用单一手段从事经营活动，而认为应在产品设计、包装、商标、定价、财务、销售、服务、公关、分销渠道、仓储运输等各个环节和方面都制定出相应的市场营销策略，以综合性的策略组合进行整体营销。这些策略和手段又归结为以下几个方面，即产品策略、价格策略、分销策略、促销策略，以及近年来迅速发展的公共关系策略和财务控制策略等。整体营销组合即由这些策略组合而成，整体营销组合与各个策略组合相互联系、共同作用，构成了市场营销手段和方法的完整系统。

1.1.3　研究市场的意义

在市场经济条件下，市场是配置社会资源的基础。企业作为资源配置与运用的基本单位和经济活动的主体，必然要被推向市场，在复杂的商品交换关系和市场体系构成的经济环境中运行。研究市场对企业营销的意义主要表现在以下几个方面。

1. 有助于企业树立市场导向型的现代经营思想

经营思想反映了一定条件下企业对其自身与市场关系的一种理性认识。在市场营销中，首先需要解决的核心问题是市场与生产的关系、需求与产品的关系、客户与企业的关系，明确市场需要什么就生产什么，产品以需求为中心，客户是企业的上帝。上述关系的明确，为树立以市场为导向的现代经营思想奠定了基础，并通过营销活动使这一思想得以贯彻实施。

2. 有助于企业建立环境决定型的科学决策模式

决策是企业经营管理的首要职能，采用何种决策模式，直接影响着决策的科学性和有效性。在市场营销中，强调以市场环境作为决策的出发点和基本依据，应该对企业所处的政治、经济、法律、社会等环境进行分析，从中发现企业的市场机会。然后，再根据机会决定企业的经营目标，并对实现目标的策略、组织、制度等进行抉择。这种决策模式为企业灵活适应市场环境变化、制定最佳决策方案提供了保证。

3. 有助于企业正确选择目标市场，扩大市场规模，提高竞争能力

现代市场范围广阔，消费需求复杂多样，任何企业都不可能独占全部市场，满足所有消费者的各种需求，只能选择部分市场作为目标市场，在目标市场领域中求得发展。

在市场营销中，人们运用市场细分理论，可以帮助企业正确选择目标市场，把市场机会转变为企业机会，集中人力、财力、物力从事生产和市场营销，提高产品竞争能力，以使自己在整体市场上的劣势变为局部市场上的优势。

人们运用市场发展理论，可以帮助企业选择适宜的市场发展战略，通过密集化、一体化、多元化和扩展、维持、收缩等战略选择，扩大企业的市场规模，进而提高产品的市场占有率。

人们运用市场竞争理论，可以帮助企业掌握制定市场竞争战略的原则和对竞争战略的组合运用，根据企业与市场的相对位置，选择和采用进攻型、防守型、渗透型、低成本、产品差异、优势经营等战略，从而大大提高企业的竞争能力。

4. 有助于企业建立需求管理型的市场营销管理体制

在市场营销过程中，企业要直接面对市场，以适应需求作为一切活动的中心。为此，需要建立相应的管理体制，从组织和制度上明确市场营销职能与其他经营管理职能、市场营销部门与其他职能部门之间的关系。发达国家企业的实践表明，建立需求管理型的市场营销管理体制，使整个企业成为一个市场营销组织，是企业主动适应和有效驾驭市场的理想体制。

这一体制可以保证以承担市场营销职责的部门为纽带，直接建立企业与市场的联系；可以确立市场营销职能的核心地位，以市场营销为中心，协调其与计划、生产、财务、人事等各职能部门的关系；可以按照营销活动的内在联系，建立从市场调研、确定目标市场、制定市场营销战略、运用市场营销组合，到对市场营销过程进行信息反馈和控制等一整套科学系统的管理程序。因此，需求管理型的市场营销管理体制的建立，对企业适应市场经济的要求、提高企业管理的现代化水平具有重要意义。

1.2　市场营销的核心要素

关键词语

需求　欲望　效用　产品

为进一步理解和把握市场营销的深刻内涵，需要先讨论与之相互关联的六组概念：①需要、欲望和需求；②产品；③效用、费用和满足；④交换和交易；⑤市场；⑥市场营销和市场营销者。这些市场营销的核心概念是相互联系的，并且每个概念都建立于前一个概念之上。

如图 1-2 所示为市场营销核心概念及其相互关系。

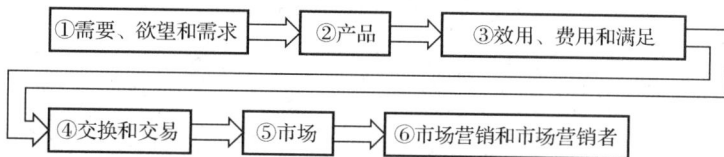

图 1-2　市场营销核心概念及其相互关系

1.2.1　需要、欲望和需求

市场营销思考问题的出发点指消费者需要引发的欲望，进而形成需求。

（1）需要。人的基本需要是市场营销最基本的概念，也就是出发点。需要指没有得到某些满足的状态。凡有生命者都有需要，需要是人类与生俱来的本性，植物需要土、水、阳光，动物需要空气、水、食物，高级动物则还有感情及生理上的需要。

人的需要不是由市场营销活动造成的，而是由人的内在本性构成的，因此，需要存在于市场营销活动之前。营销者的任务并不是创造人类的需要，而是发现需要，并通过提供产品和服务满足人们的需要。人们趋向于某些特定的目标并获得满足时，需要就变成了欲望。

（2）欲望。人的欲望是想得到这些基本需要的具体满足物的愿望。例如，为满足"解渴"的生理需要，人们可能选择喝白开水、茶、汽水、果汁或矿泉水；满足"饥饿"的生理需要，人们可能选择吃中式的饺子、炒饼、面条或西式快餐，等等。通常，人的欲望的形成和实现往往受个人文化背景和生活环境的影响。当具有购买能力，并愿意购买他所期望的产品时，欲望便转化成了需求。

（3）需求。需求是对有能力购买，并且愿意购买的某个具体产品的欲望。需求对企业而言意义最大，没有需求就谈不上企业营销，人们的需求是企业营销的根本出发点。在不同时期，人们会在购买力水平的约束下，选择能最大限度满足其欲望的产品和服务。

营销者的重要作用

因为营销者和企业不能创造人们的需要，需要在市场营销活动之前就已存在了。所以，优秀的企业可以通过自身的努力唤起人们的需要，可以通过市场营销激起和影响消费者的欲望，进而激起消费者购买本企业产品的需求。

1.2.2 产品

人们的需求是靠产品来满足的。产品是企业提供的任何能够满足人们某种需要和欲望的、有形的实体或无形的服务。一片面包、一件大衣、一台机器都是有形的实体产品，而理发师为人理发、策划人员为企业出点子、导游服务、演员表演、维修人员修理汽车等就属于无形的服务产品。除产品和服务外，也包括任务、地方、组织、活动、观念及体验等。例如，快餐店提供物品（包子、豆腐脑）、服务（购置、座位）及理念（省时）。因此，市场营销者的任务，是向市场展示产品实体所能满足人们需要和欲望的利益或服务，而不能仅限于描述产品的形貌。

1.2.3 效用、价值和满足

效用是消费者对产品满足其需要的整体能力的评价；价值是消费者对取得产品或满足需求而付出的代价；满足是感到已经足够了，即消费者对产品满足其需要所达到的满意程度。

消费者通常都面临一大批能满足某一需要的产品，在这些不同产品之间进行选择时，消费者一般都是以他们对这些产品的直观价值为依据，即根据他们认为哪一个产品为其提供了最大价值而做出购买决定。所以，价值是获得利益与付出成本之间的比率。

$$价值 = \frac{获得利益}{付出成本} = \frac{功能利益 + 情感利益}{货币成本 + 时间成本 + 精神成本 + 体力成本}$$

1.2.4 交换和交易

在社会再生产过程中，交换的性质、深度、广度和方式都是由生产的性质、发展水平和结构决定的。人们通过自给自足、自我生产方式，或通过偷抢、乞求方式获得产品都不是市场营销行为。只有通过等价交换，买卖双方彼此获得所需的产品，才产生市场营销。可见，交换是市场营销的核心概念。

交易会牵涉几个方面的内容：至少具备两件有价值的物品；买卖双方都同意的条件、时间、地点；通常还要有法律制度来维护和迫使交易双方执行承诺。

1.2.5　市场

市场包括各方参与交换的多种系统、机构、程序、法律强化和基础设施，是产品和服务价格建立的过程，也是促进贸易并促成社会中的利益分配和资源分配。

市场允许任何可交易项目进行评估和定价。市场是或多或少自发地出现，或者可以通过人员互动刻意地构建，以便交换服务和产品的权利（如所有权）。市场涉及所销售的产品（货物和服务）或因素（劳动力和资本）、产品差异化、交换所在地、购买者针对性、持续时间、销售流程、政府监管、税收、补贴、最低工资、价格上限、交易合法性、流动性等。市场的地理边界可能差异很大，如单一建筑中的食品市场，当地城市的房地产市场，整个国家的消费市场，或同一规则适用的国际贸易集团的经济市场。市场也可以是全球性的，如全球钻石贸易。国家经济也可以分为发达市场或发展中市场。

1.2.6　市场营销和市场营销者

1．市场营销

市场营销属于商品经济的范畴，是一种以商品交换为核心的经济联系形式。对于企业而言，市场是营销活动的出发点和归宿点。市场营销既是一种职能，又是组织为了自身及利益相关者的利益而创造、沟通、传播和传递客户价值，为客户、合作伙伴以及整个社会带来经济价值的活动、过程和体系。市场营销主要是指营销人员针对市场开展经营和销售活动的过程。

2．市场营销者

市场营销者可以是卖方，也可以是买方。谁更积极、主动寻求交换，谁就是市场营销者。在买方市场中，市场营销者通常是卖主；但假如有几个人同时想买正在市场上出售的某种奇缺产品，每个准备购买的人都尽力使自己被卖主选中，这些购买者就都在进行营销活动；在另一种场合，买卖双方都在积极寻求交换，那么，就把双方都称为市场营销者，并把这种情况称为相互市场营销。

🔍 **营销视野**

前进中的母婴行业市场

母婴行业市场指面向婴童及孕产妇群体，为满足其衣、食、住、行、玩、用、教等全方位需求的市场总和。母婴行业是涉及商品制造、零售、教育、生活服务、娱乐、医疗卫生等行业的综合性消费产业体系。从分类来看，母婴行业可以分为母婴产品和母婴服务两大类，母婴产品主要包括婴童产品和孕产妇产品，其中婴童产品又可分为婴儿食品、童装童鞋、婴儿车、婴儿床、玩具、纸尿裤、哺乳用品等；而母婴服务可分为孕产妇服务和婴童服务，孕妇服务主要包括生育相关的产前、产后护理和非生育相关服务，而婴童服务范围十分广阔，包括教育、娱乐、儿童美容美发、医疗保健（体检）、儿童保险等方面，与母婴产品相比，母婴服务产业增长潜力更大。

1.3 市场营销管理

关键词语

营销管理　潜在需求　衰退需求　充分需求

市场营销管理的任务，就是为促进企业目标的实现而调节需求的水平、时间和性质。其实质是需求管理，如表1-1所示。

表1-1　需求管理

需 求 类 型	管 理 方 法
负需求	改变性营销
无需求	刺激性营销
潜在需求	开发性营销
衰退需求	恢复性营销
波动需求	同步性营销
充分需求	维持性营销
过量需求	限制性营销
有害需求	抵制性营销

根据需求水平、时间和性质的不同，市场营销管理的任务也有所不同。市场的需求主要有以下几种类型，针对不同类型的市场需求，企业应采取相应的管理方法。

1. 负需求

在绝大多数人对某个产品感到厌恶，甚至愿意出钱回避它的情况下，市场营销管理的任务是改变性营销。例如，糖尿病患者忌食可能会导致血糖升高的食品。改变性营销，即市场营销管理的任务是分析人们为什么不喜欢这些产品，并针对目标客户的需求重新设计产品、定价，做更积极的促销，或改变客户对某些产品或服务的信念，把负需求变为正需求。把负需求变为正需求的过程称为改变性营销。

2. 无需求

在无需求情况下，市场营销管理的任务是刺激性营销，即通过大力促销及其他市场营销措施，努力使产品所能提供的利益与人的自然需要和兴趣联系起来，这是一项意义重大而又十分艰巨的任务。因为企业面临的是一种对某种产品或服务无需求的市场状况，营销人员必须针对性地采取有效的措施刺激需求。

3. 潜在需求

潜在需求是相当一部分消费者对某物有强烈的需求，而现有产品或服务又无法使之满足的一种需求状况。在此种情况下，市场营销管理的重点就是开发性营销。例如，老年人需要高植物蛋白、低胆固醇的保健食品，美观大方的服饰，安全、舒适、服务周到的交通工具等，但许多企业尚未重视老年市场的需求。企业市场营销的任务是准确地衡量潜在市场需求，开发有效的产品和服务，即开发性营销，变潜在需求为现实需求。

4. 衰退需求

衰退需求指目标市场客户对某些产品或服务的需求出现了下降趋势。例如，随着时代的变迁，我国女性对传统服装的需求不断减少。营销人员分析需求衰退的原因后，通过改变产品特色、开发新的市场等不同的方式来遏制需求减少，并重新刺激需求，实现创造性的再营销过程，称为恢复性营销。

5. 波动需求

许多企业常受到如季节、月份、周、日、时等时间因素对产品或服务需求的影响，而造成生产能力和商品的闲置或过度使用。例如，在公共交通工具方面，在运输高峰时不够用，在非高峰时却又闲置不用。又如，在旅游旺季时，旅馆紧张和短缺；而在旅游淡季时，旅馆却又空闲。再如，节假日或周末时，商店很拥挤，平时商店顾客却很稀少。市场营销的任务是通过灵活的定价、促销及其他激励因素来改变需求的时间模式，称为同步性营销。

6. 充分需求

假如某种产品或服务的目前需求水平和时间等于预期的需求水平和时间（这是企业最理想的一种需求状况），市场营销管理只要加以维持即可。企业在面对充分需求时，应密切注视消费者偏好的变化和竞争状况，不断提高产品质量，尽可能维持现有需求水平，称为维持性营销。

7. 过量需求

过量需求指市场上的客户对某些产品的需求超过了企业供应能力，产品供不应求。例如，由于人口过多或物资短缺，引起交通、能源及住房等产品供不应求。企业营销管理的任务是减缓营销，可以通过提高价格、减少促销和服务等方式使需求减少。企业最好选择那些要求提供服务不多的目标客户作为减缓营销的对象。减缓营销的目的不是破坏需求，而只是暂缓需求水平，称为限制性营销。

8. 有害需求

有害需求指对某种有害产品或服务的需求，如烟草、毒品或其他一些不良产品，对消费者和社会都是有害的需求。营销人员的任务就是劝告消费者放弃这种需求，称为抵制性营销。

1.4 市场营销观念的演变

关键词语

生产观念　产品观念　推销观念　市场营销观念

1.4.1 传统市场营销观念

1. 生产观念

生产观念是指导销售者行为的最古老的观念之一，其主要表现是"我生产什么，就卖什么"。企业经营哲学不从消费者需求出发，而从企业生产出发。这种观念立足于两个重要前提：第一，供小于求，消费者的注意力只集中在"是否买得起"和"价格是否便宜"；第二，消费者并不关注同类产品还有非价格差异（如质量、花色品种、造型、外观等）。生产观念是在卖方市场条件下产生的，各企业将工作重点放在如何有效利用生产资源及提高劳动生产率，以获得最大产量及降低生产成本上。在这种观念的指导下，生产和销售的关系必然是"以产定销"。

相关链接

生产观念中诞生的 T 形汽车

当被问到"谁发明了汽车？"这个问题时，许多人都会回答："亨利·福特。"这个普遍的误解正是对亨利·福特的赞美，因为是他使千千万万的人拥有汽车的梦想变成现实。他的指导原则是："我要制造一辆适合大众的汽车，价格低廉，谁都买得起。"

T 形车于 1908 年 10 月 1 日步入历史舞台，被亨利·福特称为"万能车"，成为低价、可靠运输工具的象征。亨利·福特的经营哲学就是千方百计地增加 T 形车的产量，降低汽车的生产成本和销售价格，以便更多地占领汽车市场。T 形车在 20 世纪 20 年代一直供不应求，其广告语是这样的："顾客可以想要他们喜欢的任何颜色的汽车，但是福特汽车只有黑色一种。"

2. 产品观念

产品观念是在生产观念的基础上发展而来的，但仍属于一种比较传统的经营观念。这种观念的特征在于企业关注的不再是尽量多地生产产品，而是尽量生产高质量的产品，企业开始迎合消费者对质量功能和新意的要求。但是企业不会主动探究消费者的需求，只提供自己认为质量好、功能全、有新意的产品，没有考虑那些产品的特性是不是消费者所渴望、需求的，而是自以为是地以自己为出发点，去提高质量，完善功能，进行创新，最典型的例子就是我国的一句古话"酒香不怕巷子深"（只要我的酒足够好，那么我是不愁卖的，就算我处在深山之中、老巷之中，消费者也会找上门来购买）。产品观念本质上还是企业以自己的利益为出发点，试图将产品做到有足够大的吸引力，让消费者主动前来跟企业进行交换。

📎 相关链接

海尔——品质如一

1985 年 12 月的一天，海尔集团创始人张瑞敏的一位朋友要买一台电冰箱，朋友挑了很多台都有毛病，最后勉强拉走一台。朋友走后，张瑞敏派人把库房里的 400 多台电冰箱全部检查了一遍，结果发现有 76 台电冰箱存在质量问题。

张瑞敏把全厂职工召集到一起，问大家怎么办。多数人建议把有质量问题的电冰箱便宜处理。当时一台电冰箱的价格是 800 多元，相当于一名职工两年的收入。张瑞敏说："我要是允许把这 76 台电冰箱卖了，就等于允许你们明天再生产 760 台这样的电冰箱。"他宣布将这 76 台电冰箱全部砸掉，并亲自抡起大锤砸！见此情景，很多职工流下了眼泪。

张瑞敏砸电冰箱的举动砸出了海尔人的质量意识，砸出了海尔人"要么不干，要干就要争第一"的精神，使质量成了海尔品牌的根基！

3. 推销观念

推销观念也称为销售导向，产生于资本主义经济由"卖方市场"向"买方市场"的过渡阶段，盛行于 20 世纪 30—40 年代。推销观念认为，消费者通常有一种购买惰性或抗衡心理，若听其自然，消费者就不会自觉地购买大量企业的产品。因此，企业管理的中心任务是积极推销和大力促销，以诱导消费者购买产品。当市场经济发展到一定阶段时，推销观念就必然成为许多企业奉行的经营观念。

当企业发现竞争对手和自己一样，生产的都是质量好的产品，但自己的产品销路不畅时，企业就会思考"为什么消费者不认可我、不购买我的产品"。企业通过调研，得到的结论是消费者不知道"我"以及"我的产品如何好"，这时企业的做法就是"要让消费者知道我"，企业开始非常注重推销与广告宣传。"产品观念"就演变为"推销观念"，从过去的"酒香不怕巷子深"发展到"王婆卖瓜，自卖自夸"。早年哈药集团的哈尔滨制药六厂就是靠强大的广告策略，使"盖中盖""补血口服液"等产品家喻户晓的，并取得了巨大的利润。近几年，企业通过强大的自媒体推销手段，使消费者了解并购买了"元气森林""李子柒"系列产品等。

推销观念虽然比前两种观念前进了一步，开始重视广告及推销术，但其实质仍然以企业利益为中心。

🔍 营销视野

满足客户需求　助力推销

再好的推销手段也不能使消费者真正接受他所不需要或不喜欢的产品，特别是在市场竞争变得日益激烈的时候，推销的效应就会逐渐减弱。奉行推销观念，着力于推销和广告，对企业的销售工作具有积极的促进作用。但如果生产出的产品需求已饱和或不能满足人们多变的需求，那么即使企业大力推销也无济于事。

1.4.2　市场营销观念

市场营销观念也称为市场营销导向或顾客导向。这种观念的核心是从以企业的需要为经营出发点变为以满足消费者的需要为经营出发点，也就是以客户需求为导向。

生产观念、产品观念、推销观念的营销出发点都是维护企业自身的利益，并没有本质的变化。而市场营销观念则发生了根本的变化，这种观念是以满足客户需求为出发点，即"市场需要什么，就生产和推销什么"，追求的是客户满意。企业要以客户为中心，提供客户需要的价值以吸引客户主动购买。过去企业以自己的利益为出发点，极力卖产品、生产好的产品、推销产品，然而客户却不吃这一套，企业的销售越来越萎缩，生意越做越艰难。但如果企业能够"以客户利益为中心"，由企业主导变为客户主导，那么，所有的问题都将迎刃而解。

🔍 营销视野

推销观念和市场营销观念的比较

美国著名管理学家杜拉克曾明确指出：市场营销的目的就是要使推销成为多余。推销观念的中心出发点是卖方需要，其宗旨是如何把卖方的产品换成现金。而市场营销观念的出发点是买方需要，即通过产品和一切涉及制造、传送和消费的活动来满足客户的需要。推销观念和市场营销观念的比较如图1-3所示。

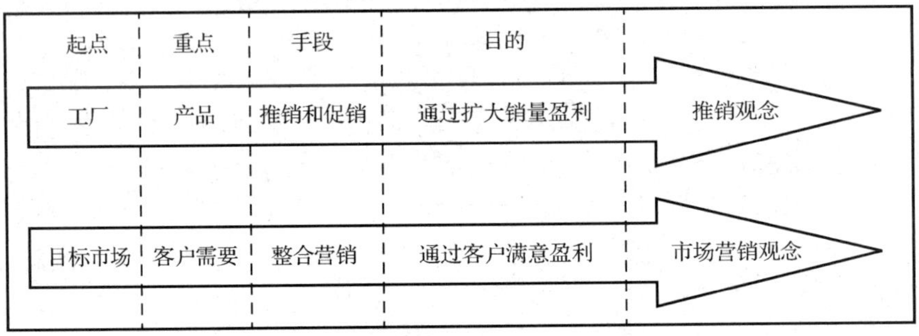

图1-3　推销观念和市场营销观念的比较

市场营销观念的产生是市场营销哲学质的飞跃和革命，它不仅改变了传统旧观念的逻辑思维方式，而且在经营策略和方法上也有很大的突破。它要求企业营销管理将管理重心放在善于发现和了解目标客户的需要上，并千方百计地去满足它，从而实现企业的目标。

1.4.3　社会市场营销观念

社会市场营销观念是以社会长远利益为中心的市场营销观念，是对市场营销观念的补充和修正。

例如，汽车行业的发展给人们的生活带来了巨大便利，促进了经济的增长，但同时也带来了交通拥堵、汽车尾气造成环境污染等问题。所以，我国在汽车行业飞速发展的过程中，推出了尾气排放标准，并不断提高要求，由"国四"提高到"国五"，并即将进入"国六"时代。这种变化就体现了既维护企业利益、强调迎合消费者的需要，又重视社会的长远利益。

社会市场营销观念就是要求企业不仅要坚持以市场营销为导向，以满足客户的消费需求为己任，并获取合理利润，而且要兼顾客户的长远利益。企业要权衡 3 个方面的利益，即企业利益、消费者需要和社会利益。在营销活动过程中要承担社会责任，充分有效地利用人力资源、物力资源，在满足消费者的需求、取得合理利润的同时，要保护环境，减少公害，维持一个健康和谐的社会环境，以不断提高人们的生活质量。如图 1-4 所示为企业营销观念的变化趋势及社会市场营销观念强调的三方利益。

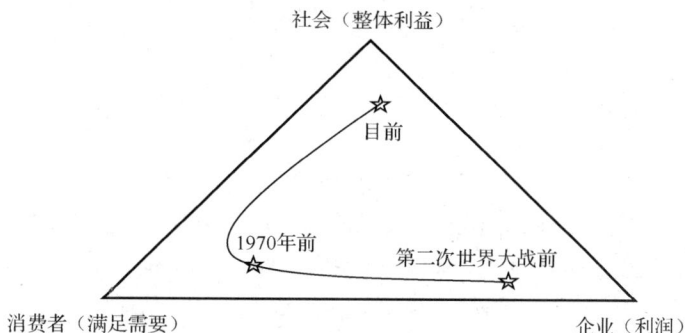

图 1-4　企业营销观念的变化趋势及社会市场营销观念强调的三方利益

社会市场营销观念涵盖 4 方面内容：①市场营销与环境；②企业、消费者与社会三者之间的利益关系；③对市场营销观念的补充与修正；④事业关联营销。

社会市场营销观念对市场营销观念进行了补充与完善，对市场营销观念的 4 个重点，即目标市场、整体营销、客户满意和盈利率都进行了如下修正。

（1）以消费者为中心。企业应供给消费者更多、更快、更准确的信息，改进广告与包装，增进产品的安全感和减少环境污染，增进并保护消费者利益。

（2）整体营销活动。整体营销活动指企业的各项要素，围绕市场营销进行优化组合，视企业为一个整体，全部资源统一运用，为企业的整体营销战略服务。

（3）实现客户满意。创造客户满意度是帮助客户解决问题，应持既有利于企业又有利于客户的"双利"行为，视利润为客户满意的一种报酬，视企业的满意利润为客户满意的副产品，而不是把企业利润摆在首位。

（4）盈利率。社会营销观念要求决策程序应先考虑消费者与社会的利益，寻求有效地满足与增进消费者利益的方法，然后再考虑利润目标，看看预期的投资报酬率是否值得投资。这种决策程序并未否定利益目标及其价值，只是置消费者利益于企业利润目标之上。

1.5 客户满意理论

客户让渡价值 客户总成本 客户总价值 客户满意

随着市场环境的不断变化，企业越来越深刻地认识到客户对其生存与发展的重要意义。从市场竞争的角度看，市场竞争实际上就是争夺客户的竞争，谁赢得了客户，谁就赢得了市场。研究表明，获得一个新客户支出的费用是留住一个老客户的 5 倍，而一个老客户比一个新客户能为企业多带来 20%～85%的利润。要想有效地留住老客户，必须使其高度满意。

1.5.1 客户让渡价值

客户让渡价值是菲利普·科特勒在《营销管理》一书中提出来的，他认为"客户让渡价值"是客户总价值（Total Customer Value，TCV）与客户总成本（Total Customer Cost，TCC）之间的差额，如图 1-5 所示。客户让渡价值越大，客户感到购买产品或服务所获利益越高，就会感到越满意。显然，客户让渡价值最大化是满足客户的需求，实现客户满意的最有效途径。

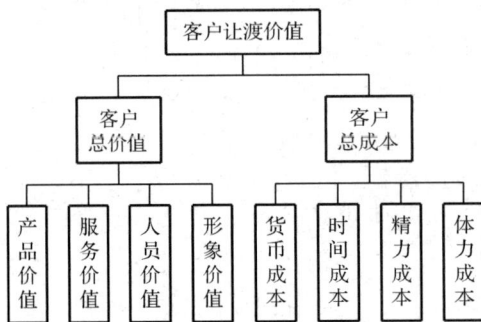

图 1-5　客户让渡价值

客户的购买行为是对一个产品的选购过程，在这个过程中，客户运用他的知识、经验、努力和收入等，按照"价值最大化"的原则，从众多的品牌和供应商中选择自己需要的产品。其中，"价值最大化"是客户每次交易力争实现的目标，也是其评判交易成功与否的标准。所以，客户在选择与其进行交易的营销者时，会事先形成一种价值期望，期望价值比较，是客户衡量是否得到了"最大价值"的现实评判方法。

1. 客户让渡价值的组成

1）客户总价值
① 产品价值。产品价值是由产品的功能、特性、品质、品种与式样等产生的价值。

它是客户需要的中心内容，也是客户选购产品的首要因素。一般情况下，它是决定客户总价值大小的关键和主要因素。因此，企业要不断推出新产品，突出产品特色，增强产品适用性。

② 服务价值。服务价值是指伴随产品实体的出售，由企业向客户提供的各种附加服务（包括产品介绍、送货、安装、调试、维修、技术培训、产品质量保障等）产生的价值。因此，向消费者提供更完善的服务已成为现代企业竞争的新焦点。

③ 人员价值。人员价值是由企业员工的经营思想、知识水平、业务能力、工作效益与质量、经营作风、应变能力等产生的价值。高素质的员工会为客户创造更多的价值，从而得到更多的满意客户。对企业而言，高度重视员工综合素质和能力的培养至关重要。

④ 形象价值。形象价值是由企业及其产品在社会公众中形成的总体形象（包括有形形象、行为形象、理念形象）产生的价值。形象价值是产品价值、服务价值、人员价值综合作用的反应和结果。企业应重视自身形象的塑造，为客户带来更大的价值。

2）客户总成本
① 货币成本。货币成本是构成总成本大小的主要和基本因素。
② 时间成本。客户等候购买的时间越长，花费的时间成本越大，越容易引起客户的不满，中途放弃购买的可能性也会增大。
③ 精力成本。精力成本是客户购买产品时，在精神方面的耗费与支出。
④ 体力成本。体力成本是客户购买产品时，在体力方面的耗费与支出。

2. 提高客户让渡价值的途径

提高客户让渡价值是增加客户满意程度、吸引购买、扩大销售、提高经济效益、增强企业竞争力的重要途径。提高客户让渡价值，有 3 种方法：尽力提高客户总价值，尽力减少客户总成本，或者在提高客户总价值和减少客户总成本两个方面都做出努力。具体而言，提高客户让渡价值的途径有如下 3 种。

（1）在不改变客户总成本的条件下，通过改进产品、改善服务、提高人员素质、提升企业形象来提高客户总价值。

（2）在不改变客户总价值的条件下，通过降低价格，或减少客户购买公司产品所花费的时间、精力、体力来降低客户总成本。

（3）在提高客户总价值的同时，提高客户总成本，但要使两者的差值增大，从而使客户让渡价值增加。

3. 客户让渡价值的意义

（1）客户让渡价值的多少受客户总价值与客户总成本两方面的影响。同时，客户总价值与客户总成本的各个构成因素是相互作用、相互影响的。

（2）不同的客户群对产品价值的期望与对各项成本的重视程度是不同的。企业应针对性地设计和增加总价值、降低总成本。

（3）客户让渡价值最根本的意义是通过满足客户期望和减少客户成本，使客户的需要获得最大限度的满足。从本质上讲，客户满意度反映的是客户的一种心理状态，它来源于客户对企业的某种产品或服务消费所产生的感受与自己的期望所进行的对比。也就是说，"满意"并不是一个绝对的概念，而是一个相对的概念。企业不能闭门造车，留恋于自己对服务、服务态度、产品质量、价格等指标是否优化的主观判断上，而应考虑所提供的产品或服务与客户期望、要求等的吻合度。企业为了争取客户，战胜竞争对手，巩固或提高企业产品的市场占有率，应采取客户让渡价值最大化策略。

1.5.2 客户满意度理论（CS 理论）

客户让渡价值很好地说明了客户的购买选择与行为取向。但客户让渡价值仅仅是客户选择购买哪个厂家的产品时的一种价值判断。购买以后，客户对于购买成功与否的评价，还要取决于其是否满意。

1. 客户满意

客户满意是指客户对一件产品满足其需要的程度与预期期望进行比较所形成的感觉状态。客户满意是客户期望的形成，为此，客户满意包括产品满意、服务满意和社会满意 3 个层次。

（1）产品满意是客户满意的基础因素，是企业产品带给客户的满足状态，包括产品的内在质量、价格、设计、包装、时效等方面的满意。

（2）服务满意是指产品在售前、售中、售后以及生命周期的不同阶段采取的服务措施令客户满意。这主要是指企业在服务过程的每一个环节都能设身处地地为客户着想，做到有利于客户、方便客户。

（3）社会满意是指客户在对企业产品和服务的消费过程中所体验到的对社会利益的维护，主要是指客户整体满意。它要求企业的经营活动要有利于社会文明进步。

2. 客户满意与价值链

营销者是如何为客户生产价值，又如何向客户转让价值的呢？这里涉及价值链与价值让渡系统的概念。

1）价值链

价值链指最终能为客户提供价值的各个相互关联的活动，这些活动的直接目标不同，但是最终都对形成客户价值起到作用。这是由市场竞争研究专家迈克尔·波特提出的一个重要概念。价值链的概念说明，在营销者向市场提供产品或服务的时候，需要进行一系列的活动，这些活动，无论是在组织内进行，还是在组织外进行，都是按分工要求划分开的。因此，不同的活动参与机构，具有不同的活动目标，但它们都是形成客户价值的组成部分。这些活动的参与机构，在形成客户价值中被联系起来。例如，企业内部有产品设计、生产、销售、送货、客户服务等一系列活动，它们是形成客户价值链条上的一个个环节。价值链也被使用在对整个营销行为的总体分析上，在企业的价值链上，需要强调对核心业务过程的管理。

企业的主要核心业务包括如下 4 个过程。

① 新产品的实现过程。新产品的实现过程指在快速、高质量和按目标成本更新产品中涉及的所有活动，包括识别需要、研究、开发和成功推出新产品。

② 存货管理过程。存货管理过程指在原材料、中间产品和在制品的存货管理中所涉及的全部活动，需要避免因库存过多而导致的成本增加，同时还要保证有足够的供货。

③ 订单—付款过程。订单—付款过程指从接受订货、按时送货到收取货款过程中所涉及的全部活动。

④ 客户服务过程。客户服务过程指在为客户提供的各种便利过程中涉及的所有活动，包括帮助客户快速找到能解决问题的企业人员，获得快速而满意的服务、答复和解决问题的方法。

2）价值让渡系统

价值让渡系统是由市场卖方机构的价值链组成的，用来与客户的价值配合，向客户传送价值的合成系统。

企业仅靠自己的价值链还无法将自己生产和创造的价值传送出去。企业需要从供应商那里得到需要的价值，需要将产品交给分销商，并自己或依靠代理服务商提供客户需要的服务，将这些不同机构的价值链组合起来，将为客户创造的价值最终传送到客户那里，称为价值让渡系统。

价值让渡系统的概念表明，在营销活动中，生产制造商是不能单独为客户提供价值的，需要外部机构的配合。其中不同的机构，将成为价值让渡系统中相互影响又相互协作的环节。传统观点认为，生产制造商要雇用代理商、经销商为其服务。因此，在处理与这些外部机构关系的时候，将针对相互之间的价格进行谈判，并且发生矛盾。

由价值让渡系统的概念可知，营销中所有价值链上的机构，因为都属于价值让渡系统中的组成部分，因此，如果这些机构中的任何一个不能令客户创造的价值顺利转让出去的话，则在这个价值让渡系统中的所有成员就都不能得到收益。

图 1-6 所示为一个计算机产品的价值让渡系统。其中，计算机制造商从零部件制造商那里购买整机制造需要的零部件。显然，如果零部件的质量不好、价格高，将影响整机的质量与价格。同时，计算机制造商还需要从软件开发商那里购买客户需要的软件，在整机出售时，安装进计算机，交给客户成为一个可以实际使用的产品。代理服务商承担维修和客户技术支持与服务。如果客户的计算机出现故障得不到及时的修理检查，那么，以后只要有机会，客户将不再选购这样的产品。对经销商而言，需要接受客户的订单，处理订货手续，为客户备货，提供销售服务，并帮助客户联系代理服务商或计算机制造商。在这个价值让渡系统中，客户价值是客户价值让渡链上各个环节共同参与创造的。生产制造企业生产出产品，仅仅是创造这个价值链中应该创造的客户总价值的一部分，只有将整个价值让渡系统的绩效加以改善，才能最终提高客户价值。

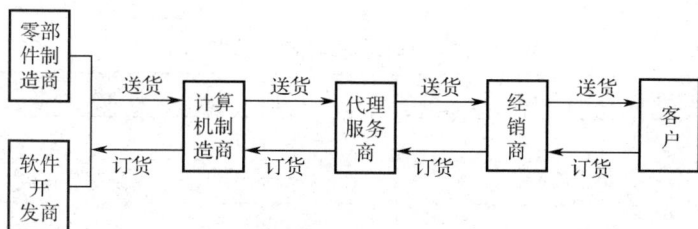

图 1-6　一个计算机产品的价值让渡系统

价值让渡系统理论说明，营销不只是生产制造企业中营销或销售部门的事，也不只是生产制造企业的事，营销是负责制定和管理一个卓有成效的价值让渡系统，以最小的成本将客户价值从卖方传送到客户手中。生产制造企业不能再将自己的活动看成营销中唯一的和主要的，而应力争建立一个效率极高的价值让渡系统。

因此，企业需要创造两个条件：一是建立和发展出一个能够充分协调配合的价值让渡系统，这要求企业不断改善价值链上的合作伙伴关系；二是采用各种可能的创新方法，提高这个系统的效率，而不是其中一个环节或一个机构的效率。这需要企业将营销观念和统一的营销目标贯穿到价值让渡系统中的每个环节上。

为了追求客户满意、培养客户忠诚度，企业就不能把"客户是上帝"这句话只停留在口头上，而应在具体的经营活动中做到"客户是朋友""客户是伙伴""客户是家人"，真正地取得消费者的认可与信任，以达到"客户的满意"，创造"满意的客户"。

本章小结

作为营销工作人员，在从事营销活动时，必须对市场营销有初步的认识，理解市场营销基本概念和核心概念的内涵，掌握在不同时期和不同的市场状况下，企业应该采取什么样的市场营销观念，并且需要具备分析市场需求的能力。

企业的市场营销观念就是企业的市场营销指导思想。它指在一定时期、一定生产经营技术和市场环境条件下，企业在营销活动中处理企业、客户和社会三方利益时所持的态度。

从西方市场营销发展的历程可见，市场营销观念的变化经历了生产观念、产品观念、推销观念、市场营销观念和社会市场营销观念 5 个阶段。

客户让渡价值为客户总价值与总成本之间的差，通过客户让渡价值的应用能够充分使企业找到如何有效提高客户满意度的方法。客户满意度理论是客户购买产品后评价结果的表现形式，包括客户满意和价值链两方面具体内容。企业想要在激烈的市场竞争中获取客户，战胜竞争对手，巩固或提高企业产品的市场占有率，就应该采取客户让渡价值最大化策略，进而实现客户满意。

课后拓展

英国营销学专家默林·斯通和尼尔·伍德科克曾对培育忠诚客户列表做出分析，客户对你忠诚的心态和行为如表 1-2 所示。

表 1-2 客户对你忠诚的心态和行为

忠诚的态度、信念及愿望	行　　为
信任你胜于信任你的竞争对手	从你处购买
了解你胜于了解你的竞争对手	从你处买得多，并只从你处购买
与你在一起感到惬意，胜于你的对手	终止其他供应安排，需购买时最先考虑你的产品
你比你的竞争对手能更好地理解客户	向你询问信息，关注你的信息

续表

忠诚的态度、信念及愿望	行　　为
想更多地了解你，对你的竞争对手则不然	向你提供有关客户的特点及需求方面的信息
想告诉你更多，对你的竞争对手则不然	为你提供管理关系的资源
想知道你能为客户做些什么，对你的竞争对手则不然	加入你的俱乐部，只要有合适的机会就告诉你，客户是你的俱乐部成员
想从你处购买东西	只从你这儿购买
携带你的俱乐部标志	对于你的奖励，促销反应更强烈
当你的产品出现问题时，客户应该让你知道，而不是去找你的竞争对手	向其他潜在客户推荐或公开宣传你的产品，并及时支付
相信你会更好地处理这些问题，对你的竞争对手就没有这种信任	有问题及时通知你，有成果也及时通知你
相信你会特别对待自己，认为自己是你的好客户	为适应你，需调整购买方向

课后实训

实训背景与说明： 王伟现在是农业与食品科技分院大一的一名在校生。在进入大学之初，他就有了在校期间通过所学专业知识，在国家相关政策的扶持下，进行创业的想法。王伟认为可以结合黑龙江省在果蔬农产品方面的生产特点，为他的创业形成很好的平台基础。王伟有了这种想法后，希望学习市场营销的同学们能够助力他完成一系列创业的工作。

众所周知，企业在进行经营活动过程中，无论是做营销还是做财务管理，都需要有自己完善的组织架构。那么在本章学习结束后，请同学们帮助王伟，以建立一个果蔬零售小店为目的，做好架构设计，为日后营销活动做好基础工作。王伟已经为自己的果蔬小店取好了名字：优选果蔬零售店。

实训考核重点： 考核同学们对在市场营销过程初期，建立企业的营销团队的能力，以及能否理解营销团队选聘成员对营销工作开展的影响；并考核同学们通过实训活动，能否清楚地了解营销产品（尤其是王伟创业所针对的农产品）的特点，以及能否通过资料收集，了解学校周边区域对于果蔬农产品的需求等。

实训内容： 请同学们帮助王伟做好以下工作：

（1）完善优选果蔬零售店的组织架构；

（2）从本章开始，同学们将模拟成王伟的营销助力团队，所以请建立同学们的营销团队，并为团队命名；

（3）确定成员后，根据成员的自身特点以及擅长的项目内容，确定团队成员的分工，并共同商定营销团队的口号，制定营销团队的激励约束机制。

实训要求： 以上内容完成后，以书面形式提交汇总，并做小组汇报。然后在教师指导下，进行小组互评，再由教师进行总结点评。

第2章 市场营销环境分析

导入案例

经营之神如何利用数据分析走上人生巅峰

无论是在大数据时代，还是传统经营时代，数据对企业的发展都至关重要。台塑集团的创始人王永庆号称"台湾经营之神"，他16岁时不满足在米店打工，靠借来的钱开了一家米店。但由于米店的规模小，当地居民对其认知程度不高，因此王永庆的米店生意很冷清，于是他只能推着车走街串巷地进行推销。

王永庆在推销时，会随身带一个小本子，仔细记录客户家里的人口数量、每天大概用掉多少米、家里米缸的大小以及每月发工资的日期等信息。回去后，他就通过这些信息，计算出每个客户大概何时需要新购多少大米，到时候就主动送米上门，并且可以等到发薪日再来收款。

就这样，借助这个小本子，王永庆米店的生意渐渐地红火起来。

分析： 兵法有云："知彼知己，百战不殆。"一名合格的营销人员，必须掌握对企业内外部营销环境进行分析的方法。从本案例中不难看出，王永庆所处的时代既没有快速更新的互联网大数据，也没有随时可以载入链接的互联网，但是使用原始传统的方法，通过对企业面向的客户群体的基本信息加以分析，也可以给企业带来不可预估的收益。

思考： （1）王永庆随身携带的小本子，为他经营米店带来了哪些作用和影响？

（2）为何要了解企业的客户？这样做的目的是什么？

学习目标

通过本章内容的学习，学生应能掌握市场营销环境的基本概念及特点；掌握市场营销宏观环境和微观环境的构成；了解市场营销环境的分析方法；全面、正确地认识市场营销环境；监测、把握各种环境力量的变化。

2.1　市场营销环境概述

关键词语

市场营销环境　微观环境　宏观环境

作为一名营销人员，一定要深刻理解"物竞天择，适者生存"这句话的含义。它既是自然界的演化法则，也是企业营销活动的法则。任何企业的营销活动都必须在一定的自然环境和社会环境中进行，企业只有适应了一定的环境，营销活动才能够成功。企业的营销行为既要受到自身条件的制约，又要受到外部条件的制约。

任何一个企业都是在与其他企业、目标客户和社会公众的相互联系（如协作、竞争、服务、监督等）中开展市场营销活动的，企业营销活动的效果既受内部结构的制约，又受外部环境的制约。制约和影响企业营销活动的外部力量和因素，就是企业的市场营销环境。环境力量的变化，既可能给企业营销带来机会，也可能形成某种环境威胁。成功的公司，无一不是对环境的细微变化有敏锐的洞察力。企业只有主动、充分地使营销活动与营销环境相适应，才能使营销活动产生最佳的效果，从而实现企业的营销目标。

2.1.1　市场营销环境的概念

市场营销环境是存在于企业营销系统外部的、不可控制或难以控制的因素和力量，这些因素和力量是影响企业营销活动及其目标实现的外部条件。分为市场营销宏观环境和市场营销微观环境。

市场营销微观环境又称直接营销环境（作业环境），指与企业紧密相连，直接影响企业营销能力的各种参与者，包括企业本身、市场营销渠道企业、客户、竞争者及社会公众。

市场营销宏观环境又称间接营销环境，指影响企业营销活动的一系列巨大的社会力量和因素，主要是人口、经济、政治、法律、科学技术、社会文化及自然生态等因素。

2.1.2　营销环境的特征

1. 客观性

企业总是在特定的社会经济和其他外界环境条件下生存、发展。这种环境并不以营销者的意志为转移，具有强制与不可控的特点。因此，企业营销管理者虽然能分析认识营销环境，但无法摆脱环境的约束，也无法控制营销环境，特别是间接的社会力量，更难以把握。

2. 差异性

不同的国家和区域之间，其社会文化、人口、政治等因素存在着很大的差异，企业面对不同国家或区域的市场，就得面对这种环境的差异性；而且同一种环境因素，对不同企业的影响也是不同的。

3. 相关性

营销环境的相关性指各种环境因素间的相互影响和相互制约。这种相关性表现在如下两个方面。

（1）某一环境因素的变化，会引起其他因素的互动变化。例如，我国提出了解决"农业、农村、农民"的三农问题，相继制定了加强农业建设的一系列方针政策，这些政策的实施，势必影响农业产业结构的调整，拉动对农业的投资，并为农业产业的发展提供新的机遇，也为以农产品为原料的制造企业提供开发产品、调整产业结构的契机。

（2）企业营销活动受多种环境因素的共同制约。企业的营销活动不仅受单一环境因素的影响，还受多个环境因素共同制约。如企业的产品开发，就要受制于国家的环保政策、技术标准、消费者需求特点、竞争者产品、替代品等多种因素制约，如果不考虑这些外在的力量，生产出来的产品想要进入市场是不可能的。

2.2　市场营销宏观环境分析

关键词语

宏观环境　人口环境　经济环境　经济周期

市场营销宏观环境是企业不可控制的社会力量。例如，人口、经济、政治、法律、科技、社会、文化等，这些因素间接作用于企业，既可能给企业创造市场机会，也可能给企业带来环境威胁。

2.2.1　人口环境

人口因素是市场营销的基本要素，人口的多寡直接决定企业的市场容量、企业的获利空间和发展空间的大小。通常情况下，对生活必需品的消费，人口数量越多，市场规模就越大；对非生活必需品的消费，除了考虑人口数量，还必须考虑的一个关键指标就是人口质量。

人的年龄结构、家庭结构、受教育程度等不同，对消费品的需求就有所不同，且影响消费水平、消费心理、消费结构、消费方式的变化，而这些变化必然会对产品销售的数量产生影响。总之，企业需要综合考虑人口数量和质量两个指标，从而选定自己的目标市场。

1．人口规模

据第七次人口普查结果数据表明，2021 年我国人口总数共 14.117 8 亿人，普查标准时点是 2020 年 11 月 1 日零时。普查对象是普查标准时点在中华人民共和国境内的自然人以及在中华人民共和国境外但未定居的中国公民，不包括在中华人民共和国境内短期停留的境外人员。人口总量是一个衡量市场潜力的基本指标，我国是一个大市场，十几亿的人口意味着众多的需求。然而，人口不是越多越好，人口的增长应与经济的增长、社会资源总量相适应，否则，就将提升企业的市场营销成本，降低企业的利润。

📎 **相关链接**

马尔萨斯的人口陷阱论

马尔萨斯（1766—1834 年）是英国的牧师、经济学家。他在《人口论》（1798 年）一书中提出，人和动植物一样都听命于繁殖自己种类的本能的冲动。一旦造成了过度繁殖，人口就会有超过生活资料许可的范围增长的恒常趋势。他断言："人口按几何数列 1、2、4、8、16、32……增加，而生活资料只能按算术数列 1、2、3、4、5、6……增加。人口的增长快于生活资料的增长这个无法改变的自然规律，将使全体人民陷入贫穷和困苦的境地。"

2．人口结构

人口结构包括人口的自然结构，即性别比例、年龄比例等；还有人口的社会结构，即人口的文化水平、家庭规模等。与人口的数量指标相比，人口的结构对企业更具意义，正是由于人口构成的不同，才形成了各具特色的消费人群，这也是企业进行市场细分和营销定位的主要依据。

（1）年龄结构。年龄结构指不同年龄阶段的人口在总人口中所占的比例。根据年龄段的不同，可以划分出儿童市场、青年市场、老年市场。人们所处的年龄阶段不同，其消费行为和偏好也各不相同：年轻人比较冲动，喜欢新奇的事物；老年人比较稳重，消费观念比较成熟。西方许多发达国家的人口出现了负增长趋势，普遍进入老龄化社会，老年人将占人口总数的大部分，这种年龄结构的变化会导致整个国家消费能力的重心发生转移，保健品、医疗服务、营养品、旅游用品、文化用品的需求将增加。

📎 **相关链接**

营销要迎合消费者的年龄特征

可口可乐公司为了迎合年轻的消费者，以前红色包装上"可口可乐"4 个大字已经"退位"，取而代之的是诸如"文艺青年、高富帅、白富美、天然呆"等。首批上市的产品新包装上，总计包括24个流行词汇。消费者表示可口可乐新包装"萌死了，很有爱，很符合社会文化潮流"。由此可见，在碳酸饮料销量持续下滑的背景下，可口可乐新推出的"卖萌"包装是为了适应社会潮流发展，取悦年轻的消费者，并取得了相应的营销效果。

（2）性别结构。男性和女性在生理、心理及社会角色上的差异决定了他们不同的需求和特点。值得注意的是，女性在家庭和社会中的地位在不断提升，家庭中的许多购买决策都是由女性做出的。女性触及社会工作的各个领域，职业女性不仅成为商家新的利润增长点，同时由于双职工家庭的增多，相应地提高了家庭的收入，也刺激了服务行业的发展。

（3）家庭构成。家庭既是社会的细胞，又是组织消费的单位。家庭规模是影响消费品市场的重要因素。总体上，我国的家庭户人口规模在逐渐变小，家庭向小型化方向发展，出现了独生子女家庭、丁克家庭等，消费品需要分别购买，这就加大了耐用消费品的消费，对许多产品的消费也趋向于小包装，同时消费支出及其比例关系也发生了明显的变化，小规模家庭的人均消费比例明显高于大规模家庭。随着家庭规模的减小，对住房面积的要求也基本上集中在90平方米左右。

3．人口地理分布

人口地理分布状况对企业的影响主要体现在两个方面，一方面是对营销成本的影响，人口分布的密集程度直接影响营销渠道的建设、分销成本和资源的分配。人口分布越集中，就越能发挥规模效益的优势，降低分销成本和销售费用，而且产品的示范推广作用也很显著。我国人口大部分分布在东部沿海地区，中东部地区的基础设施建设也比西部地区健全，这也便利了东部市场营销的发展。另一方面是对产品定位的影响，不同地域的气候、自然资源状况、生活习惯不尽相同，导致了人们消费行为的差异，这种差异又会影响企业产品的设计和宣传推广。

4．社会结构

我国的人口大多数在农村，农村人口约占总人口的80%。因此，农村是一个广阔的市场，有着巨大的潜力。这一社会结构的客观因素决定了我国企业在国内市场营销中，应当以农民为主要营销对象，市场开拓的重点也应放在农村。尤其是一些中小型企业，更应注意开发价廉物美的商品，以满足广大农民的需要。

2.2.2　经济环境

经济环境是企业重要的宏观市场营销环境。经济环境的好坏直接影响着消费者的购买力，影响着市场的容量。消费者购买力与消费者收入和支出之间存在密不可分的关系，针对不同国家、地区的经济环境，研究消费者收入与支出的变化，会使企业增加营销决策活动的参考依据。

1. 消费者收入与支出

企业最关心的就是有支付能力的需求的数量,即居民消费品购买力。居民消费品购买力是一定时期、一定地区内的城乡居民用于以购买消费品的货币支付能力。企业营销活动必然受到居民消费品购买力发展变化的影响和制约,因此,企业也都在密切关注着居民购买力增减所带来的机会和威胁。人均收入水平高并不一定就意味着总购买力大,企业营销机会多。为了能认清真正的购买力,就需要先了解以下问题和概念。

(1)财富分布状况。当财富较平均地分布在消费者中间时,则人均收入水平高,就意味着消费者的购买力大,市场容量和潜力巨大,营销机会多;但是如果财富分布不均匀,社会的大部分财富被少数人掌握,多数居民生活在贫困之中,这时现实的消费能力总和却并不大。

(2)实际收入与名义收入。名义收入并不真正代表购买力,要考虑扣除税收、福利、通货膨胀(紧缩)之后的实际收入。其中,通货膨胀和通货紧缩对购买力的影响很大。通货膨胀会造成物价上涨,货币贬值,企业营销成本和生产成本也会上升,从而影响企业的资金链;通货紧缩会造成消费低迷,人们的收入减少,失业严重。

(3)个人可随意支配收入。可随意支配收入是从可支配收入中,扣除维持个人和家庭生活必需的费用所余下的部分。可随意支配收入是需求中最活跃的因素,它所形成的需求伸缩性很大,需求弹性较强,是企业营销必须争夺的主要对象。

📎 相关链接

恩格尔系数

恩格尔系数是一个很重要的经济衡量指标,它是家庭食品支出的总额占家庭消费支出总额的百分比。该系数越小,说明一个国家(地区)越富裕,人们的收入越高,生活水平越高,对消费需求就会提出更高的要求。

联合国教科文组织给恩格尔系数制定了标准。当一个国家平均家庭恩格尔系数≥60%表示贫穷,50%~60%表示温饱,40%~50%表示小康,30%~40%表示相对富裕,20%~30%表示富裕,恩格尔系数≤20%表示极其富裕。

而我国2019年全国居民恩格尔系数为28.2%,同比下降了0.2个百分点,表明我国的消费结构发生了很大的变化。

2. 消费储蓄、信贷和投资

消费者的收入除了用于日常开销外,还有一些剩余,这部分收入可以存入银行、购买有价证券或其他形式的投资。储蓄和投资的增加会减少消费者短期的购买力,但也有可能增长日后购买汽车、房屋等耐用消费品的支付能力。

3. 经济周期

世界各国无论处于何种经济发展阶段,都要经历经济周期。经济周期是经济运行中周期性出现的经济扩张与经济紧缩交替更迭、循环往复的一种现象,表现为经济增长、投资、失业率、物价、货币供应量、对外贸易等活动的增长率的波动。一个经济周期一般需经过繁荣、衰退、萧条、复苏 4 个阶段。

2.2.3　自然环境

自然环境是影响企业生产和经营的物质因素，自然环境的发展变化会给企业造成一些"环境威胁"和"市场营销机会"。企业要避开由自然环境带来的威胁，最大限度地利用环境变化可能带来的市场营销机会，就应不断地认识和分析自然环境变化的趋势和动向。目前企业营销者需要注意的自然环境趋势主要体现在以下 3 个方面。

1. 自然资源日益短缺

自然界为人类提供了丰富的自然资源，但这些自然资源不是"取之不尽，用之不竭"的。自然资源可以分为两类，第一类是无限可循环再生资源，如空气、水等。但是由于工业废水、废气的超标排放，使得空气质量严重下降，水污染严重，而且由于全球气候变化、温度升高等原因，造成很多地区和国家出现用水困难；第二类是有限可循环再生资源，如森林、粮食等。

2. 能源成本日益上升

石油资源的短缺和石油成本的上升已经构成未来经济增长必须面对的最为严重的问题。在这种背景下，利用新能源做动力装置的产品或资源节约型的产品，必将获得消费者的青睐。例如，宝洁公司重新设计塑料包装以减少塑料用量；麦当劳所有餐厅都采用再生纸制成的纸巾，用单层纸包裹三明治，使用重量轻的杯子，麦当劳公司因为在减少废弃物方面的突出表现，曾得到美国环保局颁发的年度奖。

2.2.4　政治、法律环境

政治环境引导着企业营销活动的方向，指导着资源的使用方式；法律环境则为企业规定经营活动的行为准则，形成一个公正、公平、有序竞争的市场环境。

政治环境主要涉及国家政治体制、政党制度、政权更替，以及一些政策措施，如财政政策、税收政策、人口政策、贸易政策等。近年来，各国都加强了对环境的保护，纷纷出台政策鼓励节能产品、环保产品的设计和使用，其实这也反映了目前消费者的一种新的消费主张——"低碳生活"。

法律环境指国家颁布的各项法律条文，其目的是维护企业和消费者的合法权益不受侵犯，规范企业的经营行为。对企业影响较大的法律有公司法、合同法、知识产权法、消费者权益保护法、破产法、保险法、劳动法、商标法、价格法等，企业一般都会聘请专业的法律顾问，帮助维护自己的权益。

2.2.5 社会文化环境

文化由一个国家历史的积淀而形成，是人类社会发展过程中逐渐积累下来的物质财富和精神财富，是人类智慧的结晶。一个地区的文化影响着当地人的人生观、价值观的形成，文化在群体中传播，潜移默化地影响着人们的消费心理和消费习惯等。下面从几个方面阐述文化对营销的影响。

1. 价值观念

价值观念是一个人对周围事物的总体评价和总体看法。它支配和调节一切社会行为，是驱使人们行为的内部动力。一定的社会地位和物质生活条件，决定着人们的价值观念。处于相同自然环境和社会环境的人，会产生基本相同的价值观念，它是衡量人们行为的价值尺度。价值观念对企业营销的影响主要体现在，价值观支配着人的行为、态度、观察、信念和理解等。

2. 民族和宗教

宗教在每个时代都有重要的作用。为了掌握人们的购买动机和行为习惯，认识和理解人们的宗教是至关重要的。有些国家和地区，宗教色彩比较淡薄，从事营销可以不用过多地考虑宗教方面的影响。但在宗教色彩浓厚的国家和地区，如果不了解当地宗教的情况，对有关的要求、规定或禁忌不清楚，就有可能导致无法开展营销活动。

3. 教育水平

教育是文化代代相传的重要载体。教育水平直接影响消费者的生活态度、购买行为特点、具体的消费方式及对商品的价值取向、对广告促销的反应等诸多方面。教育水平高的消费者，对新事物的接受能力快，喜欢新颖独特、包装精美、科技含量高的产品。教育水平越高，对书籍、高档文具、艺术品、乐器、个人计算机、高性能家用电器等的需求量就越大；反之，需求量就越小。

2.2.6 科技环境

科学技术对企业的市场营销是"创造性的破坏力量"，是产业变革的推动力量，是促使市场变化多端、周期性发展的根本原因。科技发展导致新行业的出现，同时也使某些行业、企业受到冲击，甚至被淘汰。

科学技术是社会生产力中最活跃的因素，影响着人类社会的历史进程和社会生活的方方面面，对企业营销活动的影响更是显而易见。信息技术、网络技术、多媒体技术等的快速发展，缩短了人与人之间的距离，使营销人员可以更快速地与顾客沟通，对企业服务模式、管理模式、运作效率都有决定性的影响。互联网技术的发展使网上购物盛行开来，这个新生事物，正在逐渐地改变着人们的消费行为和消费习惯。

每一个新技术的发现、推广都会给某些企业带来新的市场机会，导致新的行业出现。

同时，也会给某些行业、企业造成威胁，使这些行业、企业受到冲击，甚至被淘汰。例如，电脑的运用代替了传统的打字机，复印机的发明代替了复写纸，而现在的 5G 技术将给互联网技术带来革命性的变化。科技发展也促使消费者购买行为发生了改变，出现了"网上购物"等购买方式。华为公司之所以能够成为一个伟大的公司，其一个重要的特点就是非常重视科技的发展，在 5G 领域中成为世界领先企业。

2.3 市场营销微观环境分析

🔊 **关键词语**

企业内部环境　供应商　社会公众　竞争者　目标客户

市场营销微观环境是直接影响和制约企业营销活动的力量和因素，企业进行营销活动的目的是想通过营销努力，建立企业与其目标客户间的某些关联。这种关联能否建立和稳固，取决于企业内部环境、供应商、营销中介、公众、竞争者和客户。这些因素组成了企业的微观市场营销环境。分析市场营销微观环境的目的在于更好地协调企业与这些相关群体的关系，促进企业营销目标的实现。

2.3.1　企业内部环境

一个企业的组织机构从纵向上一般可分为 3 个管理层次：决策层（领导层）、中间层（执行层）和基层（操作层）；从横向上，又有不同的职能部门：市场部、生产部、采购部、人力资源部、财务部、研发部等，这些部门和人员构成了企业的内部环境。企业的正常运转，不仅需要各部门、人员各司其职，也需要部门之间的通力协作、沟通配合。

决策层负责制定公司目标。公司目标引导营销目标，在营销部门寻找和评估机会，以及制定营销战略时起指导作用。因此，营销经理应参与制定公司目标，以保证营销目标符合企业的营销利益和公司的愿景。

🔍 **营销视野**

企业文化

企业内部形成的文化是企业的灵魂，渗透于企业的一切经营管理活动之中，是推动企业持续发展的不竭动力。例如，华为非常崇尚"狼性"，认为狼是企业学习的榜样，要向狼学习"狼性"——学习、创新、获益、团结。狼性文化中的学习和创新代表敏锐的嗅觉，获益代表进攻精神，而团结就代表着群体奋斗精神。正是这样的狼性文化，造就了华为这样优秀的民族企业。

为了顺利地实现营销目标，营销部门还需要高效地整合企业内部与客户有关的所有工作，起到一个衔接各部门的桥梁作用，准确地把客户的意愿和需求传达给组织中的职能部门。例如，在营销计划的执行过程中、在产品的宣传推广中，因为需要资金的支持，营销部门应与财务部门进行协商，保证资金在生产制造部门和营销部门之间得到合理的配置；企业要不断地开发新产品，才能始终处于不败之地，营销部门要经常与研发部门商讨新产品的创意和构思，防止研发部门设计出精美但是不能满足消费者需求的产品来；营销部门还要把近期和未来一段时间的销售信息及时反馈给生产和采购部门，以保证物料和产品的充足。

2.3.2　供应商与营销中介

供应商是企业渠道的起点，负责向企业提供原材料，在企业整个客户价值传递系统中起着重要的作用。供应商提供的原材料的价格和质量，直接关系到企业的生产成本和产品档次；原材料是否能保质保量地送达，直接影响企业生产计划的安排。随着企业经营实践的发展和竞争的加剧，企业与供应商之间已不再是简单的制造商与供应商的关系，而逐渐演变成一种风险共担、利益共享、互通有无的战略伙伴关系。企业与供应商之间的信息共享，极大地提高了生产效率，节约了交易成本。优秀的供应商不但可以满足为企业保质保量准时供货的基本要求，还可以为企业融通资金，支持企业的技术研发和改造。供应商对企业而言越来越重要，已经上升到战略的高度。所以，企业应主动了解各供应商的竞争状况，对不同的供应商进行有效的区分，搞好与供应商的关系。

营销中介是协助企业促销和分销其产品给最终购买者的个人或组织，包括中间商（批发商、代理商、零售商）、物流配送公司（运输、仓储）、市场营销服务机构（广告、咨询、调研）以及财务中介机构（银行、信托、保险等）。这些组织都是营销所不可缺少的中间环节，大多数企业的营销活动都需要他们的协助才能顺利进行。商品经济越发达，社会分工越细，中介机构的作用就越大。例如，随着生产规模的增加，降低产品的配送成本就显得越来越重要。于是适应这种需求的快递服务行业就得到了发展。企业在营销过程中，必须处理好同这些中介机构的合作关系。

📎 相关链接

华为的"芯片危机"

2020 年，美国加大了对华为的制裁力度，而这时作为华为产品的重要部件"芯片"的供应商台积电终止了与华为的合作，停止供货。华为消费者业务 CEO 余承东表示，由于制裁，麒麟芯片即将受限停产，华为 Mate40 将成为搭载该芯片的"绝版"。由此可见，芯片供应商的变化给华为的生产和销售带来了严重的影响。当然，这种变化也是政治环境因素变化的一种延伸，进而影响到了微观因素变化的结果。

正常情况下，企业与供应商之间已不再是简单的制造商与供应商的关系，而逐渐演变成一种风险共担、利益共享、互通有无的战略伙伴关系。

2.3.3　社会公众

社会公众指对企业完成营销目标的能力有实际或潜在利益关系和影响力的群体或个人。社会公众对企业的态度会对企业的营销活动产生巨大的影响，既可能增强企业实现自己营销目标的能力，也可能妨碍这种能力。所以，企业必须采取一定的措施，成功地处理与社会公众的关系，争取公众的支持和偏爱，为自己营造和谐宽松的社会环境。

企业营销活动涉及社会各方面的利益，来自社团公众的意见、建议对企业营销决策有着十分重要的影响。企业所面临的社会公众主要有以下 6 类。

1. 金融公众

金融公众主要包括银行、投资公司、股东等。金融公众对企业的融资能力有重要的影响。

2. 媒介公众

媒介公众指报纸、杂志、电台、电视台、网站、App 等传播媒介，它们掌控着信息传播的途径，具有广泛的社会联系，能直接影响社会舆论对企业的认识和评价。

3. 政府公众

政府公众指与企业营销活动有关的各级政府机构部门，如主管经济立法及经济政策、产品设计、定价、广告及销售方法的机构，以及国家纪委及各级纪委、市场监督管理局、税务局、物价局，等等。

4. 社团公众

社团公众指与企业营销活动有关的非政府机构，如消费者组织、环境保护组织，以及其他群众团体。

5. 一般公众

一般公众指对企业产品并不购买，但深刻影响着消费者对企业产品看法的个人或组织。

6. 内部公众

内部公众指企业的管理人员及一般员工，企业的营销活动离不开内部公众的支持。

2.3.4　竞争者

很多行业的客户都是交叉的，因为人们有多种需求和欲望，所以每个企业都必须面临形形色色的竞争者。各个层次的竞争者、各个相关主体以不同的方式和力度作用于企业，对企业的营销活动产生影响。按照竞争者的层次划分，竞争者可以分成 4 种类型，如表 2-1 所示。

表 2-1　竞争者类型

类　　型	定　　义	举　　例
愿望竞争者	提供不同产品以满足不同需求的竞争者	电视机制造商与冰箱、洗衣机制造商之间是愿望竞争者
平等竞争者	提供满足同一种需求的不同产品的竞争者	自行车、电瓶车、小汽车等生产者之间是平等竞争者关系，都是为了满足出行需求
产品形式竞争者	生产同种产品但是产品的规格、型号、功能、外观等存在差异的竞争者	服装生产商都是生产服装，但是产品规格、型号、款式不同
品牌竞争者	提供相同规格、型号的产品，但是品牌不同的竞争者	除皱、美白护肤品制造商之间属于品牌竞争者关系，功效相同，但是品牌不同

2.3.5　目标客户

　　客户是企业服务的对象，同时也是产品销售的市场和企业利润的来源。理所当然是营销活动中极其重要的营销环境。企业要投入很多精力去研究客户的真实需求情况，在产品营销的方方面面都要充分考虑到他们的要求，并尽可能去满足他们的需求。否则，企业的营销活动就会陷入"对牛弹琴"的局面。企业营销活动本质上是围绕客户需求而展开的，如连锁经营之所以发展迅速，正是因为它解决了客户对企业信誉不放心的消费心理。

2.4　市场营销环境分析方法

关键词语

　　SWOT 分析法　机会　威胁　优势　劣势

　　由于企业市场营销环境具有动态多变性、差异性和不可控性等特征，企业要想在多变的市场环境中处于不败之地，就必须对营销环境进行调查分析，以明确其现状和发展变化的趋势，从中区别出对企业发展有利的机会和不利的威胁，并且根据企业自身的条件做出相应的对策。

2.4.1　SWOT 分析法

　　SWOT 分析法，又称企业内外环境对照法，是取"优势"（Strength）、"劣势"（Weakness）、"机会"（Opportunity）、"威胁"（Threat）英文的第一个字母构成。SWOT 分析法是对企业内部的优势与劣势和外部环境的机会与威胁进行综合分析，企业内外部环境分析的关键要素，如表 2-2 所示。

表 2-2　企业内外部环境分析的关键要素

	潜在外部威胁	潜在外部机会
外部环境	市场增长较慢	纵向一体化
	竞争压力增大	市场增长迅速
	不利的政策	可以增加互补产品
	新的竞争者进入行业	能争取到新的用户群
	替代品销售额正在逐步上升	有进入新市场的可能
	用户讨价还价能力增强	有能力进入更好的企业集团
	用户偏好逐步转变	在同行业中竞争业绩优良
	通货膨胀递增及其他	扩展产品线满足用户需要及其他
	潜在内部优势	潜在内部劣势
内部环境	产品技术	竞争劣势
	成本优势	设备老化、资金拮据
	竞争优势	战略方向不明
	特殊能力	竞争地位恶化
	产品创新	产品线范围太窄
	具有规模经济	技术开发滞后
	良好的财务资源	销售水平低于同行业其他企业
	高素质的管理人员	管理不善，相对于竞争对手的高成本
	公认的行业领先者	战略实施的历史纪录不佳
	买方的良好印象	不明原因的利润率下降

企业应根据对机会与威胁的综合分析，结合企业的经营目标对备选战略方案做出系统评价，最终制定出一种正确的经营战略，SWOT 分析矩阵如图 2-1 所示。

图 2-1　SWOT 分析矩阵

① 成长型战略（SO）。对企业而言，这种组合是最理想的状态，企业能够利用它的内在优势并把握良机。成长型战略包括开发市场、增加产量等。

② 扭转型战略（WO）。处于这种局面的企业，虽然面临良好的外部机会，但受到内部劣势的限制，这时，采用扭转型战略，可以设法清除内部不利的条件，或者在企业内发展劣势领域，或者从外部获得该领域所需要的能力，如拥有专门技术或具有所需技

能的人力资源，以尽快形成利用环境机会的能力。

③ 防御型战略（WT）。如果企业内部存在劣势，外部又面临巨大威胁，就要设法降低劣势，并避免外来的威胁。例如，企业可通过联合等形式取长补短。

④ 多经营战略（ST）。企业利用自身的内部优势，去避免或减轻环境中的威胁，其目的是将组织优势发挥到最大程度，将威胁降到最低。如企业可以利用技术、财务、管理和营销的优势，克服来自新产品的威胁。

2.4.2　机会潜在吸引力与企业成功概率分析

不同的环境条件和机会，会给企业带来不同的潜在利润，因此，其潜在吸引力也不同。同时，企业利用各种环境机会战胜竞争者取得成功的概率也有高低。根据上述两个因素，企业可以制作出"机会潜在吸引力—企业成功概率"分析矩阵（见图 2-2），并进行如下分析。

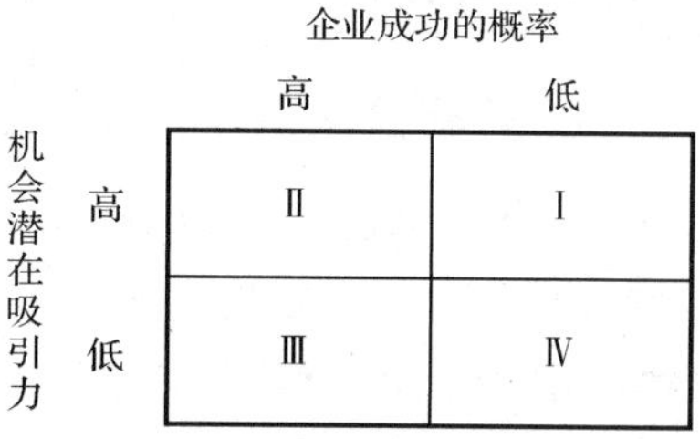

（1）第 I 象限的环境机会，属于机会潜在吸引力高但企业成功概率低的环境条件，企业应设法改善自身的不利条件，使第 I 象限的环境机会逐步转移到第 II 象限而成为有利的环境机会。

（2）第 II 象限的环境机会，属于机会潜在吸引力和企业成功概率皆高的状态，企业应尽全力发展。

（3）第 III 象限的环境机会，属于机会潜在吸引力低但企业成功概率高的环境机会。这对大企业而言往往不会积极地利用，但对中小企业而言，可以成为捕捉市场机会的良好时机。

图 2-2　"机会潜在吸引力—企业成功概率"矩阵

（4）第 IV 象限的环境机会，属于机会潜在吸引力和企业成功概率都低的环境条件。企业一方面要积极改善自身的条件，以准备随时利用稍纵即逝的市场机会；另一方面还要静观市场变化。

2.4.3　潜在威胁的严重性与威胁出现的可能性分析

对于环境的分析，不仅要分析机会，还必须重视环境给市场营销活动带来的威胁。按照环境威胁的潜在严重程度和环境威胁出现的可能性，制作出"环境威胁分析"矩阵（见图 2-3）。

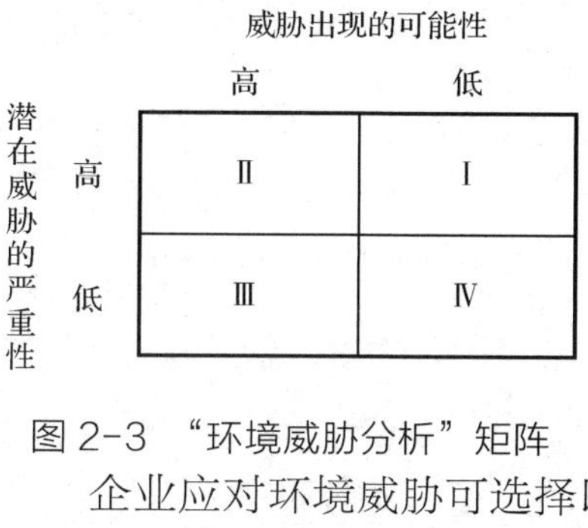

图 2-3　"环境威胁分析"矩阵

第 II 象限是属于环境威胁的潜在性和出现的概率均高的状况，因此，对于第 II 象限状态的威胁，企业应处于高度警惕状态，并制定相应的措施，尽量避免损失或者将损失降低到最低程度；对于第 I、III 象限状态的威胁，企业也不应该掉以轻心，要给予充分关注，制定好应对方案；对于第 IV 象限状态的威胁，企业应注意其变化，如果有向其他象限转移的趋势时，应制定相应的对策。

企业应对环境威胁可选择以下 3 种对策。

1. 反攻策略

反攻策略即企业试图限制或扭转不利因素的发展，如通过企业联合等方式，促使政府通过某种法令或政策，保护自身合法权益不受侵犯，以改变环境的威胁。例如，有些企业通过联合起来的方式，促使政府推行贸易保护主义，以限制别国商品的进入，削弱他国商品的市场竞争力，从而保护本国企业的目标市场。

2. 减轻策略

减轻策略即企业通过改变营销策略，以减轻环境威胁的程度，主动适应环境变化。例如，由于原材料供不应求，导致其价格上涨。企业为了在竞争中立于不败之地，便主动改进设备和工艺，积极实施各种节约措施，降低原材料单位消耗和费用成本，以使企业在原材料价格上涨的情况下，利润保持稳定。

3. 转移策略

转移策略即企业将产品转移到其他市场或转移到其他有利可图的行业中去，回避不利环境因素，发现新的市场机会。如美国卷烟在国内市场受到限制，就大量向发展中国家市场转移。

2.4.4　威胁与机会的分析

企业在分析市场环境时，通常采用矩阵法分析、评价营销环境，可能会出现 4 种不同的结果。营销环境综合评价如图 2-4 所示。

威胁水平

	低	高
机会水平 高	理想业务	冒险业务
低	成熟业务	困难业务

图 2-4　营销环境综合评价

在对环境进行分析与评价的基础上，企业对威胁与机会水平不等的各种营销业务，要分别采取不同的对策。

对于理想业务，应看到机会难得，甚至转瞬即逝，必须抓住机遇，迅速行动。否则，一旦丧失战机，将后悔不及。

对于冒险业务，面对高利润与高风险，既不宜盲目冒进，也不应迟疑不决，错失良机，应全面分析自身的优势与劣势，扬长避短，创造条件，争取突破性的发展。

对于成熟业务，机会与威胁都处于较低水平，可作为企业的常规业务，用于维持企业的正常运转，并为开展理想业务和冒险业务准备必要的条件。

对于困难业务，企业要么是努力改变环境，走出困境或减轻威胁；要么是立即转移，摆脱无法扭转的困境。

本章小结

为了应对迅速变化的全球形势，营销人员必须监视各种影响企业营销的环境因素，如宏观环境（政治、法律、经济、自然、人文社会、科学技术）和微观环境（客户、竞争对手、营销渠道企业、社会公众）等。

在宏观环境方面，在政治、法律领域，营销人员必须遵守法律对业务活动的规定，并能与各种特定利益集团和平共处；在经济领域，应把目光集中于收入分流和储蓄水平、债务和信贷的应用；在自然领域，则需要了解原材料短缺、日益增加的能源成本和污染等；在人文社会领域，应了解人口的构成、地理分布、家庭结构，人们的宗教、信仰、价值观、风俗习惯、生活方式、伦理道德、教育水平等。

在微观环境方面，也应对竞争对手、客户进行深入细致的分析，与外界的公众、营销渠道企业搞好关系，从而为企业的发展营造良好的微观环境。

课后拓展

《营销环境调研报告》撰写的内容

营销环境分为微观营销环境和宏观营销环境，环境分析的范围和内容很广泛，调研者应该针对调研课题，有选择地进行重点分析。营销调研分析的主要内容包括如下 3 项。

1）市场状况分析

首先，营销环境调研必须对企业所要进入、发展的市场状况做出全面、深入的分析研究；其次，在营销调研报告中，市场状况分析的主要内容有：①产品特点分析；②市场规模分析；③市场供求分析。

2）消费者购买行为分析

消费者是市场的主体，企业营销的核心就是满足消费者的需求。企业只有了解了消费者的具体需求及其影响因素，掌握了消费者的购买行为及其特有规律，才能有效地开展企业营销活动。消费者购买行为分析的内容有：①消费者构成分析；②购买特点分析；③购买动机分析；④影响购买因素分析；⑤使用感受分析。

3）竞争对手分析

竞争者也是微观营销环境的主要因素，在当前激烈的市场环境中，对竞争对手进行分析是十分必要的，知己知彼者才能百战不殆。竞争者分析的目的在于得到同行业的比较基准，详细地把自己与类似企业进行比较，找出自己的优、劣势，确定自己的市场位置，有针对性地制定竞争策略。

竞争对手分析的内容有：①竞争企业的数量有多少；②竞争企业的规模和能力的大小、强弱；③竞争企业对竞争产品的依赖程度；④竞争企业所采取的营销策略及对其他企业所采取策略的反应程度；⑤竞争企业能够获取优势的特殊材料来源及供应渠道。

课后实训

实训背景与说明：王伟创业的优选果蔬零售店已经搭建好了团队基本框架，也做好了选址工作。接下来，需要针对其所销售的果蔬农产品面临的市场环境展开一系列分析。

初期的创业者与营销工作者都应该清楚地知道企业所处的营销环境是什么样，能够清晰地明确企业及团队自身的优势，并判断企业可能会面临的机会和遇到的威胁。王伟的公司要在学院路上开展果蔬农产品销售业务，就应该先从分析及评价公司所面临的市场营销宏观及微观环境出发，展开市场环境分析后，帮助企业制定未来的营销决策。

实训重点考核：本次实训重点考核学生对于市场营销中市场营销宏观环境、市场营销微观环境的掌握与实际应用。任何一家企业一旦进入市场，必然会面临宏观和微观环境的营销，作为农产品销售企业，既有产品的特殊性，又具有普通商品的大众性这些特点。因此，希望同学们能通过本次实训，帮助王伟的创业企业做好市场环境分析，以助力他继续开展后续的经营业务。

实训内容：（1）分析优选果蔬零售店自身的优、劣势；

（2）分析在学院路开展果蔬农产品业务活动的客户来源、竞争者等；

（3）分析在学院路开展果蔬农产品业务活动面临的宏观环境影响因素有哪些？会对优选果蔬零售店产生哪些有利和不利的影响？

实训要求：以上内容完成后，以书面形式提交汇总，并做小组汇报。然后在教师指导下，进行小组互评，再由教师进行总结点评。

第 3 章

市场营销信息系统

麦当劳如何提高奶昔销售量

很多年前，麦当劳发起了一个项目，目的是增加店内奶昔的销量。其市场研究团队发现，几乎一半的奶昔都是在早上卖掉的。来买奶昔的几乎都是单独一个人，这些人只买奶昔，几乎所有的人都是开车来买，然后打包带走的。他们又进行了进一步的调查，发现原来所有顾客每天一大早都会做相似的事情：他们要开很长时间的车去上班，因为路上很无聊，所以开车时就需要做些事情让路途变得有意思一些；他们早上不饿，但他们知道大约 2 个小时后，也就是接近中午，肚子就会饿得咕咕叫了。

他们通常会这样解决，有人会吃香蕉，但香蕉消化得太快了，很快就又饿了；也有人试过吃面包或者小点心，但边吃边开车，就会弄得满手黏糊糊的；还有人吃过士力架、巧克力，但是总感觉早餐吃巧克力不利于健康。因此，奶昔无疑是它们当中最好的，用细细的吸管吸稠稠的奶昔要花很长时间，基本上足以抵挡一上午阵阵袭来的饥饿感。

在了解到上面的信息后，到底如何改进奶昔就显而易见了，那就是让奶昔再稠一些，让顾客吸的时间更长，帮顾客更好地打发无聊的上班通勤时间；还可以加上一点点果肉，并不是让顾客觉得更健康，而是给顾客一些无聊旅程中的小惊喜；把奶昔的机器搬到柜台前，让顾客不用排队，刷卡自助取用等。这些举措的结果是大大提高了奶昔的销售量。

分析： 通过案例可知，市场调查与预测分析的目标就在于准确把握来自市场及行业各方面的机会和威胁，为企业确定目标市场、产品组合、定价等提供依据。

思考：（1）改进奶昔后，为麦当劳带来了哪些好处？

（2）市场调查的主要内容包含哪些方面？

通过学习本章内容，学生应了解市场营销信息的基本概念及特点；理解市场营销信息系统的构成；掌握市场调查的基本原理与方法；了解市场预测的基本原理与方法；能够对市场调查的程序与方法加以应用；能根据调研项目组织和进行市场调查。

3.1 市场营销信息系统概述

📜 关键词语

市场营销信息　市场营销信息系统　市场营销调查系统

企业营销已从注重内部管理的时代发展到了致力于应对外部环境变化的时代，其营销课题应该是一种战略性课题，即要在环境和竞争结构的变化下，解决营销战略如何创新的问题。为此，不仅企业的营销信息变得非常重要，而且要求企业建立起便于战略性课题实现的营销信息系统。

在现代社会里，信息是主要战略资源，及时掌握市场信息是一切营销活动的第一要务。对我国企业的现状进行分析，可以发现不少企业往往只注重资金、原料、机器和人力资源，却忽视了重要的无形资源——信息。很多企业经常抱怨正确的市场信息不足，而错误或失实的信息太多，还有些重要的市场信息因传输不及时而失效。为此，企业营销一定要重视市场信息工作，重视市场营销信息系统的建立。

3.1.1 市场营销信息的含义与特征

1. 市场营销信息的含义

市场营销信息是一种特定信息，是企业所处的宏观环境和微观环境的各种要素的特征及发展变化的客观反映，是反映市场各种要素的实际状况、特性、相关关系的资料、数据、情报等的统称，包括市场信息和营销信息两个方面。

2. 市场营销信息的特征

市场营销信息作为广义信息的组成部分，除具有一般信息所具有的属性外，还具有如下几个独有的特征。

（1）时效性。市场环境瞬息万变，有效的市场信息必须是及时、迅速的。信息一旦过时，就没有利用的价值，甚至会起到反作用。

（2）更新性。市场营销信息随市场的变化与发展处于不断的运动之中，这一运动客观上存在着新陈代谢的过程。因此，市场活动的周期性并不意味着简单的重复，而必定是在新环境下的新过程。

（3）双向性。在商品流通过程中，商品的实体运动表现为从生产者向消费者的单向流动，而市场营销信息的流动则不然，它带有双向性，一个方向是信息的传递；另一个方向是信息的反馈。因此，收集市场信息就显得格外重要。

（4）分散性。市场信息量大、涉及面广，各类信息五花八门，十分广泛、庞杂。这就需要企业广泛开辟信息渠道，从各类信息中选出对自己有用的信息，并建立市场信息系统，借助科学的手段对市场信息进行综合分析。

（5）有序性。信息可以被人们依据各种特定的需要，进行收集、筛选、整理、概括和加工，并可建立相应的信息系统对大量信息进行多次加工，增强其自身的信息量。企业在营销活动中会受到众多因素的影响和制约，因而仅获取杂乱无章的信息是无济于事的。企业必须连续多方面地收集、加工有关信息，分析它们之间的内在联系，提高它们之间的有序化程度。只有有序的信息，才是可以运用的信息。

📎 相关链接

大数据中的大商机

TWC（时代华纳有线公司）在大数据中发现了大商机。该公司每天收集兆兆字节的数据，不仅用于预测数百万个地点的天气，还用于预测那些地方的消费者会购买什么。TWC 将超过 75 年的宝贵的天气数据与大量的消费者购买数据相结合，例如，当天气炎热时空调销量上升，但亚特兰大的人们要比芝加哥的人们晚三天出门购买。这些分析为 TWC 创造了一项全新业务——基于大数据分析出售广告。如今这项业务产出了公司广告收益的一半。

例如，宝洁公司的潘婷和 Puffs（泡芙）品牌就根据 TWC 的天气和消费分析，购买了广告。在气候潮湿的地方，用天气频道应用软件查看天气预报的女性会收到潘婷洗发乳的广告，该产品的配方有利于使卷发柔顺成型；而在湿度低或较干燥的地区，使用该应用软件查看天气预报的人会收到保湿产品的广告；类似地，查看花粉计数预报的人会收到 Puffs 面巾纸的广告，传递"你的确需要 Puffs（泡芙）"的信息。据 TWC 报告，每一天，天气对全球约 1/3 的购买行为有着重要影响。"企业的陈旧观念认为'气候问题很麻烦，必须尽量避免。'" TWC 的天气分析副总裁说，"凭借大数据技术，现在的认识是应该预测和利用天气。"有了 TWC，企业才可以在特定的地点和时间，有针对性地发布广告和促销。

3.1.2　市场营销信息的作用

市场营销信息是企业营销的重要资源，是企业取得成功的必要因素。市场营销信息对于企业的营销活动具有如下作用。

1. 市场营销信息是企业经济决策的前提和基础

企业在营销过程中，无论是对企业的营销目标、发展方向等战略问题的决策，还是对企业的产品、定价、销售渠道、促销措施等战术问题的决策，都必须建立在准确获得市场营销信息的基础上，才能获得正确的结果。

2. 市场营销信息是制订企业营销计划的依据

企业在市场营销过程中，必须根据市场需求的变化，在营销决策的基础上，制订具体的营销计划，以确定实现营销目标的具体措施和途径。不了解市场信息，就无法制订出符合实际需要的计划。

3. 市场营销信息是实现营销控制的必要条件

营销控制是按既定的营销目标，对企业的营销活动进行监督、检查，以保证营销目标得以实现的管理活动。由于市场环境的不断变化，企业在营销活动中必须随时注意市场的变化，进行信息反馈，以此为依据修订营销计划，并对企业的营销活动进行有效控制，以使企业的营销活动能按预期目标进行。

4. 市场营销信息是进行内、外协调的依据

企业在营销活动中，要不断地收集市场营销信息，根据市场和自身状况的变化，协调内部条件、外部条件和企业营销目标之间的关系，使企业营销系统与外部环境和内部各要素间始终保持协调一致。

营销视野

Venus 剃毛刀

吉列公司曾斥资 3 亿美元开发第一代女性专用的剃毛刀，其中一部分资金用于消费者调研和大量的市场测试。Venus 剃毛刀的设计与早期女性剃毛刀显著不同，调研发现：当女性每次使用剃毛刀美容时，其手握剃毛刀的动作或角度至少要更换 30 次。因此，吉列设计的 Venus 剃毛刀采用柔软护手的宽体手柄，从而易于手握和控制。还有用来放置使用过的刀片的盒子，可以粘贴在洗澡间的墙上；研究也发现，女性大都不愿意为了更换刀片而离开洗澡间，所以，存放刀片的盒子需要足够的空间。吉列公司的研究还发现，女性剃毛刀使用者有 4 个不同的细分市场，即剃毛彻底者、皮肤呵护者、功能务实者和方便使用者。因此，吉列公司为每一个细分市场都设计了具体的 Venus 产品。这足以说明，营销信息采集在企业产品生产与改善过程中能起到的重要作用。

3.1.3　市场营销信息系统的构成

市场营销信息系统是一个由人员、机器设备和计算机程序组成的相互作用的复合系统，它能连续有序地收集、挑选、分析、评估和分配恰当、及时、准确的市场营销信息，为企业营销管理人员制订、改进、执行和控制营销计划提供依据。市场营销信息系统结构如图 3-1 所示。

市场营销信息系统由内部报告系统、营销情报系统、营销调研系统和营销决策支持分析系统组成。

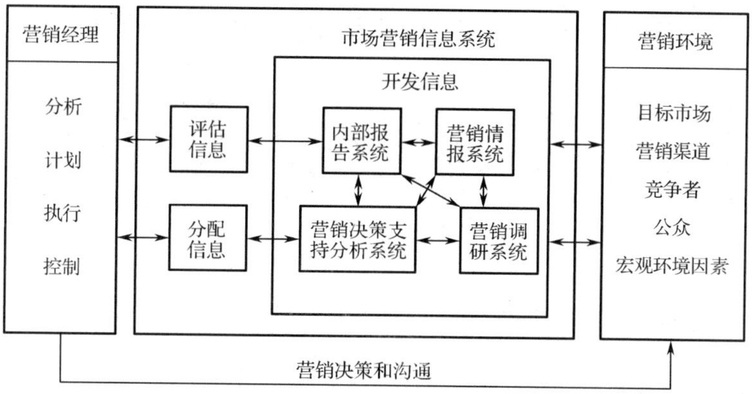

图 3-1　营销信息系统结构

1. 内部报告系统

内部报告系统又称内部会计系统,是企业营销管理者经常使用的最基本的信息系统。内部报告系统的主要功能是向营销管理人员及时提供有关订货数量、销售额、产品成本、存货水平、现金余额、应收账款、应付账款等各种反映企业经营状况的信息。通过对这些信息的分析,营销管理人员能够发现市场机会、找出管理中存在的问题,同时可以比较实际状况与预期水准之间的差异。其中,订货—发货—开出收款账单这一循环过程是内部报告系统的核心,而销售报告则是营销管理人员最迫切需要的信息。

2. 营销情报系统

营销情报系统指市场营销管理人员用以获得日常的有关企业外部营销环境发展趋势等有关信息的一整套程序和来源。它的任务是利用各种方法收集、侦察和提供企业营销环境最新发展的信息。营销情报系统与内部报告系统的主要区别在于后者为营销管理人员提供事件发生后的结果数据,而前者为营销管理人员提供正在发生和变化中的数据。

3. 营销调研系统

上述两个子系统的功能都是收集、传递和报告有关日常的和经常性的情报信息,但是企业有时候还需要经常对营销活动中出现的某些特定的问题进行研究,如企业希望测定某一产品广告的效果。市场营销调研系统的任务就是系统、客观地识别、收集、分析和传递有关市场营销活动等各方面的信息,提出与企业所面临的特定的营销问题的研究报告,以帮助营销管理者制定有效的营销决策。营销调研系统不同于营销情报系统,它主要侧重于企业营销活动中某些特定问题的解决。

4. 营销决策支持分析系统

营销决策支持分析系统又称营销管理科学系统,它通过对复杂现象的统计分析、建立数学模型,帮助营销管理人员分析复杂的市场营销问题,以制定最佳的市场营销决策。营销决策支持分析系统由两个部分组成,一个部分是统计库,另一个部分是模型库。其中统计库的功能是采用各种统计分析技术从大量数据中提取有意义的信息。模型库包含由管理科学家建立的解决各种营销决策问题的数学模型,如新产品销售预测模型、广告预算模型、厂址选择模型、竞争策略模型、产品定价模型以及最佳营销组合模型，等等。

3.2 市场调查

关键词语

市场调查　探测性调研　因果性调研　描述性调研

3.2.1 市场调查的含义

市场调查（Marketing Research）指运用科学的方法，有目的并系统地收集、记录、整理有关市场的营销信息和资料，分析市场情况，了解市场的现状及其发展趋势，为市场预测和营销决策提供客观、正确的资料，包括市场环境调查、市场状况调查、销售可能性调查，还可对消费者及消费需求、企业产品、产品价格、影响销售的社会和自然因素、销售渠道等展开调查。市场调查也可称为"市场研究""营销研究""市场调研"。

总之，市场调研是对与营销决策相关的数据（商品交换过程中产生的信息）进行计划、收集和分析，并把结果向管理者沟通的过程。

从市场调查的定义可知，市场调查的任务是为预测未来市场的变化提供科学依据，为企业市场营销目标中的工作计划和营销决策提供市场依据，为解决企业市场营销活动中的各种产供需矛盾提供科学依据。

案例链接

战争中的市场调研

在20世纪50年代，美国出兵朝鲜前，除了美国兰德公司对这次战争进行的战略预测外，还有欧洲的一家名叫德林的公司，倾其所有，甚至不惜亏本倒闭，花巨资研究了有关朝鲜战争问题的报告。该公司经过大量的研究分析认为：如果美国向朝鲜出兵，中国也一定会出兵；若中国出兵，美国注定要失败。

报告的主要结论只有寥寥数字——"中国将出兵朝鲜"，还附有380页的研究报告。在朝鲜战争爆发前8天，德林公司把这一研究成果以500万美元的价格卖给美国对华政策研究所，但美方认为价码太高而没买。美方没买的后果是什么呢？正如人们后来所知，美国盲目出兵朝鲜，我国随即派出了志愿军抗美援朝，美军惨败。朝鲜战争结束后，美国人为了吸取教训，仍花费了280万美元买回了德林公司的这项研究成果。

这个案例给人们的启示是：没做调研失败了——可恨，做了调研却没有人能正确使用调研结果——可悲。

3.2.2 市场调查的特点

现代市场调查以服务于企业预测和决策的需要为目的，系统地收集和分析信息，是一项专业性很强的工作。其在本质上是一种市场行为的科学研究工作。现代市场调查有如下 3 个基本特点。

1．目的性

市场调查是有关部门和企业针对市场的科研活动，有明确的目的性。这一目的性不仅是设计市场调查方案的前提，也是衡量市场调查是否有价值的基础。现代市场调查以提供有关部门和企业进行市场预测和决策的信息为目的，这种明确的目的性表现在收集、整理和分析市场信息和各个阶段都具有严密计划的特征上。

2．系统性

现代市场调查过程是一项系统工程，有规范的运作程序。市场调查人员应全面、系统地收集有关市场活动的信息，要求针对影响市场运行的各种经济、社会、政治、文化等因素，进行理论与实践分析相结合、分门别类研究与综合分析相结合、定性分析与定量分析相结合、现状分析与趋势分析相结合的系统性综合研究。

3．真实性

现代市场调研的真实性，具体表现为两方面的要求，第一，调查资料数据必须真实来源于客观实际，而非主观臆造。任何有意提供虚假信息的行为，从性质上而言不属于市场调查行为。第二，调查结果应该具有时效性，即调查所得结论能够反映市场运行的现实状况。否则，不仅会增加费用开支，还会使有关部门和企业的决策滞后，导致决策失败。

3.2.3　市场营销调查的分类

根据调查的目的、性质和形式的不同，市场营销调查通常分为如下 4 种类型。

1．探测性调查

探测性调查指企业对需要调查的问题尚不清楚，无法确定应调查哪些内容，因此只能在收集一些有关资料，分析出症结所在后，再做进一步调研。其所要回答的问题主要为：是什么？

2．描述性调查

描述性调查是通过详细的调查和分析，对市场营销活动的某个方面进行客观的描述。它要解决的问题是：说明是什么？

3．因果关系调查

因果关系调查又称相关性调查，指为探索市场营销变量之间的因果关系而进行的市场调查，例如，降价 10%能否使销售额上升 10%？它所要回答的问题主要是：为什么？通常情况下，企业应先进行探索性调查，然后再进行描述性调查或因果关系调查。

4．预测性调查

市场营销所面临的最大问题就是市场需求的预测问题，这是企业制定市场营销方案和市场营销决策的基础和前提。

3.2.4　市场调查的内容

市场调查解决的主要问题是：现有客户由哪些人或组织构成？潜在客户由哪些人或组织构成？这些客户需要购买哪些产品或服务？为什么购买？何时何地以及如何购买？

1．市场调查的范围

（1）市场环境调查。市场环境调查包括政治环境、经济环境、文化环境、自然环境和科技环境的调查。

（2）市场需求调查。市场需求调查包括市场商品和劳务需求总量的调查、市场需求结构的调整、需求转移的调整。

（3）市场商品资源调查。市场商品资源调查包括国内市场社会商品供应总额、国内市场供应的构成、商品来源的调查。

（4）市场营销活动调查。现代市场营销活动是包括产品、定价、分销渠道和促销在内的营销活动，市场营销活动调查就是围绕企业营销活动进行的调查，包括产品调查、竞争对手状况调查、品牌或企业形象调查、广告调查、价格调查、客户调查。

市场调查研究就是围绕四大营销活动展开的包括消费者在内的市场总体环境的调查。

2．宏观市场调查的内容

从对现代市场基本构成要素的分析可知，宏观市场调查是从整个经济社会的角度，对于社会总需求与供给的现状及其平衡关系的调查。其具体内容包括如下几个方面。

（1）社会购买总量及其影响因素调查。社会购买力是在一定时期内，全社会在市场上用于购买商品或服务的货币支付能力。社会购买力包括 3 个部分，即居民购买力、社会集团购买力和生产资料购买力。其中，居民购买力尤其是居民用于购买生活消费品的货币支付能力（居民消费购买力）是调查的重点。居民购买力的计算公式为

居民购买力=居民货币收入总额-居民非商品性支出±居民储蓄存款增减额±居民手存现金增减额

（2）社会购买力投向及其影响因素调查。这类调查的主要内容是调查社会商品零售额情况，并分析其构成。这类调查还可以采用统计调查的方式，从买方角度分析购买力投向的变动。调查影响购买力投向变化因素的主要内容包括消费品购买力水平及变动速度、消费构成变化、商品价格变动、消费心理变化和社会集团购买力控制程度变动等。

（3）消费者人口状况调查。这类调查的主要内容有人口总量、人口地理分布状况、家庭总数和家庭平均人数、民族构成、年龄构成、性别构成、职业构成、教育程度等。这种调查有着长期的历史传统，在 20 世纪 50 年代中期形成的"市场细分"概念，就是目前仍很流行的消费者调查参考框架之一。

（4）市场商品供给来源及影响因素调查。市场商品供给来源的调查主要内容包括国内工农业生产部门的总供给量、进口商品量、国家储备拨付量、物资回收量和期初结余量等。

（5）市场商品供应能力调查。市场商品供应能力调查是对工商企业的商品生产能力和商品流转能力的调查，主要内容包括：企业现有商品生产能力和结构，企业经营设施、设备的状况，科技成果转化速度，企业资金总量，企业盈利和效益情况，企业技术水平和职工素质，交通运输能力，生产力布局等。

3. 微观（企业）市场调查的内容

微观市场调查是从微观经济实体（企业）的角度出发，对市场要素进行调查分析，它是现代市场调查的主体内容。由于影响市场变化的因素很多，企业市场调查的内容也十分广泛，一般而言，对涉及企业市场营销活动的方方面面都应进行调查，但其主要内容包括如下几个方面。

（1）市场需求的调查。从市场营销的理念角度分析，顾客的需求和欲望是企业营销活动的中心和出发点。因此，对市场需求的调查，应成为市场调查的主要内容之一。市场需求情况的调查包括：现有顾客需求情况的调查（包括需求什么、需求多少、需求时间等）；现有顾客对本企业产品（包括服务）满意程度的调查；现有顾客对本企业产品信赖程度的调查；对影响需求的各种因素变化情况的调查；对顾客的购买动机和购买行为的调查；对潜在顾客需求情况的调查（包括需求什么、需求多少和需求时间等）。

（2）产品的调查。产品调查的内容为：产品设计的调查（包括功能设计、用途设计、使用方便和操作安全的设计、产品的品牌和商标设计以及产品的外观和包装设计等）；产品系列和产品组合的调查；产品生命周期的调查；对老产品改进的调查；对新产品开发的调查；对于如何做好销售技术服务的调查；等等。

（3）价格的调查。价格对产品的销售和企业的获利情况有着重要的影响，积极开展产品价格的调查，对于企业制定正确的价格策略有着重要的作用。

价格调查的内容包括：市场供求情况及其变化趋势的调查；影响价格变化各种因素的调查；产品需求价格弹性的调研；替代产品价格的调查；新产品定价策略的调查；目标市场对本企业品牌价格水平的反应；等等。

（4）促销的调查。促销调查的主要内容是企业的各种促销手段、促销政策的可行性，其中，企业通常较为重视的有广告和人员推销的调查。广告的调查指广告媒体、广告效果、广告时间、广告预算等的调查；人员推销的调查指销售力量大小、销售人员素质、销售人员分派是否合理、销售人员报酬、有效的人员促销策略的调查。企业还会进行各种营业推广的调查和公共关系与企业形象的调查。

（5）销售渠道的调查。销售渠道调查的内容为：各类中间商（包括批发商、零售商、代理商、经销商）应如何选择的调查；仓库地址应如何选择的调查；各种运输工具应如何安排的调查；如何既能满足交货期的需要，又能降低销售费用的调查；等等。

（6）竞争的调查。竞争的调查包括：竞争对手（包括国内外）的数量及其分布、市场营销能力；竞争产品的特性、市场占有率、覆盖率；竞争对手的优势与劣势、长处与短处；竞争对手的市场营销组合策略；竞争对手的实力、市场营销战略及其实际效果；

竞争发展的趋势；等等。

以上各项内容是针对市场调研的一般情况而言。各个企业的市场环境不同、遇到的问题不同，所要调查的问题也就不同，企业应根据自己的具体情况确定调查内容。

3.2.5 市场调查的方法

市场调查的方法主要有观察法、试验法、访问法和问卷法4种。

1. 观察法

观察法是社会调查和市场调查研究最基本的方法，指由调查人员根据调查研究的对象，利用眼睛、耳朵等感官以直接观察的方式对其进行考察并收集资料。例如，市场调查人员到商品的销售场所，去观察商品的品牌及包装情况。

2. 试验法

由调查人员根据调查的要求，用试验的方式，将调查的对象控制在特定的环境条件下，对其进行观察以获得相应的信息。控制对象可以是产品的价格、品质、包装等。在可控的条件下观察市场现象，揭示在自然条件下不易发生的市场规律，这种方法主要用于市场销售试验和消费者使用试验。

> **营销视野**
>
> #### 咖啡店挑选杯子的奥秘
>
> 一位咖啡店老板发现不同颜色能使人产生不同的感觉。于是他做了一个试验，请来20位试验者，请他们喝4杯浓度完全相同的咖啡，但这4个装咖啡的杯子的颜色是不同的。然后，咖啡店老板问试验者："哪种杯子的咖啡浓度最好？"多数人回答："青色杯子的咖啡淡，味酸；红色杯子的咖啡浓，味美；黄色杯子的咖啡浓度正好，味淡；咖啡色杯子的咖啡太浓，味苦。"于是，这位老板的咖啡店全都改用了红色的杯子。

3. 访问法

访问法可以分为结构式访问、无结构式访问和集体访问。

结构式访问是事先设计好的、有一定结构的访问问卷的访问。调查人员要按照事先设计好的调查表或访问提纲进行访问，以相同的提问方式和记录方式进行访问，提问的语气和态度也要尽可能保持一致。

无结构式访问指没有统一问卷，由调查人员与被访问者进行自由交谈的访问，可以根据调查的内容，进行广泛的交流。例如，对商品的价格进行交谈，了解被调查者对价格的看法。

集体访问指通过集体座谈的方式听取被访问者的想法，收集信息资料，可以分为专家集体访问和消费者集体访问。

4．问卷法

问卷法是通过设计调查问卷，以让被调查者填写调查表的方式获得所调查对象的信息。在调查时，将调查的资料设计成问卷后，让接受调查对象将自己的意见或答案，填入问卷中。新兴的网络技术也为市场营销调研提供了现代化的技术工具，为企业快速充分地获得市场信息提供了巨大的帮助。

📎 **相关链接**

专业调研平台——问卷星

问卷星是一个专业的在线问卷调查、测评、投票平台，专注于为用户提供功能强大、人性化的在线设计问卷、采集数据、自定义报表、调查结果分析等一系列服务。与传统调查方式和其他调查网站或调查系统相比，问卷星具有快捷、易用、低成本的明显优势，已经被大量企业和个人广泛使用。问卷星可实现如下功能。

（1）在线设计问卷。问卷星提供了所见即所得的设计问卷界面，支持多种题型以及信息栏和分页栏，并可以给选项设置分数（可用于量表题或者测试问卷），可以设置跳转逻辑，同时还提供了数十种专业问卷模板。

（2）发布问卷并设置属性。问卷设计好以后，可以直接发布并设置相关属性，如问卷分类、说明、公开级别、访问密码等。

（3）发送问卷。通过发送邀请邮件，或者用 Flash 等方式嵌入需调研公司的网站，或者通过 QQ、微博、邮件等方式，将问卷链接发给好友填写。

（4）查看调查结果。可以通过网站自动生成的柱状图和饼状图查看统计图表，卡片式查看答卷详情，分析答卷来源的时间段、地区和网站。

（5）创建自定义报表。在自定义报表中，可以设置一系列筛选条件，不仅可以根据答案做交叉分析和分类统计，还可以根据填写问卷所用时间、来源地区和网站等筛选出符合条件的答卷集合。

（6）下载调查数据。调查完成后，调研人员可以下载统计图表到 Word 文档中保存、打印，或者下载原始数据到 Excel，导入 SPSS 等调查分析软件，做进一步分析。

3.2.6　市场调查的步骤

市场调查由一系列收集和分析市场数据的步骤组成。某一步骤做出的决定可能影响其他后续步骤，某一步骤所做的任何修改往往意味着其他步骤也可能需要修改。市场调查的步骤一般按如下程序进行。

1．确定问题与假设

由于市场调查的主要目的是收集与分析资料，以帮助企业更好地做出决策，并减少决策的失误。因此，调查的第一步就要求决策人员和调查人员认真地确定和商定研究的目标。俗话说："对一个问题做出恰当的定义就等于解决了一半。"在任何一个问题上，都存在着许许多多可以调查的事情，如果对该问题不做出明确的定义，那收集信息的成本可能会超过调查提出的结果价值。做出假设、给出研究目标的主要原因是限定调查的范围，并从将来调查所得出的资料中检验所做的假设是否成立，编写调查报告。

2. 确定所需资料

确定了问题和假设后，下一步就应决定要收集哪些调查目标有关的资料。例如，①消费者对本公司产品及其品牌的态度如何？②消费者对本公司品牌产品价格的看法如何？③本公司品牌的广告与竞争品牌的广告，在消费者心目中的评价如何？④不同社会阶层对本公司品牌与竞争品牌的态度有无差别？

3. 确定收集资料的方式

这一步要求制定一个收集所需信息的最有效的方式，需要确定数据来源、调查方法、调查工具、抽样计划及接触方法。

如果没有适用的现成资料（第二手资料），原始资料（第一手资料）的收集就成为必需步骤。采用何种方式收集资料，与所需资料的性质有关，包括实验法、观察法和询问法。如果所需资料是关于消费者的态度，那么，市场调查者可采用询问法收集资料。对消费者的调查，采用个人访问方式比较适宜，便于相互之间深入交流。

4. 抽样设计

在调查设计阶段，就应决定抽样对象是谁，这就提出了抽样设计问题。①究竟是概率抽样还是非概率抽样，具体要视该调查所要求的准确程度而定。概率抽样的准确性较高，且可估计抽样误差。对统计效率进行分析，自然以概率抽样为好。不过从经济观点而言，非概率抽样设计简单，可节省时间与费用；②一个必须决定的问题是样本数目，需要考虑统计与经济效率的问题。

5. 数据收集

数据收集必须通过调查员完成，调查员的素质会影响到调查结果的正确性。调查员以大学的市场学、心理学或社会学的学生最为理想，因为他们已受过调查技术与理论的训练，可降低调查误差。

6. 数据分析

资料收集后，应检查所有答案，不完整的答案应剔除，或者再询问该应答者，以求填补资料空缺。

资料分析应将分析结果制成统计表或统计图，以方便读者了解分析结果，并可从统计资料中，分析与第一步确定问题假设之间的关系。同时又应将分析结果以各类资料的百分比与平均数形式表示，使读者对分析结果形成清晰对比。

7. 调查报告

市场调查的最后一步是编写一份书面报告。书面调查报告通常可分为两类，即专门性报告和通俗性报告。

专门性报告的读者是对整个调查设计、分析方法、研究结果及各类统计表感兴趣者，他们对市场调查的技术已有所了解；而通俗性报告的读者（如一些企业的最高决策者）主要兴趣在于听取市场调查专家的建议。

3.3　市场营销预测

关键词语

市场营销预测　定量分析　定性分析　德尔菲法

市场营销预测是企业在市场营销调研获得的信息资料基础上，针对企业的实际需要，运用科学的方法和预测模型，预测未来一定时期内，市场的需求及其变化趋势，为企业营销决策提供科学依据的一系列活动。市场营销预测是营销调研的主要内容，也是营销决策过程的重要阶段。企业营销必须掌握市场营销预测的方法。

3.3.1　市场营销资料的整理

市场营销资料整理是根据市场调研的目的和任务，对市场调查所得到的原始资料或次级资料进行科学的分类、分组、汇总和再加工的过程。

市场营销调查收集到的信息资料是分散的、不系统的、无规律的，根据这样的资料难以对总体情况进行分析，更无法对总体情况做出判断和结论。收集到的第二手资料也不能完全符合市场调查的目的和分析的要求。因此，必须对资料进行整理，包括对文字资料和数字资料进行整理。

1. 文字资料整理的程序

（1）文字资料的审核。文字资料的审核是对调查到的原始资料进行审查和核实。重点核实资料的可靠性和合格性。

（2）文字资料的分类。文字资料的分类是根据资料的性质、内容或特征，把相异的资料挑出来，把相同或相近的资料归为一类的过程。分类方法包括前分类法和后分类法，分类原则有穷举原则和相斥原则。

（3）文字资料的汇编。文字资料的汇编指按调查目的和要求，对分类后的资料进行汇总和编辑，使之成为能反映调查对象客观情况的系统的、完整的资料。

2. 数字资料整理的程序

（1）数字资料的审核。数字资料的审核是对市场调查得到的数字资料进行审查、核实和订正，包括完整性审核、准确性审核和及时性审核。

（2）数字资料的分组。数字资料的分组是根据分析任务的需要，把调查总体的数量特征，按照某个标志分为性质不同而又有联系的几个部分。其主要作用在于将市场现象总体按照调查分析的要求，区分为性质相异的组成部分。

（3）数字资料的汇总。数字资料的汇总包括手工汇总和计算机汇总。

（4）数字资料整理结果的显示。统计图和统计表是最常用的形式。

3.3.2　市场营销资料分析

市场营销资料分析指市场营销资料整理完成后，调研人员还必须将资料中潜在的各类关系，运用各种分析方法揭示出来，以满足营销决策的需要。市场营销资料分析主要包括定量分析和定性分析。

1．定量分析

定量分析是利用统计和数学方法，对所研究的问题进行数量对比分析，认识事物的本质、发展过程、发展趋势及变化规律。定量分析包括静态对比分析和动态对比分析。

（1）静态对比分析。静态对比分析主要包括结构分析、比例关系分析、因素分析、平均分析、变异分析、相关分析等。

（2）动态对比分析。动态对比分析是对市场现象进行时间量的分析，包括发展速度和平均发展速度分析、增长速度与平均增长速度分析、季节性分析、价格指数分析、趋势分析、时间序列分析等。

2．定性分析

定性分析是运用科学理论、实践经验及有关资料，对市场现象的性质、特点、运动过程、发展趋势等进行评价和判断。

定性分析通常是在事物变化的性质、特点及趋势不易用数量指标表示，即难以进行定量分析，又可以估计判断出其发展程度及发展趋势时，利用调查人员及专家的实践经验和资料进行判断分析，通常用基本、大体、较慢、较快、较好、较差等词描述市场现象的变化。

营销视野

ZARA 的市场需求调研与决策

ZARA 是一家世界知名的时尚品牌。ZARA 店铺内的柜台和店内各个角落大多都装有摄影头，记录顾客在每件衣服上的浏览时间。当顾客向店员反映"这个衣领的图案真漂亮""我不喜欢口袋上的拉链"时，店员会向分店经理汇报，经理通过 ZARA 的内部全球资讯网络，每天至少两次将资讯传递给总部设计人员，由总部领导做出决策后，立刻传送到生产线，以改变产品样式。

每天闭店后，销售人员会结账、盘点货品的上下架情况，并对客人的购买率与退货率进行统计。再结合柜台现金资料，利用交易系统做出当日成交分析报告，分析当日产品热销排名，然后将数据直接传到 ZARA 的仓储系统。

此外，ZARA 还陆续在欧洲、美国、日本推出网店，除了可以增加营业收入外，更重要的是利用这些网店强化信息搜索与资料分析功能，让企业决策者可以利用回馈信息精确地找到目标市场。

　　通过先进的市场调查与决策手段，ZARA 在服装领域创造了一个供应链的神话——ZARA 每年会设计 1.8 万种新样式，平均 2～3 周就有新款上架，可以实现 7 天生产、14 天下柜、30 天上柜，工作效率遥遥领先于行业水平。

3.3.3　市场营销预测方法

　　市场营销预测指根据收集到的市场过去和现在的资料，应用科学的预测方法，对市场未来的发展变化进行预计或估计，为科学制定营销决策提供依据。市场营销预测包括定性预测和定量预测。

1. 定性预测

　　定性预测是依靠预测人员的经验、知识及综合分析能力，估计预测对象的发展前景的一种预测方法。定性预测主要包括以下 10 种方法。

　　（1）营销人员意见预测法。营销人员意见预测法指长期从事市场营销活动的人员，凭借他们对产销情况、市场环境的熟悉，对消费者需求心理和消费水平的了解，长期积累的销售经验，对未来的市场销售趋势进行估计和预测，一般适用于短期预测。这种预测方法比较接近现实，但是容易受营销人员近期销售绩效的影响，有时估计值比较保守或过于乐观。

　　（2）决策人员意见预测法。决策人员意见预测法是厂长、经理等高级主管人员，根据产品销售、资金财务、市场环境、管理水平等资料，通过听取各类负责人的汇报和意见，在此基础上综合分析判断市场变动趋势的一种预测方法，常用于中长期预测。

　　（3）用户意见预测法。用户意见预测法是预测者通过访问、电子邮件、电话、短信、信函和投票等方式，了解用户的需求情况和意见，掌握消费者的购买意向，预测消费者未来需求特点和变动趋势的一种预测方法，主要用于工业品和耐用消费品市场预测。例如，海尔电视刚刚投放市场时，海尔公司通过打电话的方式向消费者征询意见，以了解消费者对海尔电视的看法，这种方法效果很好。

　　（4）访问意见预测法。访问意见预测法是根据预测目标的要求，预测者事先拟定访问提纲，通过当面访问或书面访问的形式向被调查者征询意见，然后对各种意见进行归纳、整理、分析和判断，从而取得预测方案的预测方法，适合对某商品的规格、款式、质量和价格等具体问题进行预测。

　　（5）问卷调查意见预测法。问卷调查意见预测法是预测者依据预测任务的要求，拟定调查提纲或调查表，直接向消费者调查而取得预测结果的预测方法。

　　（6）扩散指数预测法。扩散指数预测法指根据一批领先经济指标的升降变化，计算出上升指标的扩散指数，以扩散指数为依据，判断市场未来的景气情况，进而预测企业的景气情况。

　　（7）比例推算预测法。比例推算预测法是利用事物之间存在的比例关系，从一种事物的已知情况推断出另一种事物的未来发展变化趋势。

　　（8）依存关系预测法。依存关系预测法是根据互补产品之间的数量依存关系，对某种产品的需求量进行预测的方法。

　　（9）专家意见法。专家意见法是根据市场预测的目的和要求，向有关专家提供一定的背景资料，通过会议的形式对某一经济现象及其前景进行评价，并在专家分析判断的基础上，综合他们的意见，对市场发展趋势进行推断。

（10）德尔菲法。德尔菲法由美国兰德公司首创和使用，是对专家意见法的改进和发展。德尔菲是古希腊一座城市的名字，该城有一座阿波罗神殿，阿波罗是太阳神，善于预卜未来，后人借用德尔菲比喻预见能力高超。德尔菲法使用系统的程序，采取匿名和反复进行的方式，先组成专家组，将调查提纲及背景资料提交给专家，轮番征询专家意见后再进行汇总预测结果，经过几轮反复征询、归纳和修改，直到各位专家的意见趋于一致，才宣告结束。其结论比较接近实际，适用于总额的预测。该方法的特点是匿名性、反馈性、多轮性、趋同性。

2. 定量预测

定量预测根据收集到的数据资料，运用统计或数学方法对市场的未来进行估计，主要包括以下 6 种方法。

（1）平均数预测法。平均数预测法以预测目标的时间序列的平均数作为预测目标趋势的预测依据，据此计算趋势预测值，包括如下两种方法。

① 简单平均数法。利用简单算术平均数在时间序列上形成的平均动态数列，以说明某种经济现象在时间上的发展趋势，适用于趋势比较稳定的商品需求和生产预测。

② 加权平均数法。通过对不同数据按其重要性乘以不同的权数，以这些乘数相加之和除以权数总和，即得到加权平均数，据此进行预测。

运用加权平均数法进行预测的关键是权数的选择。如果历史资料变动较大，可用等比数列为权数；如果历史资料变动较小，可用等差数列为权数。

（2）移动平均数预测法。移动平均数预测法是通过移动平均数进行预测的方法。包括简单移动平均法和趋势移动平均法。趋势移动平均法以一次移动平均值作为时间序列，计算其移动平均值，即在简单移动平均上再做趋势移动平均。

（3）一次指数平滑法。一次指数平滑法通过对预测目标历史统计序列的逐层平滑计算，消除由于随机因素造成的影响，找出预测目标的基本变化趋势，据此预测未来。

选择平滑系数时，如果时间序列有不规则变化，而长期趋势呈稳定的水平趋势，应取 0.05 ~ 0.20。在实际应用中，可以取几个值进行比较，选择预测误差最小的值。

（4）直线趋势外推法。直线趋势外推法遵循事物发展的连续原则，分析预测目标时间序列资料呈现的长期趋势变动的规律性，用数学方法找出拟合趋势变动轨迹的数学模型，据此进行预测。

（5）曲线趋势外推法。由于市场经济活动受多种因素影响，其中市场经济变量因素的长期趋势有时呈现不同形式的曲线，因此，需要将曲线趋势变动线加以延伸，以求得预测值，这种方法叫曲线趋势外推法。

（6）季节变动趋势预测法。季节变动趋势预测法是根据预测变量在各个日历年度，按月或季编制的时间序列资料，以统计方法测定出反映季节变动规律的季节指数，并利用它们进行短期预测的一种方法。

本章小结

市场营销信息是一项特定信息，是企业所处的宏观环境和微观环境的各种要素的特征及其发展变化的客观反映，是反映市场各种要素的实际状况、特性、相关关系的资料、数据、情报等的统称，包括市场信息和营销信息两个方面。市场调查与预测是市场信息的主要来源。

　　市场调查是为企业解决面临的市场营销问题服务的，是企业一项目的性很强的活动，能帮助企业更好地了解市场动态。市场调查的内容包括市场调查、消费者调查、产品调查、价格调查、销售渠道调查、促销手段调查、竞争状况调查、宏观环境调查。市场调查的程序是准备、调查和结果处理阶段。市场调查的方法有询问法、观察法和试验法。

　　市场营销预测是企业在市场营销调研获得的信息资料基础上，针对企业的实际需要，运用科学的方法和预测模型，预测未来一定时期内，市场的需求及其变化趋势，为企业营销决策提供科学依据的一系列活动。市场营销预测的主要内容包含市场营销资料整理与分析，市场营销预测的方法分别为定性预测和定量预测两大类。

课后拓展

　　市场营销调查通常分为 4 个阶段：调查准备阶段、调查计划阶段、调查实施阶段和调查处理阶段。

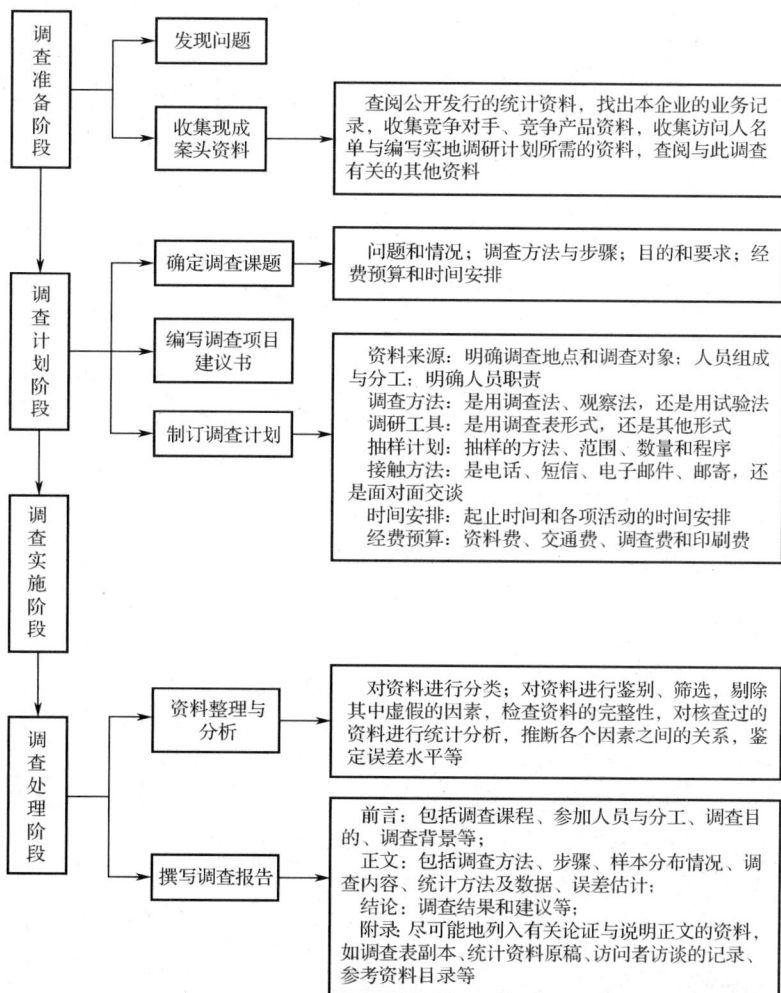

调查准备阶段	发现问题	
	收集现成案头资料	查阅公开发行的统计资料，找出本企业的业务记录，收集竞争对手、竞争产品资料，收集访问人名单与编写实地调研计划所需的资料，查阅与此调查有关的其他资料
调查计划阶段	确定调查课题	问题和情况；调查方法与步骤；目的和要求；经费预算和时间安排
	编写调查项目建议书	资料来源：明确调查地点和调查对象；人员组成与分工；明确人员职责
	制订调查计划	调查方法：是用调查法、观察法，还是用试验法 调研工具：是用调查表形式，还是其他形式 抽样计划：抽样的方法、范围、数量和程序 接触方法：是电话、短信、电子邮件、邮寄，还是面对面交谈 时间安排：起止时间和各项活动的时间安排 经费预算：资料费、交通费、调查费和印刷费
调查实施阶段		
调查处理阶段	资料整理与分析	对资料进行分类；对资料进行鉴别、筛选，剔除其中虚假的因素，检查资料的完整性，对核查过的资料进行统计分析，推断各个因素之间的关系，鉴定误差水平等
	撰写调查报告	前言：包括调查课程、参加人员与分工、调查目的、调查背景等； 正文：包括调查方法、步骤、样本分布情况、调查内容、统计方法及数据、误差估计； 结论：调查结果和建议等； 附录 尽可能地列入有关论证与说明正文的资料，如调查表副本、统计资料原稿、访问者访谈的记录、参考资料目录等

课后实训

实训背景与说明：王伟经过仔细思考后，打算主要经营销售以下品类的果蔬产品：水果类和蔬菜类。在确定这两大品类后，他遇到了一个问题，在学院路附近生活的人群，对于果蔬中哪些具体商品的需求更大呢？为了寻找到这个问题的答案，就需要走入市场中，展开真实的调查。

请同学们帮助王伟的企业展开一次市场调查活动，以学院路居民日常需求的果蔬类商品为主，帮助王伟选定一些可以大量销售经营的商品。

实训考核重点：市场调查是为企业营销决策提供依据的信息管理活动，做好调查实训能够提高营销专业同学的实践能力。请同学们走入身边的市场中，进行一次真实的市场调查活动。

实训内容：（1）请同学们组建几个营销团队，针对学院路或学校周边市场中的果蔬产品展开一次调查。通过对市场中已有在售和有需求的绿色农产品的调查活动，为优选果蔬零售店进行后期市场决策，提供更有价值的参考依据。

（2）走入真实的市场中进行调查活动，确定采用哪些方法采集数据和信息，并加以分析。

实训要求：以上内容完成后，以书面形式提交汇总，并做小组汇报。然后在教师指导下进行小组互评，再由教师进行总结点评。

第4章 消费者市场分析

导入案例

戴比尔斯的钻石营销

在 20 世纪初,戴比尔斯开创了将钻石作为订婚戒指和结婚戒指进行营销的先河,大肆宣扬钻石象征着忠贞不渝的爱情,更是在 1950 年打出了 "A diamond is forever" 的广告语。从那以后,熠熠生辉的钻石成了爱情和忠贞的象征。赠送钻戒,尤其是订婚钻戒,成为求爱传统。1993 年,位于我国香港地区的奥美广告公司,征集 "A diamond is forever" 的中文翻译。经过半年的评比,一名大学教师的一句话 "钻石恒久远,一颗永流传。" 被选上,于是这句经典的广告语成功地进入我国,使我国消费者开始广泛接受钻石文化。

随后,戴比尔斯发现,营销必须得设法兼顾女性的传统角色和未来使命。

2002 年,戴比尔斯告诉公司的首饰设计师们,说公司需要新的设计,要引人注目、不同凡响,而且绝不能像订婚戒指,甚至不能像以前的那种 "鸡尾戒"(Cocktail Ring)。订下设计方案后,研究团队面临的挑战是制作一则广告,以直击传统和现代之间的平衡问题。负责人罗斯深知,如果不同时针对女性的两面角色进行营销,设计再精美的戒指也会无人问津。"对有些女顾客而言,购买钻石首饰的确有着情感方面的意义。" 罗斯说。罗斯和她的队员们并没有淡化这种情感意义,而是告诫广告的策划和文案人员,广告既要体现出女性对美好生活的追求,也要反映出她们对传统角色的需要。其结果就是 "全球女性:高举右手!" 这个广告的诞生。广告词很好地总结了这种平衡:"左手轻摇摇篮,右手驾驭世界。"

"右手之戒"(Right Hand Ring)的目标消费群体是年收入在 10 万美元以上的 30~50 岁的女性。这些广告中出现的都是性感、惹眼的女性,许多有着健美的身材或者穿着皮夹克,右手上都闪耀着钻石的光辉。有一则广告词写道:"左手宣告的是承诺,右手代表的是独立;左手为情爱而生,右手为精彩而活;左手渴望为友人相牵,右手渴望为爱人抬起。世上的女性们,举起右手吧!"

　　这个广告连同钻戒本身似乎正符合女性的品味。在2003年11月，"右手之戒"开始出现在麦当娜和碧昂丝·诺里斯的手指上。2005年，据璀钻贸易公司估计，在2004年上半年钻石饰品销售额增长的15%中，大部分要归功于女性（购买首饰人数增加了11%）——尤其是为自己购买"右手之戒"的女客户的增加。据估计，"右手之戒"的市场份额达到了40亿美元之多。

　　2005年，尽管销售额已经有了大幅上升，智威汤逊广告公司（J. Walter Thompson）还是不遗余力地在广告上做文章。新广告中出现的女性看上去要稍微温和一些，但整个广告还是强调巧妙地实现过去和现在的平衡。有一则广告词写道："你的左手说：'我爱你'；而你的右手说：'我也爱自己。'"

　　分析：（1）戴比尔斯成功地赋予了产品独特的属性，把自己的产品钻石与人的情感爱情联系在一起，充分利用了女性消费者对爱情的渴望，给了女性消费者拥有钻石的理由，使钻石成为婚庆的刚需饰品，从而获得了巨大的市场。

　　（2）"右手之戒"则是独立女性的宣言，"我也爱自己"紧紧抓住了成功女性消费者的心理特征，彰显了现代成功女性的个性。

　　思考：（1）钻石这种产品的购买者有什么特点？

　　（2）在购买过程中有哪些影响因素？

学习目标

通过学习本章内容，学生应了解消费者市场的需求特征；掌握消费者的购买行为过程；重点掌握影响消费者购买行为的因素；能够分析影响消费者购买行为的因素。

4.1　消费者市场购买行为模式分析

关键词语

消费者市场　购买心理暗箱　购买行为模式　购买决策

4.1.1　消费者市场的含义

按照客户购买目的或用途的不同，市场可分为组织市场和消费者市场两大类。消费者市场指为满足生活需要而购买商品和服务的所有个人和家庭，是产品的最终市场。其他市场，如生产者市场、中间商市场等，其最终服务对象都是消费者市场。因此，一切企业，无论其是否直接为消费者服务，都要研究消费者市场。消费者市场是一切市场的基础，是最终起决定作用的市场。

4.1.2　消费者市场的特点

1. 消费者人数众多，市场地域分布广阔

消费者人数众多，包括全社会的所有人。无论是谁，也无论他是否直接从事购买活动，都一定是生活资料的消费者；消费者市场无处不在，涉及男女老幼和千家万户，市场地域分布十分广阔。

2. 消费者具有较强的差异性和多样性

消费者人数众多，而且其需求的差异性较大。由于在年龄、性别、职业、收入、受教育程度、居住区域、民族、宗教等方面不同，消费者有各种各样的需要、欲望、兴趣、爱好和习惯，对不同的商品和同种商品不同的品牌、规格、质量、外观、式样、服务、价格等会产生多种多样的需求，因而促使消费品不仅品种繁多，而且同一产品在数量、包装、式样等要素上也多种多样。

3. 消费者的购买属于小批量、多次性购买

由于消费者购买的目的是满足生活需要，所以，他们每次购买的数量少，但购买次数多。企业对消费品的包装、产品规格也必须适当缩小，以适应消费者的需要。同时，在网点设置、经营方式、营业时间等方面也要适应这一特点，尽可能方便消费者购买。

4. 消费者购买属于非专业购买，具有可诱导性

消费者购买属于非专业购买，具有较大程度的可诱导性。消费者不是专家，通常情况下，他们不懂产品，从市场交易双方的力量对比进行分析，消费者处于劣势。消费者具有的这种特性，会出现一种现象，即"消费者不懂，他就不敢买"。所以，企业在营销过程中，就需要解决这个问题，这时的营销重点就是让消费者相信品牌、相信企业，进而打消消费者由于不懂而产生的顾虑与担心。

5. 消费者购买商品的随意性大

大多数商品都可找到替代品或可以互换使用的商品。因此，消费者市场中的商品有较强的替代性，商品的可替代性强也使非生活必需品的需求价格弹性较大。现代企业要通过适当的营销活动主动地影响消费者的购买行为，必须十分注重广告和其他促销工作，并努力创名牌，建立良好的商誉，这都有助于产品销路的扩大，也有助于市场竞争地位的巩固。

4.1.3 消费者购买行为模式

消费者市场涉及的内容千头万绪，企业应该从哪里入手进行分析呢？市场营销学家归纳出以下 7 个主要问题，如图 4-1 所示。

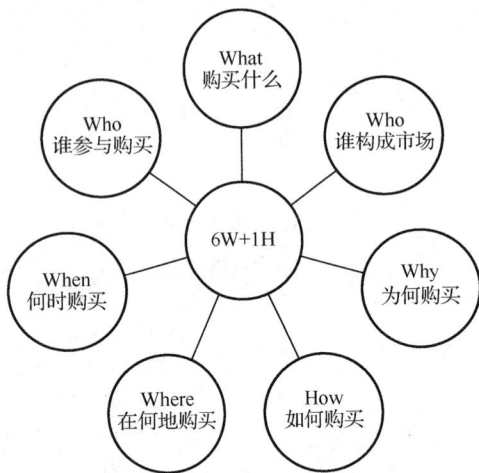

图 4-1 6W+1H 模型

1. Who——谁构成市场

企业要了解消费者是哪些人，又要弄清购买行动中的"购买角色"问题。消费者指企业的目标客户；购买角色指在购买活动中不同人的位置和作用。购买者有别于消费者，购买者通常指实际完成购买行为的人，可能是产品的消费者，也可能不是。在一些商品的购买活动中，购买者、决策者与消费者是分离的。因此，企业要调查清楚在消费者的购买行动中，谁是决策者，谁是使用者，谁对决定购买有重大影响。这样，企业就可以准确确定自己的目标对象，更有针对性地实施产品、价格、渠道以及促销策略。

2. What——购买什么

企业要了解消费者知道什么、购买什么。企业要了解消费者需要什么商品，了解商品的知晓度、被接受度。企业通过了解，既可以调查清楚市场占有率和不同品牌的销售情况，也可以调查清楚消费者的偏好，以提供满足消费者需要的商品和服务。

3. Where——在何地购买

企业要了解消费者在哪里购买，在哪里使用。企业要了解消费者在购买某类商品时的习惯，人们愿意在哪里、什么地点购买企业的商品。企业调查清楚后，可以据此研究商品及服务的适当的销售渠道和地点，企业还要了解消费者是在什么样的地理环境、气候条件、场所使用商品，进而可以根据消费者使用的地点、场所条件，提供更适当的商品和服务。

4. When——何时购买

企业要了解消费者消费和购买某类商品和服务的具体时间。调查清楚消费者什么时候消费和购买，对于开发新产品，拓宽服务领域，增加服务项目有着重要的作用。根据所预测的消费者购买时间，企业可以提前做好准备。

5. How——如何购买

企业要了解消费者怎样购买、喜欢什么样的促销方式，还要调查清楚消费者对所购商品是如何使用的。企业调查清楚这两个问题后，可以提供多品种的适宜商品；可以针对不同情况实施差异化营销；还可以做出有效的促销决策，以吸引更多的消费者购买。

6. Why——为何购买

企业要了解和探索消费者行为的动机或影响其行为的因素。例如，消费者为什么喜欢这个牌子的商品，而不喜欢另外一个？为什么单买这种包装、规格的商品，而拒绝接受其他种类？只有探明了消费者的原因与动机，企业才可以比较全面地了解其需要。

7. Who——谁参与购买

企业除了要掌握购买行为的最终决策者，还要了解购买行为的发起者、影响者等角色，他们都会对购买行为产生影响。

4.2　影响消费者购买行为的因素分析

🔈 **关键词语**

文化　亚文化　社会阶层　相关群体　家庭生命周期

4.2.1　社会文化因素

1. 文化

文化是人类在社会发展过程中所创造的物质财富和精神财富的总和，是根植于一定的物质、社会、历史传统基础上，而形成的特定价值观念、信仰、思维方式、宗教、习俗的综合体。文化是影响人们欲望和行为的基本因素，文化对消费者的购买行为具有强烈而广泛的影响。

2．亚文化

在每一种文化中，往往还存在许多在一定范围内具有文化同一性的群体，称为亚文化。亚文化具有易变性、渗透性、交汇性。因此，价值、观念、习俗和习惯对消费者行为的影响也具有易变性、渗透性和交汇性。

（1）民族亚文化群。我国是多民族的国家，各民族经过长期发展形成了各自的语言、风俗、宗教信仰、节日，在崇尚爱好、图腾禁忌和生活习惯等方面，各有其独特之处，都会对人们的欲望和购买行为产生深刻的影响。

（2）宗教亚文化群。各种宗教无不具有独特的清规戒律和文化偏好及禁忌，对教徒的生活方式和习俗加以规范，提倡或抑制某种行为，进而影响信仰不同宗教的人们的购买行为和消费方式。

（3）地理区域亚文化群。不同地域的居民，因居住地的自然地理条件不同，会形成不同的生活方式、爱好和风俗习惯，其消费行为会带有明显的地方色彩。我国是一个幅员辽阔的大国，在南方和北方、城市和乡村、沿海和内地、山区和平原等不同的地区，由于地理环境、风俗习惯和经济发展水平的差异，人们具有不同的生活方式、口味和爱好，都会影响人们的购买行为。

3．社会阶层

几乎所有的人类社会中都存在某种形式的社会层次结构。社会阶层是社会中按照等级排列的、比较同质而且持久的群体。现代社会更为常见的社会分层结构是以社会阶层形式出现的。

社会阶层具有 6 个特点：①社会阶层能够显示地位；②社会阶层是多维的，是基于多种成分形成的，包括职业、收入、教育、财富和其他因素；③社会阶层有等级，从高地位到低地位；④社会阶层能够约束行为；⑤社会阶层是同质的，即同一阶层中的人有相似的社会经济地位、利益、价值观取向和地位；⑥社会阶层是动态的，虽然其可以改变，但比较困难。

企业营销要关注本国的社会阶层划分情况，针对不同的社会阶层爱好要求，通过适当的信息传播方式，在适当的地点，运用适当的销售方式，提供适当的商品和服务。

相关链接

中等阶层人群特征

中等收入阶层的流行定义是这样的：他们大多从事脑力劳动，主要靠工资及薪金谋生，一般受过良好教育，具有专业知识和较强的职业能力及相应的家庭消费能力；有一定的闲暇，追求生活质量，在其劳动、工作单位通常拥有一定的管理权和支配权。同时，他们大多具有良好的公民、公德意识及相应修养。换言之，在经济地位、政治地位和社会文化地位上，他们均居于现阶段社会的中间水平。

同一社会阶层的人，因其经济状况、价值取向、生活背景和受教育程度相近，故其生活习惯、消费水准、消费内容、兴趣和行为也相近，甚至对某些商品、品牌、商店、闲暇活动、传播媒体等都有共同的偏好。所以，社会阶层对消费者行为的影响表现为：①影响到消费的商品和服务；②影响到选购行为；③影响到对促销方式的反应；④影响到同价格有关的行为。

营销者不仅要注意不同社会阶层的不同购买行为，还要注意各个社会阶层购买行为的可能变化。不同社会阶层的人，他们的经济状况、价值观念、兴趣爱好、生活方式、消费特点、闲暇活动、接受大众传播媒体等各不相同。这些都会直接影响他们选择商品、品牌、商店及其购买习惯和购买方式。企业营销要关注本国的社会阶层划分情况，针对不同社会阶层的爱好要求，通过适当的信息传播方式，在适当的地点，运用适当的销售方式，提供适当的商品和服务。

4. 相关群体

相关群体有直接和间接之别。直接相关群体又称为成员群体，即某人所属的群体或与其拥有直接关系的群体。直接群体又可分为紧密群体和归属群体两种。

（1）紧密群体。紧密群体是对消费者行为影响最经常、最直接、最重要的群体。包括家庭成员、亲朋好友、同学、同事、邻居等，其中尤其是父母的言传身教对子女的消费习惯和价值观念影响较大。

（2）归属群体。人们在社会中总是因为职业、信仰或兴趣爱好而分别归属于不同的群体。群体中成员的行为往往与群体的特征相一致，当然，这种共同的行为往往并非硬性规定，而是一种相互影响、约定俗成的风俗。

间接相关群体指某人的非成员群体，即此人虽不是该群体的成员，但受该群体影响。间接相关群体又可分为向往群体和否定群体两种。①向往群体指某人推崇的一些人或希望加入的群体，如社会名流、影视明星、体育明星等就是其崇拜者的向往群体。典型的向往群体如大批青少年成为影星、歌星、球星身后的崇拜者和追随者，所以，也称崇拜型群体或期望群体。②否定群体指某人讨厌或反对的一群人。一个人总是不愿意与厌恶群体发生任何联系，不仅在各方面与其保持一定距离，而且经常反其道而行之。

相关群体分类如图4-2所示。

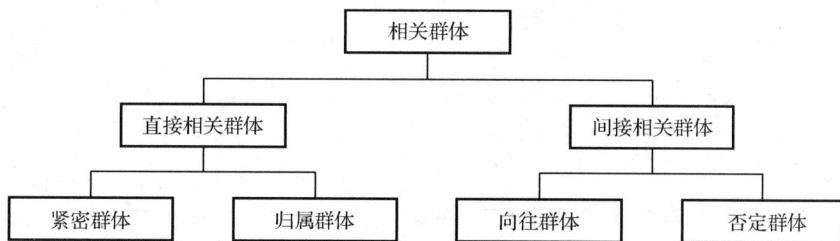

图 4-2　相关群体分类

相关群体对消费者购买行为的影响主要体现在4个方面：①向消费者展示新的生活方式和消费模式；②能影响人们的态度，帮助消费者在社会群体中认识消费方面的"自我"；③相关群体的"模仿"作用，使某群体内的人员消费行为趋于一致化；④相关群体的"意见领袖"，有时其消费示范作用是难以估计的。

在企业营销活动中，应该重视相关群体对消费者购买行为的影响作用。企业应关注目标市场的消费者受不同相关群体的影响程度，进而运用不同的策略满足不同的需求。如经营化妆用品的企业总是请著名的影星、歌星作为产品形象代言人，进行广告宣传，其中的一个原因是利用明星的知名度，加快产品的传播速度；另外一个重要原因就是发挥明星"排山倒海"的号召力、发挥明星"意见领袖"的影响力，影响消费者的购买选择。对于年轻消费者而言，明星是影响其购买行为的重要影响因素，这种现象称为"粉丝经济"。

营销视野

意见领袖

意见带头人又称意见领袖，是对一个特定的商品或品牌非正式地进行传播，提供意见或信息的人，如宣传某种品牌是最好的，或讲解如何使用一个特定商品等。意见领袖的行为会引起群体内追随者、崇拜者的仿效。那些受到相关群体影响大的商品和品牌制造商，必须想方设法去接触和影响相关群体中的意见带头人。

5. 家庭

家庭是最重要的相关群体之一，家庭由居住在一起，彼此有血缘、婚姻或抚养关系的人群组成。家庭与其他群体的不同点如表 4-1 所示。

表 4-1 家庭与其他群体的不同点

	家　庭	其　他　群　体
形成	由婚姻和出生	由工作和任务
关系	较多的持久关系	较多的契约关系
取向	较多的人际关系取向	较多的目标取向
寻求	较多的内在价值寻求	较多的理性取向的联系
合作/竞争选择	群体取向（合作）	自我取向（竞争）

家庭是社会组织的一个基本单位，也是消费者的首要相关群体之一，对消费者购买行为具有重要影响。家庭的重要，在于从一个人幼年时就开始给他以种种倾向性的影响，这种影响可能终其一生。一个人在一生中通常要经历两个家庭：第一是父母的家庭，在父母的养育下逐渐长大成人，然后组成自己的家庭，此即第二个家庭。当消费者做出购买决定时，必然要受到这两个家庭的影响，其中受原有家庭影响比较间接，受现有家庭影响比较直接。

（1）家庭权威中心点。社会学家根据家庭权威中心点不同，把所有家庭分为 4 种类型：①各自做主型，也称自治型，指每个家庭成员对自己所需的商品可独立做出购买决策，其他人不加干涉。②丈夫支配型，指家庭购买决策权掌握在丈夫手中。③妻子支配型，指家庭购买决策权掌握在妻子手中。④共同支配型，指大部分购买决策由家庭成员共同协商做出。

"家庭权威中心点"会随着社会政治经济状况的变化而变化。由于社会教育水平提高和妇女就业增多，妻子在购买决策中的作用越来越大，许多家庭由"丈夫支配型"转变为"妻子支配型"或"共同支配型"。事实上，在核心家庭中，夫妻二人购买决策权的大小取决于多种因素，如各地的生活习惯、妇女就业状况、双方工资和受教育水平、家庭内部的劳动分工以及商品的种类等。

（2）家庭成员的文化与社会阶层。家庭主要成员的职业、文化及家庭分工不同，在购买决策中的作用也不同。据国外学者调查，在教育程度较低的"蓝领"家庭，日用品的购买决策一般由妻子做出，耐用消费品的购买决策由丈夫做出。

（3）孩子在家庭购买决策中的影响力。随着独生子女在家庭中受重视的程度越来越高，孩子在家庭购买决策中的影响力已不容忽视。

企业营销在分析消费者行为时，要注意购买商品过程中不同家庭成员所起的作用，从而利用营销策略，使企业的促销措施引起购买发起者的注意，诱发主要购买发起者的兴趣，使决策者了解商品，解除顾虑，建立购买信心，使购买者购置方便。

6. 角色和地位

每个人的一生会参加许多群体，如家庭、公司、俱乐部及各类组织，在组织中承担着某种角色。角色是周围人对一个人的要求，要求一个人在各种不同的场合应起的作用。每一种角色都伴随着一种地位，地位着重反映了社会对一个角色作用的总评价，有高低之分。

营销视野

角色对购买行为的影响

角色影响人的购买行为，消费者做出购买选择时，往往会考虑自己的身份和地位（Status）。企业把自己的产品或品牌变成某种身份或地位的标志或象征，将会吸引特定目标市场的客户。

4.2.2 个人因素

在社会文化诸因素都相同的情况下，不同消费者的行为仍然会有很大差异，这是由于消费者的年龄、家庭生命周期阶段、职业、经济状况、生活和个性方式等个人情况的不同造成的。

1. 经济因素

经济因素指消费者可支配收入、储蓄、资产和借贷的能力。经济因素是决定购买行为的首要因素，决定着能否发生购买行为以及发生何种规模的购买行为，决定着购买商品的种类和档次。消费者一般都在可支配收入的范围内考虑以最合理的方式安排支出，以便更有效地满足自己的需要。

2. 年龄和家庭生命周期

不同年龄的消费者的欲望、兴趣和爱好不同，他们购买或消费商品的种类和式样也有区别。例如，少年儿童是玩具、文具、书籍、乐器、运动器材、儿童食品、营养品及儿童服装等商品的主要消费者，他们的消费特点是具有好奇性和随意性；而中青年人是手机、台式计算机、笔记本计算机、平板电脑、数码相机等数字化产品的主要消费者，他们喜欢时尚的商品，引领着时代的潮流；老年人则是对保健食品、医疗、服务、娱乐等有特殊需求的消费者，他们大多消费谨慎，注重实效。

同时，不同年龄的消费者的购买方式也各有特点，青少年缺乏经验，容易在各种信息影响下出现冲动性购买；中老年人经验比较丰富，常根据习惯和经验购买，一般不太重视广告等商业性信息。

家庭生命周期是按比较明显的需求特征，将一个典型家庭从诞生到消亡划分为若干个时期。根据消费者的年龄、婚姻和子女等状况，可以把家庭生命周期分为 7 个阶段，如表 4-2 所示。

表 4-2　家庭生命周期的 7 个阶段

家庭生命周期所处阶段	身 份 特 征
未婚期	单身
新婚期	年轻夫妇
满巢期 I	有 6 岁以下幼童
满巢期 II	6 岁以上儿童
满巢期 III	有独立生活的子女
空巢期	老年夫妇，子女不在身边
孤独期	孤寡老人

消费者处在不同的家庭生命周期阶段，会有不同的爱好与需要。企业要考虑这个家庭的消费时间和消费倾向，也就是"有没有时间消费"和"钱都花到了哪里"。如新婚夫妇需要购买家具、家电等耐用消费品，"满巢期 I"需要婴儿食品、玩具等，"满巢期 II 和 III"需要购买青少年用的图书杂志、体育用品、服装、摩托车等商品。家庭生命周期的研究目的在于要看到不同家庭生命阶段，有着不同的购买重点。这就要求企业营销应根据不同的家庭类别、不同的家庭生命周期阶段的实际需要，开发产品和提供服务。

3. 性别、职业和受教育程度

由于生理和心理上的差异，不同性别的消费者的欲望、消费构成和购买习惯也不相同。多数男性客户购买商品时比较果断和迅速，而女性客户则往往仔细挑选。职业不同的消费者由于生活、工作条件不同，消费构成和购买习惯也有区别。受教育程度较高的消费者对书籍、报刊等文化用品的需求量较大，购买商品的理性程度较高，审美能力较强，购买决策过程较全面，更善于利用非商业性来源的信息。

4. 生活方式

生活方式是人们根据自己的价值观念等安排生活的模式，并通过其活动、兴趣和意见表现出来。生活方式勾画了人与环境相互作用后形成的更完整的人，往往比社会阶层、文化、个性等反映的人的特性完整得多。

充分了解消费者做好营销工作

营销人员不应局限于物质生活层面的诉求，而应更多地从精神层面去挖掘触动人心的东西。例如，往往有很多人对自己的生活状态感到不满，营销就可借助这一点，以新颖独特或者能够满足于大众的生活方式去打动消费者。这在精神生活匮乏的今天，显然是可以有很强说服力的。

5. 个性和自我形象

个性是一个人比较固定的心理特性，可以导致一个人对自身所处环境相对一致和连续不断的反应。个性特征有若干种类型，如外向与内向、细腻与粗犷、谨慎与急躁、乐观与悲观、领导与追随、独立与依赖等。一个人的个性影响着消费需求和对市场营销因素的反应。例如，外向的人爱穿浅色衣服和时髦的衣服，内向的人爱穿深色衣服和庄重的衣服；追随性或依赖性强的人对市场营销因素敏感度高，易于相信广告宣传，易于建立品牌信赖和渠道忠诚；独立性强的人对市场营销因素敏感度低，不轻信广告宣传；家用电器的早期购买者大都具有极强的自信心、控制欲和自主意识。

自我形象是与个性相关的一个概念，即人们怎样看待自己。大多数人总希望保持或增加自我形象，并把购买行为作为表现自我形象的重要方式，应与自己的身份相符。消费者对自己有明确的认知，在选择品牌时会考虑这个品牌是否符合自我形象，他们只会购买那些能加强自我形象的品牌，即消费者一般倾向于选择符合或能改善其自我形象的商品或服务。

4.2.3　心理因素

1. 动机

动机是一种驱使人采取行动的强烈需要，动机与行为有着直接的因果关系。消费者的购买行为由购买动机支配，而购买动机又是由需要引起的。因此，要研究消费者的购买动机，就必须研究消费者的需要。需要是购买动机的基础，是购买行为的起点。

1）人的需要引发购买动机

需要是人们对于某种事物的要求或欲望。就消费者而言，需要表现为获取各种物质需要和精神需要。马斯洛的"需要层次"理论对消费者购买行为分析有重要的参考价值。马斯洛将人类的需要分成 5 个层次：生理需要、安全需要、尊重需要、社会与归属需要和自我实现需要。其中前两个层次都属于生理和物质方面的需要，后 3 个层次是心理的和精神方面的需要，它们依次由低到高的层次排列。马斯洛的"需要层次"理论如图 4-3 所示。

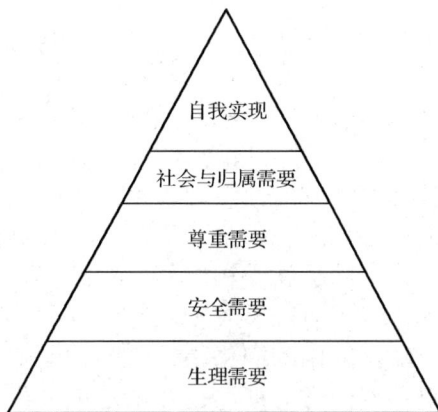

自我实现

社会与归属需要

尊重需要

安全需要

生理需要

图 4-3　马斯洛的"需要层次"理论

餐饮业的需求层次

在餐饮行业，一些小吃店主要满足的是消费者的生理需要；以快餐为代表的，如真功夫、麦当劳因其卫生、快捷，能够满足人们生理和安全的需要，同时其连锁经营的形式，使消费者无论走到哪里，只要看到它们的标识，就能给人以归属感，这也是真功夫、麦当劳等能得到快速发展的原因之一；高档餐厅则是满足人们受尊重的需要；而会员制的高级餐厅则是在一定程上满足消费者的自我实现层次的需要。针对消费者不同层次的需要，企业应该清晰明了地向消费者传递产品的信息，信息中应明确说明所提供的产品在满足消费者的哪个层次的需要。

2）购买动机的类型

动机是为了使个人需要得到满足的一种驱动和冲动。消费者的购买动机指消费者为了满足某种需要，产生购买商品的欲望和意念。由于消费者需要的复杂多样，在此基础上产生的消费者的购买动机也是多样化的，购买动机大体上可概括为如下两大类。

（1）生理性购买动机。生理性购买动机指人们因生理需要而产生的购买动机，如饥思食、渴思饮、寒思衣，所以又称本能动机。生理动机是以人们基本的生理本能需要为基础的，因此，具有经常性、习惯性和稳定性的特点。应该注意到，当社会经济发展到一定水平时，心理动机在消费者行为中占据重要地位。

（2）心理性购买动机。心理性购买动机是人们由于心理需要而产生的购买动机。消费者的心理需要十分复杂，因而产生了各种各样的心理性购买动机。根据对人们心理活动的认识，以及对情感、意志等心理活动过程的研究，可将心理动机归纳为以下 3 类。

① 感情动机。感情动机是由于个人的情绪和情感等心理方面的因素而引起的购买动机。情绪分为喜、怒、哀、乐，情感分为美感、道德感、时代感、集体感等。

② 理智动机。理智动机是建立在对商品的客观认识的基础上，经过充分的分析比较后产生的购买动机。理智动机具有客观性、周密性的特点，在具体的购买活动过程中，表现为两种消费心理倾向。一是求实心理，以追求所购商品实用价值为主要目标的购买动机，其核心是"有效""实用"，消费者购买商品时注重商品的实际效用，不追求外观形象和象征意义；二是求廉心理，以追求商品的物美价廉为主要目标的购买动机，消费者购买商品时注重商品的价格，而对商品的包装、款式、色彩不大挑剔。

③ 惠顾动机。惠顾动机是消费者由于对特定的商品或特定的商店产生特殊的信任和偏好而形成的习惯、重复光顾的购买动机。这种动机具有经常性和习惯性的特点，具体消费心理表现为嗜好心理，这类消费者的购买活动往往是定型化的，对某种品牌商品表现为青睐、偏爱和忠实，有的消费者甚至到了非此商品不消费的程度。

购买动机形成后，行动方向就产生了，即购买目标、方向确定后，才有具体的购买行动。人们的购买动机不同，购买行为必然是多样的、多变的。需要引发动机、动机影响购买的行为理论，要求营销人员深入细致地分析消费者的各种需求和动机，针对不同的需求层次和购买动机设计不同的产品和服务，以制定有效的营销策略，从而获得企业营销的成功。因此，营销者要善于发现未被满足的需要，或者安排适当的市场营销组合去刺激消费者的需要、转移消费者的需要，揣摩消费者的购买动机，采取适当的对策，引导消费者采取有利于本企业的购买行为。

2．感觉和知觉

感觉和知觉属于感性认识，是消费者的感觉器官直接接触刺激物和情境所获得的直观、形象的反应。这种认识由感觉开始，刺激物或情境的信息，如某种商品的形状、大小、颜色、声响、气味等，刺激了人们的视、听、触、嗅、味等感觉器官，使消费者感觉到它的个别特性。随着感觉的深入，各种感觉到的信息在头脑中被联系起来，并进行初步的分析综合，使人们形成对刺激物或情境的整体反应，就是知觉。人们之所以对同一刺激物会产生不同的感觉，不仅取决于刺激物同周围环境的关系及个人所处的状况，还取决于人们的选择知觉的筛选过程，如图 4-4 所示。

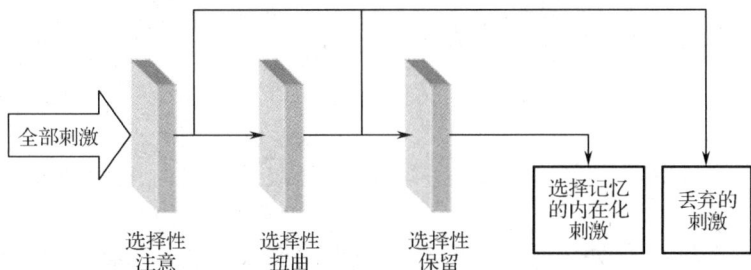

图 4-4　选择知觉的筛选过程

（1）选择性注意指在众多信息中，人们易于接受对自己有意义的信息，以及与其他信息相比有明显差别的信息。仅以商业性广告刺激物为例，人们每天要接触到许多的广告，但感兴趣的只有少数几个广告。

（2）选择性扭曲指人们将信息加以扭曲使之符合自己原有的认识，然后加以接受。由于存在选择性扭曲，消费者所接受的信息不一定与信息的本来面貌相一致。例如，认为"日系车省油是因为车身轻，用料少，所以日系车不安全"。这就是典型的选择性扭曲，对于这种情况，营销人员一般情况下是无能为力的。

（3）选择性保留指人们易于记住与自己的态度和信念一致的信息，忘记与自己的态度和信念不一致的信息。选择性记忆解释了为什么营销人员在传递信息给目标市场的过程中，需要选用大量戏剧性手段和重复手段，如"脑白金"十几年如一日的广告轰炸，令人们想忘都忘不了。

上述感觉和知觉的过程告诉企业营销者，必须精心设计他们的促销活动，才能突破消费者知觉选择性的壁垒。分析感觉对消费者购买行为的影响，要求营销人员一定掌握这一规律，要加强广告宣传，以强化刺激。企业要以简明的、有吸引力的广告词句，反复多次做促销宣传，以引起消费者的注意，加深消费者的记忆并正确理解广告。

3．学习

学习是人们在社会实践中不断积累经验，求得知识和技能的过程。人类除少数本能反应所产生的行为外，绝大多数行为都是受到后天经验的影响而形成的。

消费者的购买行为是一个学习过程。学习对消费者购买行为产生的影响表现在概括、保留、加强、辨别4个方面。一个人的学习是通过驱使力（某种需要）、刺激物（能满足需要的商品或服务）、诱因（刺激物的具体化）、反应（行动）和强化（通过具体刺激物满足需要的感觉对反应的影响），这一系列过程在相互影响下才能得以实现。

驱策力是诱发人们行动的内在刺激力量。例如，某位消费者重视身份地位，这种尊重的需要就是一种驱策力。这种驱策力被引向某种刺激物（如高级名牌西服）时，驱策力就变为动机。在此动机的支配下，这位消费者需要做出购买名牌西服的反应。但他在何时何地做出何种反应，往往取决于周围的一些提示物的刺激，如看了有关电视广告、商品陈列。在他购买了这套名牌西装时，如果穿着很满意的话，他对这一商品的反应就会加强。以后如果再遇到相同诱因时，就会产生相同的反应，即采取购买行为。如反应被反复强化，久而久之，就成为购买习惯了，这就是消费者的学习过程。

从以上分析可以看到，消费者一方面从广告中学习、获取知识；另一方面是从个人或周围人的购买经验中学习。为此，企业在营销过程中，要注重消费者购买行为中学习这一因素的作用，应通过各种途径给消费者提供信息，如重复广告的目的是加强诱因、激发驱策力，将人们的驱策力激发到马上行动的地步。同时，企业产品和提供服务要始终保持优质，这样消费者才有可能通过学习建立起对企业品牌的偏爱，形成其购买本企业商品的习惯。

消费者通过学习可以改变他的购买态度和行为方式，态度和行为方式的改变对于生产企业和商品销售者而言都具有重大意义。

4．信念和态度

人们在购买和使用商品的过程中形成了信念和态度，这些信念和态度又反过来影响人们的购买行为。

信念是人们对某种事物所持的看法，如相信某种电冰箱省电、制冷快、售价合理。又如，某些消费者以精打细算、节约开支为信念。企业应关心消费者对其产品的信念，因为信念会形成产品和品牌形象，会影响消费者的购买选择。

态度是人们长期保持的关于某种事物或观念的是非观、好恶观。消费者一旦形成对某种产品或品牌的态度，以后就倾向于根据态度做出重复的购买决策，不必费心去比较、分析、判断。消费者对商品持积极肯定的态度会推动购买行为的完成，而消极否定的态度会阻碍消费者的购买行为。企业在推销产品时，要尽可能促使消费者对产品形成积极肯定的态度，避免产生反感情绪。

4.3　消费者购买决策过程分析

关键词语

习惯性购买行为　理性购买行为　冲动性购买行为

4.3.1 消费者购买决策过程的参与者

消费者购买活动中的 5 种角色如图 4-5 所示。消费者在购买活动中可能扮演 5 种角色中的一种或几种。

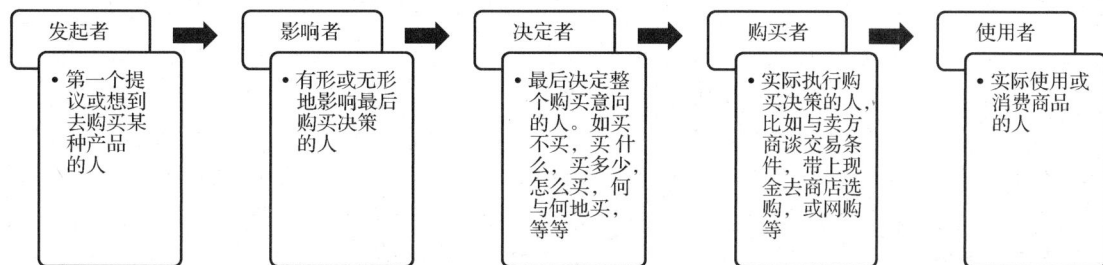

图 4-5 消费者购买活动中的 5 种角色

消费者以个人为单位购买时，5 种角色可能同时由一人担任；以家庭为购买单位时，5 种角色往往由家庭不同成员分别担任。例如，一个家庭要购买一台计算机，发起者可能是孩子，他认为有助于提高自己学习英语的效率；影响者可能是爷爷，爷爷表示赞成；决定者可能是母亲，她认为孩子确实需要，根据家庭目前的经济状况也有能力购买；购买者可能是父亲，他有些计算机方面的知识，上网在网店选购；使用者是孩子。在以上 5 种角色中，营销人员最关心决定者是谁。

4.3.2 消费者购买行为的类型

消费者的购买决策随其购买行为类型的变化而变化。根据参与者的介入程度和品牌间的差异程度，可将消费者的购买行为分为 4 种类型，如图 4-6 所示。

1. 习惯性的购买行为

当消费者购买那些价值较低、消耗较快、经常购买、品牌差异小的商品时，由于消费者较了解这些商品的主要品牌及其特点，且具有一定的偏好，因而不需要经过收集信息、评价商品特点等复杂过程，其购买行为最为简单，消费者大多根据习惯或经验购买。这类商品的市场营销者可以用价格优惠、电视广告、独特包装、促销等方式鼓励消费者试用、购买和续购其商品。

图 4-6 消费者购买行为类型

2. 寻求多样化的购买行为

有些商品品牌差异明显，但消费者并不愿意花较多时间进行选择和评估，而是不断变换所购买商品的品牌。消费者这样做并不是因为对商品不满意，而是为了寻求多样化。针对这种购买行为类型，市场领导者品牌可以采用销售促进、占据有利货架位置以避免脱销，或使用频繁的提示性广告，鼓励习惯性的购买行为。对于挑战者的新品牌，则可通过低价、优惠、赠券、赠品，及强调试用新商品的促销活动，以鼓励寻求变换的购买行为。

3. 化解不平衡的购买行为

有些商品品牌差异不大，价格相对较高。消费者不经常购买，因为购买要冒一定的风险，所以消费者参与购买程度较高。这时消费者会到处观察并比较哪里可以买到商品，但由于品牌差异不明显，购买会比较迅速，购买者此时主要关心的可能是价格是否合适和购买是否方便。但是，消费者购买后可能会有心理不平衡的感觉，在使用过程中会了解更多情况，并寻求种种理由以减轻、化解这种不平衡的感觉，力图证明自己的购买决策是正确的。经过由不平衡到平衡的过程，消费者会有一系列的心理变化。

针对这种购买行为类型，企业市场营销者应通过调整价格，选择适当的售货地点和精通业务的售货员，影响消费者的品牌选择，并且营销沟通的目标应该是尽力提供有助于购买者对自己所选品牌寻求心理平衡的信息和评价，使消费者在购买后能相信自己做出了正确的决策。

4. 复杂的购买行为

当消费者购买一件贵重的、不经常购买的、有风险而且意义重大的商品时，由于商品品牌差异较大，消费者对商品缺乏了解，因而需要一个参与购买程度较高的学习过程，以便广泛了解商品的性能和特点，从而对商品产生某种信念，然后逐步形成态度，接着对商品产生喜好，最后做出慎重的购买选择。

因此，对于需要购买者参与程度较高的商品，市场营销者必须了解消费者进行信息收集并加以评价的行为；市场营销者应采取有效措施帮助消费者了解商品的各种属性及其相对重要程度和本企业品牌比较重要的属性；市场营销者还必须注意运用多种信息沟通手段，突出本企业品牌的这些特征，介绍商品的优势及其能给购买者带来的利益，从而影响购买者的最终选择。

4.3.3 消费者购买决策过程

在复杂的购买行为中，消费者的购买决策过程由一系列相互关联的活动构成，分为确认需要、收集信息、目标筛选与评价方案、购买决策和购买后行为 5 个阶段，即具有典型意义的"5 阶段模式"。消费者购买决策过程如图 4-7 所示。

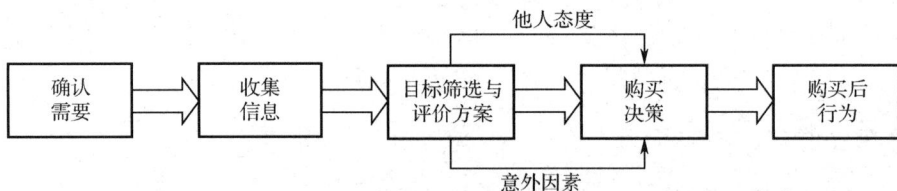

图 4-7 消费者购买决策过程

1. 确认需要

购买过程始于购买者对某个问题或需要的确认，即购买者意识到自己的实际状态与期望状态之间存在差异，从而意识到自己的需要。购买者的需要通常由两种刺激引起，即内部刺激和外部刺激。市场营销人员应注意识别引起消费者某种需要和兴趣的环境，并充分注意两方面的问题：一是注意了解与本企业产品存在实际或潜在关联的驱策力；二是注意消费者对某种产品的需求强度，会随着时间的推移而变化，并将被一些诱因触发。此外，企业还要善于确认和运用可能引起对某类产品兴趣的常见的诱因，促使消费者对企业产品产生强烈的需求，并尽快采取购买行动。

2. 收集信息

消费者认识到需要后就会寻找相应的信息，而消费者的信息来源主要有以下4种。

（1）商业来源，指消费者从广告、经销商、商店售货员、商品陈列、商品包装等途径得来的信息。一般而言，消费者的信息大多数来自商业来源。

（2）个人来源，指消费者从家庭、亲友、邻居、熟人那里得到的信息。

（3）大众来源，指消费者从手机、互联网、报刊、电视、广播等大众传播媒介处获得的信息。

（4）经验来源，指消费者通过自身操作、试验、使用产品而得到的信息。

消费者通过收集信息，逐渐了解市场上出售的某种品牌的商品及其特征。市场营销者的任务就是设计适当的市场营销组合，尤其是产品品牌广告策略，宣传产品的质量、功能、价格等，以便使消费者最终选择本企业的品牌。

在这4种信息来源中，消费者获得信息最多的是商务来源和公共来源的信息，而消费者认为最可信的却是个人来源和经验来源的信息。消费者收集信息的积极性和需求的强烈程度成正比，收集信息的数量与购买决策的难易程度也成正比。经过信息收集，消费者逐步缩小了对将要购买的商品进行品牌选择的范围。作为企业，应了解消费者的主要信息来源和各类信息对消费者购买决策的影响程度，在此基础上，进而设计和安排恰当的信息渠道和传播方式。

3. 目标筛选与评价方案

（1）目标筛选。消费者不断取得信息的过程，也就是消费者购买行为的不确定性逐渐减少，而行为目标逐渐明朗化的过程。如某消费者欲购买智能手机，而现实市场上有华为、vivo、OPPO、小米、苹果、魅族、三星、金立等十几个品牌，称为"全部品牌集合"。消费者通过信息收集，知道华为、vivo、OPPO、小米、苹果等5个品牌，称为"知道的品牌集合"。在影响消费者购买行为的诸因素综合作用下，消费者只考虑购买华为、vivo、OPPO、小米4个品牌，称为"考虑的品牌集合"。消费者进一步获得新信息后，认为应在华为和小米两个品牌中选择一个，称为"选择的品牌集合"。

（2）评价方案。消费者通过寻找信息，有了可供选择的商品集合后，就要对候选商品进行评价，主要是通过对商品特征、特征的重要权数、品牌信念、使用性能等方面评价替代物，进而做出选择。

4. 购买决策

消费者经过对可供选择品牌的评价判断后形成某种偏好，进而形成购买意图。但不一定能实现或立即实现其购买意向，这主要受他人态度、意外情况和预期风险等因素的影响。

（1）他人态度。他人态度即购买者之外的人的影响，例如，某人经反复比较已决定买某品牌电冰箱，偶然从使用过该品牌电冰箱的人那里得知维修麻烦，他可能就会放弃这一购买意图。如果与消费者关系密切的人坚决反对购买，他就很有可能改变购买意向。

（2）意外情况。意外情况指一些不可预料的情况，例如由于消费者收支发生较大变动，急需在某方面用钱，或商品价格波动幅度大，或推销员、售货员的态度，或得知准备购买的品牌令人失望，都可能影响消费者做出购买决定。例如，消费者本来打算买一款大众速腾汽车，结果，这款车发生了一个"断轴门"事件。这时，消费者就会改变自己的购买决策。

（3）可预期风险。消费者修正、推迟或者回避做出某一购买决定，在很大程度上是由于受到可预期风险的影响。可预期风险的大小随着所支付费用的多少、属性不确定的程度及消费者自信程度而变化。市场营销人员必须了解引起消费者风险感觉的因素，为其提供信息及支持，以减轻消费者的可预期风险。

5. 购买后行为

消费者购买商品后，往往通过使用和他人的评判，对其购买选择进行检验，把他所察觉的商品实际性能与自己以前对商品的期望值进行比较，从而产生不同程度的满意或不满意感，并影响其新的购买行为。所以，商品被消费者购买后，市场营销人员的工作并没有结束，需要借助感知效能与期望值比较模型，比较一下感知效能是否超过期望值。感知效能与期望值的比较如表 4-3 所示。

表 4-3　感知效能与期望值的比较

相对于期望值的感知效能	期望值水平	
	低于最小的期望效能	高于最小的期望效能
感知>期望	满意	满意
感知=期望	不满意	满意
感知<期望	很不满意	很不满意

借助过程模型，要使客户全面满意，必须使客户的感知质量、感知价值和客户期望三者契合，形成多重影响，如图 4-8 所示。

消费者对商品的满意或不满意会影响其今后的购买行为。

（1）购买后满意。对商品满意的客户，会发生增加使用、重复购买、品牌忠诚、口碑宣传、吸引新客户和俘获竞争者的客户等行为。满意的消费者不仅会重复购买，而且会推荐别人购买，所以说，满意的客户是最好的广告。就购买者而言，则会发生客户的分层，即全部购买者→满意的购买者→重复的购买者→忠诚的客户。

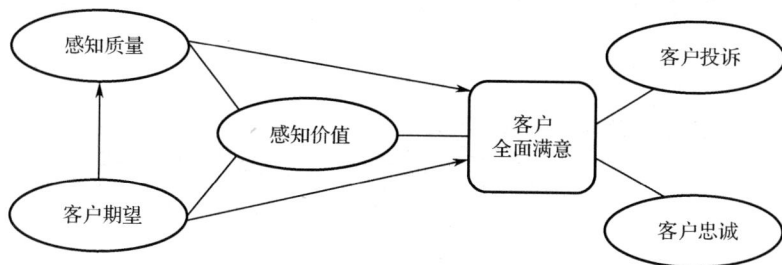

图 4-8　客户满意与感知质量、价值和期望的契合

（2）购买后不满意。消费者的期望形成基于来自卖主、朋友或其他信息来源所获得的信息。如果卖主夸大商品利益，使消费者产生不能证实的期望，则会导致消费者的不满意。期望与绩效之间的差距越大，消费者的不满意也就越强烈。不满意产生后，可能采取行动，也可能不采取行动。采取行动通常包括个人行动或诉之于众的行动。个人行动可能是停止购买该商品或联合抵制卖主，或告诉朋友有关该商品或卖主的情况。诉之于众的行动可能是向卖主索赔、投诉、诉之于法律手段获取补偿。无论哪种情况发生，卖主都会因未能让消费者满意而有所损失。因此，市场营销人员应使商品的诉求真正体现商品的可能绩效，宣传要实事求是并适当留有余地；采取措施尽可能降低消费者购买后的不满意程度；提供良好的沟通渠道，欢迎消费者的反馈，经常征求客户意见，为他们发泄不满提供适当的渠道，加强售后服务，并将其作为不断改善商品与绩效的方式，以使购买者感到满意。

从以上分析可见，消费者购买决策的每一个阶段，都会对其购买决策产生影响。企业通过调查分析，可以针对消费者在决策过程各个阶段的思想、行为采取适当措施，从而影响消费者的购买决策，以使消费者做出对企业有利的购买决策。

本章小结

消费者市场是竞争激烈、重要而复杂的市场，企业要研究和把握好消费者的需求及规律，了解消费者的购买行为模式和过程，才能制定出科学有效的营销对策。

消费者市场是个人或家庭为了生活消费而购买和使用商品或劳务而形成的市场，也称为最终商品市场、消费品市场、生活资料市场、个人消费者市场或个人市场。消费者市场有需求的无限扩展性、需求的多层次性、需求的复杂多变性、需求的可诱导性、购买者的分散性、购买具有非专家性等特点。

消费者的购买行为受文化、社会、个人和心理等因素的影响。消费者的购买行为过程一般是认知需要、收集信息、判断选择、购买决策、购买评价。在诸多因素的影响下，消费者在购买过程中，会表现出不同的具体行为。

课后拓展

中间商的购买决策过程

1. 认识需要

（1）内在需要，指中间商通过市场业绩分析，寻求购进商品；

（2）外在需要，指中间商通过广告、展销会、推销员了解商品信息，寻求购进商品。

2. 确定需要

（1）独家商品，指销售的不同品种商品是同一品牌或同一厂家的产品；

（2）深度商品，指销售的同类商品是不同品牌或不同厂家的产品；

（3）广度商品，指经营某行业的多系列、多品种商品；

（4）混合商品，指经营跨行业的多系列不相关品种商品。

3. 说明需要

说明需要指说明所采购的品种、规格、质量、价格、数量和购进时间，写出采购说明书。

4. 物色供应商

5. 征求供应商的意见

6. 选择供应商

7. 签订合同

8. 绩效评价

课后实训

实训背景与说明：通过前期同学们帮助优选果蔬零售店所做的市场调查，王伟与其团队在销售业务开展时，已经确定销售如下果蔬产品：叶菜类、茄果类、瓜类。现在他们希望了解购买这些果蔬品类的人群是如何做决策的。因为只有掌握了消费者做决策的思路，才能更好地抓住消费者的心，为消费者提供适合的商品，同时为企业带来价值。

请帮助优选果蔬零售店做好消费者购买决策影响因素的分析，帮助他们厘清消费者购买果蔬商品过程中，都受到哪几个方面因素的影响，如何利用好这些因素，以助力优选果蔬零售店提升业绩。

实训考核重点：通过学习消费者购买决策相关理论，分析消费者购买决策过程，充分认识影响消费者购买决策的影响因素。

实训内容：（1）请同学们以优选果蔬零售店所销售的草莓和西蓝花果蔬为分析对象，分别观察并分析，这两种商品的主要购买人群是谁？这些购买人群在购买过程中，做出购买决策时会受到哪些因素影响？

（2）仔细分析并思考，如何才能借助现有的购买人群，继续拓展更广泛的购买者？

实训要求：同学们完成以上内容后，以书面形式提交汇总，并做小组汇报。然后在教师指导下进行小组互评，再由教师进行总结点评。

第 5 章 目标市场营销策略

导入案例

国货花西子的差异化定位

在目前我国的美妆领域，以"东方彩妆，以花养妆"为品牌理念的花西子已全面崛起。花西子成功的背后不仅是强大的产品力和其对传统文化的深刻理解，也诠释了国货美妆的内涵。花西子在美妆市场中差异化的产品定位，使其走出了一条与众不同的营销之路。

在以往消费者的印象中，彩妆时尚与传统文化的元素相差甚远，二者的特性难以得到有效融合。传统文化如何与现代的时尚文化巧妙结合，是国货彩妆品牌面临的一个难题。而这个难题的答案，在花西子的品牌中得以诠释。

在花西子推出的产品中，传统文化的身影无处不在。以花西子推出的"雕花口红"为例，这款口红与其他仅在外部包装下功夫的口红产品不同，将微雕工艺搬到了口红膏体上。出于对传统文化传承的使命感和对"东方美"的坚守，花西子深入苗寨，探寻苗族银饰艺术，以苗族元素作为设计灵感，将苗银技艺与现代技术结合，打造了苗族印象高级定制系列产品。

与传统文化元素相结合的做法并不是花西子所特有，但滥用传统文化元素及缺乏对传统文化的热爱，让很多国货美妆品牌走向平庸。在当下的国货美妆领域，产品设计同质化、概念标签化的现象依旧普遍。国货概念新鲜感消逝后，消费者对国货美妆产品的期待日渐高涨，如何让消费者接受国货是国货美妆企业不可逃避的问题。弘扬东方美，对于任何一个国产品牌而言，都是职责所在。多年以来，美妆领域的话语权都掌握在国际大牌手中，但情况正在发生变化。随着"90后""00后"年轻群体的壮大，消费者对审美及文化的追求逐渐多元化，西方审美不再通吃。在民族自信与文化自信不断修复的过程中，消费者对于本土文化的渴求也比以往更加强烈。在这样的背景下，能够引起消费者的民族情感共鸣且维持良好口碑的国货品牌逐渐崛起。依托"东方彩妆，以花养妆"的品牌理念，花西子走出了属于国货美妆的独特路线。

　　分析：在内容营销时代，花西子通过对消费者需求的细致解读、对传统文化的再创新及对品质的执着，为国货美妆探索了新的出路。而所有的这些坚持和努力，也体现了花西子品牌"扬东方之美，铸百年国妆"的品牌愿景。

　　思考：（1）花西子与其他美妆品牌的不同之处体现在哪里？

　　（2）我国目前的国货品牌还有哪些与花西子营销之路相似？现状如何？

　　（3）差异化市场营销手段实施的前提条件是什么？

学习目标

通过学习本章内容，学生应能理解市场细分、目标市场选择与市场定位三者之间的关系；掌握消费者市场细分的作用与细分依据；掌握目标市场选择策略；掌握市场定位策略；学生应初步具备能应用市场细分原理和市场定位的方法，分析企业目标市场营销中存在的一些问题的能力；选择某个群体作为目标市场，为其设计产品并进行市场定位。

5.1　市场细分

关键词语

市场细分　家庭生命周期

企业所面临的市场是非常广阔而又复杂多变的，任何企业，无论规模大小，都不可能用自己的产品或服务满足市场上所有消费者的需求，只能满足某一类或某几类消费者群体的需求。因此，企业必须善于选择适合自己，并能充分发挥自身资源优势的目标客户群体进行营销，即企业应该并且必须分辨出能有效地为之服务的、最具吸引力的细分市场，扬长避短，确立企业在市场中的位置，这是企业营销管理中的战略决策问题。

著名的营销大师菲利普·科特勒先生在《营销管理》一书中指出："现代战略营销的中心，可定义为市场营销就是市场细分、目标市场和市场定位。"现代企业战略营销的核心被描述为 STP 营销，由市场细分（Segmenting）、目标市场的选择（Targeting）、市场定位（Positioning）构成。这三个环节是相互联系，缺一不可的。其中，市场细分是企业目标市场选择和市场定位的基础和前提。

5.1.1　市场细分的含义

市场细分也称市场区别、市场划分或者市场区隔，是市场营销理论发展到 20 世纪 50 年代，由美国市场营销学家温德尔·史密斯在《市场营销策略中的产品差异化与市场细分》一书中提出来的，从而奠定了目标市场营销的理论基础，使市场营销进入一个新的阶段，即目标市场营销。市场细分是营销者通过市场调查，根据消费者的需求特点、购买心理、购买行为和购买习惯等方面的明显差异性，把某一产品的整体市场划分为若干个"子市场"或"分市场"的市场分类过程。

在同一个子市场中，其消费者的消费需求十分相似，存在的消费欲望差异也比较小。市场细分是企业战略营销的起点，市场细分不是对产品进行分类，而是对消费者进行分类。

消费者人物画像

2019年，阿里巴巴通过对"双十一"的销售数据进行分析，提出8大新消费人群。第一，小镇青年，20~30岁，居住在四五线城市，房贷压力小、可支配收入多，是娱乐消费App的主力军。第二，Z世代，是一二三线城市的"95后"到"00后"。他们是颜值经济、二次元、圈子文化的忠实拥趸者。第三，精致妈妈，是一二三线城市中从孕期到小孩年龄在12岁以内的女性。她们爱孩子、爱自己、讲究生活品质，是会花钱买时间、买便利的一群人。第四，一二三线城市25~35岁的新锐白领。他们有高收入、高消费，讲究生活品质，但同时也是隐形的贫困人群。第五，资深中产。这部分人群主要集中在35~45岁的年龄段，平时生活在一二三线城市，以公司职员、公务员、金融从业者等为主。他们消费能力极强，在消费过程中，注重体现个人品位，愿意享受线下消费带来的体验感，但同时又很具理性。第六，都市蓝领，主要集中在25~45岁的年龄段。他们平时生活在一二三线城市，主要居住在城市近郊，每天通勤时间长，在线娱乐时间久。由于他们的生活成本高，消费被迫理性，重视产品的性价比。第七，都市银发，主要是生活在一二线城市的50岁以上的人群。他们是互联网时代的隐形金矿，虽然是即时通信的重度用户，但仍以线下消费为主。第八，小镇中老年，主要是生活在四线及以下城市的35岁以上人群。这是小镇中老年未来的写照：深度跟随性消费，追求极致性价比，注重熟人社交。因为这部分人群的存在，大多与客情维系的店还有存在的价值和必要性。

阿里巴巴就是按照消费者位置等地理因素，年龄、性别、收入、文化、职业等人口因素，生活方式、消费个性、购买动机等心理因素以及行为因素，等等，对网络购物的消费者进行了有效细分，描绘出了网络消费者的用户画像，列出了人群的大范围特点，每一类用户都有其自身的特点。企业可以对每个人群的价值观、生活方式、品味、偏好进行详细研究，帮助品牌对人群进行精准定位，实现企业的营销目标。

市场细分的基本原理就是这种需求的异质性和同质性。在被细分后的子市场与子市场之间，客户需求、客户特点和行为模式等明显不同。相反，在同一子市场内，客户要求、客户特点和行为模式等都是相同的。

5.1.2 市场细分的作用

1. 有利于企业发现市场机会，选择目标市场

企业只有在市场调研的基础上，将市场细分成各种子市场，才能发现哪类消费需求已经得到满足，哪类需求还没有得到满足，哪类尚无适销对路的产品去满足，哪些市场竞争激烈，哪些市场的竞争者较少或尚待开发，同时结合自身资源状况从中选择出适合自己的目标市场。

市场细分对中小企业尤为重要，与实力雄厚的大企业相比，中小企业的资源能力有

限，技术水平相对较低，缺乏竞争能力。中小企业通过市场细分，可以根据自身的经营优势，选择一些大企业不愿顾及、相对市场需求量较小的细分市场，集中力量满足该特定市场的需求，在整体竞争激烈的市场条件下，在某一局部市场取得较好的经济效益，求得生存和发展。

2．有利于企业研究潜在需求，寻找发展新产品的机会，开拓新市场

市场永远有未开发的空间，在市场细分的基础上，企业可增强市场调查的针对性，准确地预测各类消费者需求的变化情况，挖掘潜在需求，从而找到既能适合自身生产水平，又能满足消费者需求的特定市场。只有抓住这样的市场机会，企业才能针对消费者的现实需要，以需定产；才能根据潜在需要发展新产品，开拓新市场，以满足消费者不断变化的新需要。

3．有利于制定市场营销组合策略

市场营销组合是企业综合考虑产品、价格、促销形式和销售渠道等各种因素而制定的市场营销方案。每一特定市场只有一种最佳的组合形式，这种最佳组合只能是市场细分的结果。前些年，我国曾向欧美市场出口真丝花绸，消费者是上流社会的女性。由于我国外贸出口部门没有认真进行市场细分，也未掌握目标市场的需求特点，因而营销策略发生了较大的失误：商品配色不协调、不柔和，未能赢得消费者的喜爱；低价策略与目标顾客的社会地位不相适应；销售渠道又选择了街角商店、杂货店，甚至跳蚤市场，大大降低了真丝花绸产品的"华贵"地位；广告宣传一般。这个失败的营销个案，从反面说明了市场细分对制定营销组合策略具有多么重要的作用。

4．有利于提高企业的竞争能力

企业的竞争能力受客观因素的影响而存在差别，但通过有效的市场细分战略可以改变这种差别。在市场细分后，每一细分市场上竞争者的优势和劣势就明显地暴露出来，企业只要看准市场机会，利用竞争者的弱点，同时有效地开发本企业的资源优势，就能用较少的资源把竞争者的顾客和潜在的顾客变为本企业的顾客，提高市场占有率，增强竞争能力。

综上所述，企业进行市场细分，有利于发现市场机会，确定目标市场，制定适宜的市场营销策略，从而增强企业竞争力，提高经济效益。

5.1.3　市场细分的标准

随着市场细分理论在企业营销中的普遍应用，消费者市场细分标准可归纳为 4 大类：地理环境因素、人口因素、消费心理和消费行为因素。这些因素有些相对稳定，多数处于动态变化之中。

针对不同类型的市场，其细分标准也不一样，常见的有组织市场、消费者市场等。细分组织市场的标准有些与消费者市场类似，如地理因素、心理因素、行为因素；还可使用新的标准，常用的有最终用户、用户规模、用户的地理位置、用户的购买情况等。消费者市场细分的一般标准如表 5-1 所示。

表 5-1　消费者市场细分的一般标准

细 分 标 准	主 要 因 素
人口因素	年龄、性别、收入、家庭生命周期、民族、教育、职业、社会阶层
地理因素	国家、地区、气候、城市/乡村、交通条件、城市/乡村规模
心理因素	生活方式、价值取向、性格、个性、购买动机
行为因素	品牌忠诚度、购买频率、使用频率、对分销的信赖度、追求利益

1. 人口因素

人口因素指各种人口统计变量。包括年龄、婚姻、职业、性别、收入、受教育程度、家庭生命周期、国籍、民族、宗教、社会阶层等。譬如，不同年龄、受教育程度不同的消费者在价值观念、生活情趣、审美观念和消费方式等方面会有很大的差异。消费者需求与人口因素有着密切的关系。很久以来，人口变量一直是细分消费者市场的重要因素，这主要是因为人口比其他变量更容易测量，用人口变量细分市场简单易行。

（1）年龄。消费者对某些商品的欲望和需求往往会随着年龄的变化而变化，不同年龄对产品的需求显然是不同的，这就给了企业按照年龄细分市场提供了机会。例如，年轻人喜欢体现自我个性的衣着；中年人注重衣着的质地和得体；老年人注重衣着的舒适程度。在市场营销中，根据消费者年龄可分为儿童市场、青年市场、中年市场和老年市场。

（2）性别。依据性别细分消费者市场，对美容美发、化妆品、服装饰品等某些商品的市场具有很强的可操作性，在细分市场中发挥着重要的作用。因为性别不同可导致人们在购买行为、购买动机等方面有较大差异。女性是服装、化妆品、居家用品、食品等市场的特别重要部分；男性则是香烟、饮料、体育运动用品的主要购买者。

（3）收入。消费者的需求在一定程度上是由经济收入决定的，经济收入的高低不同，在很大程度上会影响人们对某一商品在质量、档次等方面的需求差异，进而影响消费者的购买行为。例如，处在社会低收入阶层的消费者群一般喜好的商品首先要价格低廉，其次才要求产品品牌；而处在经济收入较高阶层的消费者群体一般是先喜好商品的品牌和质量，其次才是商品的价格。再如，高收入的人一般到大百货公司、名牌专卖店、精品店购物；收入低的人通常在超市、普通商店或是折扣店购物。一项针对 35～50 岁女士化妆品市场细分的调查发现，收入同化妆品的使用、购买数量、频率、品牌知名度等有很强的正相关性。

（4）家庭生命周期。家庭结构不同，将直接影响家庭支出与消费模式，而家庭结构又随着家庭生命周期所处阶段的不同而有所差别，因此，家庭生命周期也是细分市场的一种有效方法。例如，新婚家庭对住房、家具、电器等产品需求较大；有孩子的家庭，在孩子长大成人之前，相当一部分支出都用在了孩子的生活和教育经费中。

2. 地理因素

地理因素指按照消费者所处的地理位置、自然环境等的不同，把市场分成不同的地理区域而对市场进行的细分。具体变量包括国家、地区、城市/乡村规模、不同地区的气候及人口密度等。地理因素这样划分的主要理论根据是处在不同地理位置的消费者对企业的产品各有不同的需求和偏好，他们对企业所采取的市场营销战略、产品、价格、分销渠道、广告宣传等市场营销组合各有不同的反应。地理位置不同，还会反映出文化和社会价值观的差异。例如，经济发达地区，收入水平高，观念比较前卫，与欠发达地区的需求是不一样的，前者更重视文化、休闲。

3. 心理因素

心理因素指按照消费者的生活方式、个性特点、购买动机等心理变量，细分消费者市场。按照上述几种标准划分的处于同一群体中的消费者对同类产品的需求仍会显示出差异性，可能原因之一是心理因素发挥作用。心理因素包括个性、购买动机、价值观念、生活格调、追求的利益等变量。

（1）生活方式。生活方式是指根据人们的生活价值观所形成的生活行为体系、生活模式和生活方法。不同生活方式的消费者对产品有着不同的需求和兴趣爱好，这说明生活方式是影响消费者需求与欲望的一个重要因素。

（2）个性特点。个性特点是指一个人区别于他人的、在不同环境中显现出来的、相对稳定地影响人的外显和内隐性行为模式的心理特征的总和。越来越多的企业按照消费者不同的个性细分消费者市场，通过广告宣传，赋予其产品与某些消费者的个性相似的"品牌个性"，树立品牌形象。

（3）购买动机。购买动机是指推动消费者购买的内心动力，喜欢、厌恶、爱好等心理因素在消费者购买时，会增加或削弱购买动机，在购买动机上就会形成消费者的求实心理、求新心理、求美心理、求名牌心理、求成就感心理、求安全心理、求时髦心理等，从而产生不同的消费需求和消费偏好。例如，雷达手表突出的是品质和技术，在潜水、航空等方面都营造了良好的形象和口碑，从而吸引了追求产品品质的客户。而劳力士手表，则充分利用了人们的爱慕心理，在产品生产中极尽奢华之能事，打造出高贵的品质，从而吸引了"贵族"消费者的青睐。

4. 行为因素

行为因素指按照消费者的购买行为细分市场，包括消费者进入市场的程度、使用频率、偏好程度等变量。按消费者进入市场程度，通常可以划分为常规消费者、初次消费者和潜在消费者。

细分市场虽然有上述几种基本形式，但并不意味着企业应当一一单独地加以应用。在实际的营销活动中，用作细分市场的依据往往是上述各类因素的组合。

5.1.4　市场细分的原则

需要指出的是，并非所有的细分市场都是有效的，都能对企业产生实际意义。也就是说，最终形成的细分市场必须具备一定的条件，人们可通过以下几个衡量标准评价它的有效性。

1. 可衡量性

可衡量性指细分出来的市场范围，应当比较清晰，市场容量的大小可以大致判断。为此，需要恰当地选择市场细分变量，这些变量应当是可以识别和衡量的。一些带客观性的变数，如年龄、性别、收入、教育、民族等都是易于确定和测量的。相反，有些细分标准企业却不易获取，或令人捉摸不定，难以衡量和测算，则不能作为细分标准。

2. 可进入性

可进入性指细分后的市场，应是企业的市场营销活动能够到达的市场，主要表现在3个方面，一是企业具有进入这些细分市场的资源条件和竞争能力；二是企业能够把产品信息传递给该市场的众多消费者；三是产品能够经过一定的销售渠道抵达该市场。如果企业很难在该市场开展营销活动，这种细分就不具有实际意义。

3. 可盈利性

可盈利性指企业进行市场细分后，所选定的细分市场必须大到足以使企业有利可图，足以实现企业的目标。因为消费者的数量是企业利润的来源之一，可盈利的细分市场，应是那些拥有足够的潜在购买者的市场，并且人们又有充足的货币支付能力，使企业能够补偿生产与销售成本，并能获得利润的市场。如果市场容量太小，分得过细，则产品销量和盈利都得不到保证，就不能作为细分标准。当然，市场容量不仅要考虑现实的购买力，还要考虑相当的购买潜力，这样的细分市场才有发展前途。

4. 相对稳定性

相对稳定性指细分出来的市场必须具有相对的稳定性，能保证企业有足够的时间实施营销方案以进入市场并获取利润。如果市场变化太快，企业还没来得及实施其营销方案，目标市场已面目全非，这样的市场细分就没有意义了。

5.2　目标市场

关键词语

目标市场　专业化　无差异性营销　差异性营销　集中性市场营销

5.2.1　目标市场的含义

目标市场与市场细分是两个既有区别又有联系的概念。确定目标市场则是企业根据自身条件和特点，选择某一个或几个细分市场作为营销对象的过程。市场细分是选择目标市场的前提和条件；目标市场的选择是在市场细分的基础上进行的，是市场细分的目的和归宿。

目标市场是企业为满足现实或潜在的消费者需求而要开拓和进入的特定市场，即企业拟投其所好，为之服务的那个客户群（这个客户群有颇为相似的需要）。任何企业都应该在市场细分的基础上，通过评估各个细分市场，根据自己的营销目标和资源条件，选择和确定一个或几个最有利于企业经营、最能发挥企业资源优势的细分市场作为自己的目标市场，然后根据目标市场的特点，实施企业的营销战略与策略。

未满足的需求就是市场机会，是企业选择目标市场时首先要考虑的因素。因为需求是企业生产经营之母，只有企业选择的目标市场存在着尚未得到满足的需求，才有进入的价值，才能在满足消费需求的同时，实现企业自身的生存和发展。发现这些机会，抓住机会，并加以充分利用，企业就会获得成功，如娃哈哈脉动饮品、金利来领带、温州纽扣等的成功莫不如此。

5.2.2 目标市场选择模式

企业通过市场细分和对细分市场的综合评价，就应决定进入哪个或哪几个细分市场。在选择涵盖市场的决策时，根据产品和市场两大指标划分，企业有 5 种目标市场模式可以选择。

1. 产品—市场集中化

产品—市场集中化指企业的目标市场无论是从市场（客户）角度，还是从产品角度，都是集中在一个细分市场上。这种策略意味着企业只生产一种标准化产品，只供应某一个客户群。这种模式一般适合于中、小型企业或初次进入新市场的企业，往往可以获得良好的市场业绩。如某汽车制造企业只集中生产经营小汽车，某服装厂只生产儿童冬季服装就是产品—市场集中化模式。产品—市场集中化示意图如图 5-1 所示。

2. 产品专业化

产品专业化指企业专门生产一类产品，满足各种消费者的需要。由于面对不同的客户群，产品在档次、质量或款式等方面会有所不同。这种模式适合于小型企业或有特色资源的企业。例如，一个制鞋企业，在皮鞋、布鞋、运动鞋、塑料鞋 4 种产品中，选择生产老年人、中年人、年轻人甚至是儿童所需的皮鞋。产品专业化示意图如图 5-2 所示。

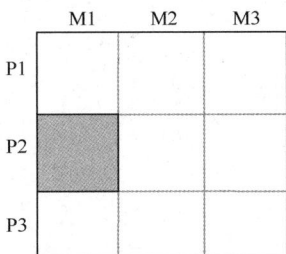

注：P表示产品，M表示细分市场

图 5-1 产品—市场集中化示意图

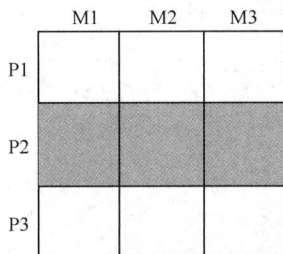

注：P表示产品，M表示细分市场

图 5-2 产品专业化示意图

3．市场专业化

市场专业化指企业选择某一类市场（客户群）为目标市场，并为这一市场提供性能有所区别的各种产品。如某公司为大学实验室提供一系列商品，包括显微镜、示波器、酒精灯、化学烧瓶等，该公司专为这个客户群服务，成为这个客户群需要的新商品销售代理商。再如，针对老年市场，企业不仅生产老年服装，而且生产鞋、帽、袜子等老年人需要的衣着产品。市场专业化示意图如图 5-3 所示。

4．选择性专业化

选择性专业化指企业决定有选择地进入几个不同的细分市场，并为各个市场分别提供不同性能的产品。其中每个细分市场都可提供有吸引力的市场机会，使彼此之间很少或根本没有任何联系，如企业选择青年胶鞋、中年皮鞋、老年布鞋生产，一般适合于实力较强的企业。选择性专业化示意图如图 5-4 所示。

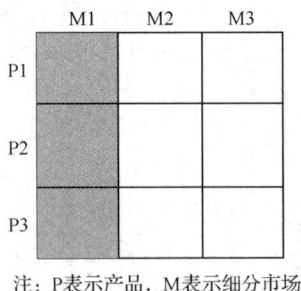

注：P表示产品，M表示细分市场

图 5-3　市场专业化示意图　　图 5-4　选择性专业化示意图

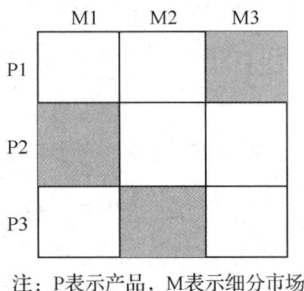

5．全面覆盖模式

全面覆盖模式指企业全方位进入各个细分市场，为所有顾客群提供他们各自需要的有差异的产品。这是大型的、资源雄厚的企业和大公司，或者在市场竞争中处于绝对优势的企业和公司，为在市场上占据领导地位，甚至力图垄断全部市场时所采用的方法。全面覆盖模式示意图如图 5-5 所示。

例如，著名的美国宝洁公司在家庭洗涤卫生用品市场就采取全面涵盖策略，推出了近 10 种品牌的洗衣粉。美国 IBM 公司在全球的计算机市场、丰田汽车公司在全球的汽车市场、可口可乐公司在全球饮料市场都采取了全面覆盖模式。

注：P表示产品，M表示细分市场

图 5-5　全面覆盖模式示意图

5.2.3　目标市场营销策略

目标市场一旦确定，就需要根据目标市场的需求特点制定相应的市场营销策略。

1. 无差异性营销策略

无差异性营销策略指企业把一种产品的整个市场作为目标市场，认为所有的消费者对某一商品有着共同的需求，因而企业以单一的产品投向市场，面向整体消费者，如图 5-6 所示。食盐市场就可以被视为差异性很小的同质市场，企业可针对该市场采用统一的营销方案。

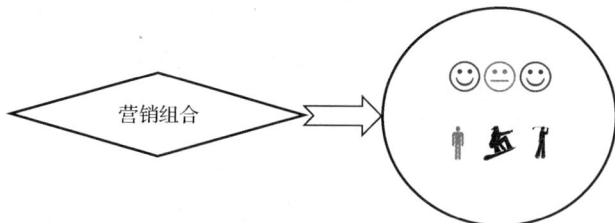

图 5-6　无差异性营销策略

这种策略的优点是产品的品种、规格、款式简单，容易保证质量，有利于标准化与大规模生产，有利于降低生产、运输、库存、研发、促销等成本费用。例如，通用汽车和可口可乐这两个企业采用的就是这一策略。这种策略的缺点是不适应多变的市场形势和无法满足小的细分市场的需求，不易发挥竞争优势，如果同类企业也采用这种策略，必然要形成激烈竞争，所以企业一般不宜长期采用。

2. 差异性营销策略

如图 5-7 所示，差异性营销策略是把整个市场细分为若干个子市场，针对不同的子市场，设计不同的产品，制定不同的营销策略，满足不同的消费需求。如某企业生产的男士衬衫，除深蓝色、浅蓝色、银灰色、白色、黑色、浅黄色等颜色外，还有隐条、隐格、彩条、印花等，这就是针对各个细分市场的需求特点而生产的各种不同产品，以尽量符合各个不同的细分市场的需要。再如美国有个服装企业，按生活方式把妇女分成 3 种类型：时髦型、男子气型、朴素型。时髦型妇女喜欢把自己打扮得华贵艳丽，引人注目；男子气型妇女喜欢打扮得超凡脱俗，卓尔不群；朴素型妇女购买服装讲求经济实惠，价格适中。

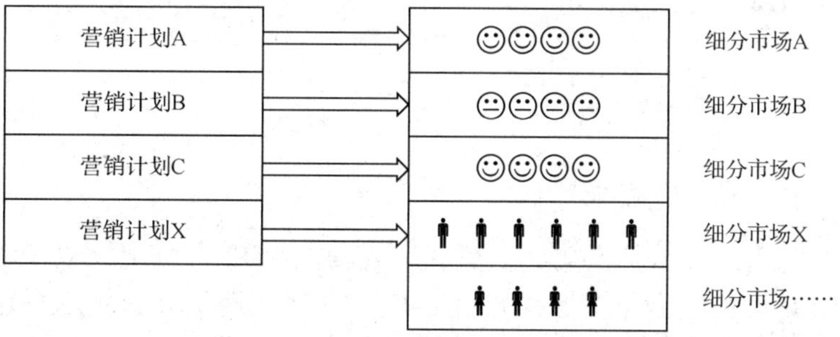

图 5-7　差异性营销策略

采用这种市场营销策略的优点是能满足不同消费者的不同要求，有利于扩大销售，占领市场，分散经营风险，提高企业声誉和竞争能力。例如，科龙集团推出的科龙、容声等多品牌冰箱、空调等产品，宝洁公司推出的海飞丝、飘柔、潘婷、沙宣等具有不同功能的洗发水，都是这一策略的成功应用。

3. 集中性营销策略

集中性市场营销是在市场细分的基础上，企业选择一个或少数几个细分市场作为目标市场，集中力量为该市场开发一种理想的产品，实行高度专业化的生产和销售，如图 5-8 所示。

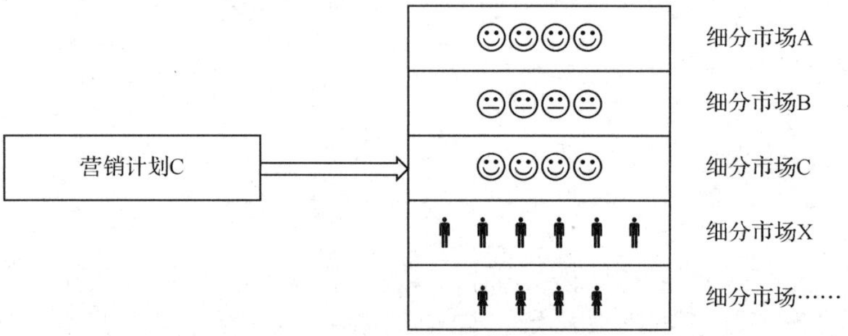

图 5-8　集中性营销策略

前两种策略企业均以整体市场作为营销目标，试图满足所有消费者在某一方面的需要。而集中性营销策略则是集中力量进入一个或几个细分市场，实行专业化生产和销售。在这一策略下，企业不是追求在一个大市场角逐，而是力求在一个或几个子市场中占有较大份额。集中性营销策略的指导思想是：与其四处出击收效甚微，不如突破一点取得成功。因此，这种市场营销策略主要适用于有特色资源或资源力量有限的中小企业。

选择适合本企业的目标市场策略是一个复杂多变的工作，3 种目标市场营销策略各有利弊。企业内部条件和外部环境在不断地发展变化，企业在选择目标市场时，要不断通过市场调查和预测，掌握和分析市场变化趋势与竞争对手的条件，同时必须考虑企业面临的各种因素和条件，扬长避短，发挥优势，把握时机，采取能够灵活适应市场态势的策略，去争取较大的利益。

5.3　市场定位

关键词语

市场定位　迎头定位　避强定位　市场空当定位

选定目标市场之后，企业必须为自己的产品或品牌在市场上树立某种形象，塑造特定的形象，并将此特色、形象传递给目标客户，以期获得认同，这就是市场定位。企业通过市场定位向目标客户说明：本企业的产品与竞争对手的产品有什么区别？本企业产品为什么更值得购买？

5.3.1 市场定位的含义

市场定位是由美国的两位广告经理艾尔·列斯（Al Ries）和杰克·特劳特（Jack Trout）于 1972 年提出的，近年来得到了广泛的重视和发展。市场定位是根据竞争者现有产品在市场上所处的地位和客户对产品某些属性的重视程度，为产品设计和塑造一定的个性或形象，并通过一系列营销努力，把这种个性或形象强有力地传达给客户，从而确定该产品在市场上的位置。

🔍 营销视野

市场定位

定位是以产品为出发点，如一种商品、一项服务、一家公司、一所机构，甚至一个人……但定位的对象不是产品，而是针对潜在客户的思想，即要为产品在潜在客户的大脑中确定一个合适的位置。

市场定位的实质是差异化，就是有计划地树立本公司产品与竞争者产品不同的理想形象，以便目标市场了解和赏识本公司所宣称的与竞争对手不同的特点。

市场定位是一种客户心理定位。市场定位的出发点是竞争，是一种帮助企业确认竞争地位、寻找竞争策略的方法。通过定位，企业可以进一步明确竞争对手和竞争目标，并发现竞争双方各自的优势与劣势。

市场定位直接关系到产品在消费者心目中的形象和地位，是在消费者心目中为公司的品牌选择一个希望占据的位置，其核心内容就是设计和塑造产品的特色和个性。市场定位通过为自己的产品创立鲜明的特色或个性，从而塑造出独特的市场形象。产品的特色或个性，有的可以从产品实体上表现出来，如形状、成分、构造、性能等；有的能从消费心理上反映出来，如豪华、朴素、时尚、典雅等；有的表现为价格水平；有的表现为质量水准等。例如，农夫山泉通过广告"农夫山泉有点甜"，甜甜地满足解渴的第一属性，"我们不生产水，我们只是大自然的搬运工"，强化山泉水的天然健康特色，将产品进行了有效的定位与传递。

5.3.2 市场定位的内容与作用

1. 市场定位的内容

（1）产品定位。产品定位侧重产品实体定位，如质量、成本、特征、性能、可靠性、实用性、款式等。

（2）企业定位。企业定位即企业形象塑造，如品牌、员工能力、知识、言表、可信度等。

（3）竞争定位。竞争定位确定企业相对于竞争者的市场位置，如七喜汽水在广告中自称是"非可乐"饮料，暗示其他可乐饮料中含有咖啡因，对消费者身体健康有害。

（4）消费者定位。消费者定位确定企业的目标客户群。

2. 市场定位的作用

1）有助于树立企业品牌和产品的形象

市场定位的主要作用在于，企业可以确定产品或品牌的竞争优势，着重推出与竞争产品和品牌不同的产品以满足消费者利益，更有效地吸引该细分市场中的消费者，尤其是有利于他们迅速做出购买决策，重复购买本公司的产品。

在当今信息爆炸的社会中，因为消费者大多被过量的产品和服务信息所困惑，他们不可能在做每个购买决策时都对产品做重新评价。为了简化购买决策，消费者往往会将产品加以归类，即将产品和公司在自己的心目中"定个位置"。这种产品位置是消费者将某种产品与竞争产品相比较而得出的一种复杂的感觉、印象和感想。产品进行了有效的定位，就可使消费者产生深刻、独特的印象和好感，对该产品和品牌形成习惯性购买，从而使公司的市场不断得到巩固和发展。

2）市场定位是市场营销组合的基础

营销组合是产品、价格、渠道和促销各种手段的协调运用，是市场定位战略实施的具体战术。定位为各种营销手段的运用指明了方向，即营销组合只向目标市场传达同一的产品诉求，这有利于强化产品特质，使目标客户准确地辨认企业及其产品。例如，企业选择"高档""优质"这一定位，则必须推出高质量的产品，制定较高的价格，通过高档的中间商分销，采用高品位的促销方式。

5.3.3 市场定位的步骤

市场定位的关键是企业要设法在自己的产品上，找出比竞争者更具有竞争优势的特性。市场定位通过识别潜在竞争优势、企业核心竞争优势定位和制定发挥核心竞争优势的战略 3 个步骤实现，如图 5-9 所示。

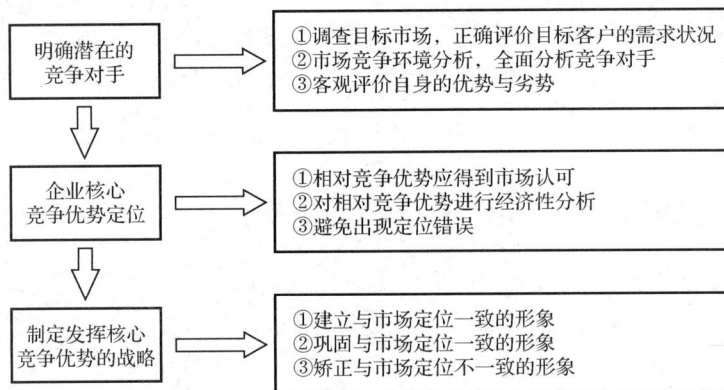

图 5-9 市场定位的步骤

1. 识别潜在竞争优势

识别潜在竞争优势是市场定位的基础。通常企业的竞争优势表现在两个方面：成本优势和产品差别化优势。成本优势是企业能够以比竞争者低廉的价格销售相同质量的产品，或以相同的价格水平销售更高一级质量水平的产品。产品差别化优势指产品独具特色的功能和利益与客户需求相适应的优势，即企业能向市场提供的在质量、功能、品种、规格、外观等方面比竞争者更好的产品。

这一步骤的中心任务是要回答以下 3 个问题：一是竞争对手产品定位如何？二是目标市场上客户欲望满足程度如何？三是针对竞争者的市场定位和潜在客户的真正的利益要求，企业应该及能够做什么？要回答这三个问题，企业市场营销人员必须通过一切调研手段，系统地进行设计、搜索、分析，并报告有关上述问题的资料和研究结果。

2. 企业核心竞争优势定位

核心竞争优势是与主要竞争对手相比，企业在产品开发、服务质量、销售渠道、品牌知名度等方面具有的可获取明显差别利益的优势。企业应把全部营销活动加以分类，并将主要环节与竞争者相应环节进行比较分析，以识别和形成核心竞争优势。

竞争优势表明企业能够胜过竞争对手的能力，这种能力既可以是现有的，也可以是潜在的。选择竞争优势实际上就是一个企业与竞争者各方面实力相比较的过程，比较的指标应是一个完整的体系，只有这样，才能准确地选择相对竞争优势。

3. 制定发挥核心竞争优势的战略

企业在市场营销方面的核心能力与优势，不会自动地在市场上得到充分的表现，必须制定明确的市场战略得以体现。这一步骤的主要任务是企业要通过一系列的宣传促销活动，将其独特的竞争优势准确传播给潜在客户，并在客户心目中留下深刻印象。

例如，通过广告传导核心优势战略定位，逐渐形成一种鲜明的市场概念。这种市场概念能否成功，取决于它是否与客户的需求和追求的利益相吻合。为此，企业首先应使目标客户了解、知道、熟悉、认同、喜欢和偏爱本企业的市场定位，在客户心目中建立与该定位相一致的形象；其次，企业通过各种努力强化目标客户形象，保持对目标客户的了解，通过稳定目标客户的态度和加深目标客户的感情以巩固与市场相一致的形象。最后，企业应注意目标客户对其市场定位理解出现的偏差，或由于企业市场定位宣传上的失误，而造成的目标客户模糊、混乱和误会，及时纠正与市场定位不一致的形象。

5.3.4　市场定位的策略

市场定位的策略实际上是一种竞争战略，即根据产品的特点及消费者对产品的知觉，确定本企业产品与竞争者之间的竞争关系。

1. 迎头定位

迎头定位是一种与竞争者并存或对峙的策略，即与在市场上占据支配地位的、最强的竞争对手"对着干"的市场定位方式。当企业发现目标市场已完全被竞争者占领，市场需求潜力还非常大时，企业应善于寻找竞争者不足之处，与竞争者共占一席之地。显然，这种定位方式风险较大，有时会是一种危险的战术，但不少企业认为这是一种更能激励自己奋发前进的可行的定位尝试，一旦成功就会取得巨大的市场优势。

因此，迎头定位策略对某些实力较强的企业有较大的吸引力。例如，可口可乐与百事可乐之间持续不断的争斗，麦当劳与肯德基之间激烈的竞争都是迎头定位非常典型的例子。实行迎头定位的企业，一方面要知己知彼，尤其应清醒地估计自己的实力，不一定试图压垮对方，只要能够平分秋色就已是巨大的成功；另一方面要求市场要具有较大的容量。

2. 避强定位

避强定位是一种避开强有力的竞争对手的市场定位策略。这种市场定位方式的优点是，能避开与强大竞争对手的直接冲突，迅速地在市场上站稳脚跟，并能在消费者心目中树立起自己的形象。由于风险相对较小，成功率较高，所以，避强定位策略常常为很多企业采用。

3. 市场空当定位

市场空当定位是企业通过寻找市场上无人重视或未被竞争对手控制的位置，使自己推出的产品能适应这一潜在目标市场需要的策略，也称为填空补缺式定位策略。企业寻找新的尚未被占领但有潜在市场需求的位置，填补市场空缺，生产市场上没有的、具备某种特色的产品。例如，"金利来"进入我国市场就填补了男士高档服饰的空缺。在采用市场空当定位策略时，企业应明确空当定位所需的产品在技术上、经济上是否可行，有无足够的市场容量。

4. 重新定位

重新定位是企业变动产品特色，改变目标客户对其原有的印象，使目标客户对其产品和新形象有一个重新的认识过程。通常情况下，企业会对销路少、市场反应差的产品进行重新定位。企业产品在市场上的定位即使很恰当，但在出现下列两种情况时也需考虑重新定位，一是竞争者推出的产品定位于本企业产品的附近，侵占了本企业品牌的部分市场，使本企业品牌的市场占有率有所下降；二是消费者偏好发生变化，从喜爱本企业某品牌转移到喜爱竞争对手的某品牌。

企业在重新定位前，尚需考虑两个主要因素，一是企业将自己的品牌定位从一个子市场转移到另一个子市场时的全部费用；二是企业将自己的品牌定位在新位置上的收入有多少，而收入多少又取决于该子市场上的购买者和竞争者的情况，取决于在该子市场上的销售价格等。

本章小结

市场细分是企业根据需求者的需求差异，将整个市场划分为若干个细分子市场的过程。市场细分对市场营销活动有着重要的作用，实行市场细分有助于企业发现有利的市场机会，并使自己处于更有利的竞争地位。同时，企业在进行市场细分过程中，要坚持可进入性、可盈利性、可发展潜力性及可衡量性原则。

　　企业将最佳的细分市场选择为其目标市场，为此要对细分市场从潜量、盈利能力到竞争状况等方面进行评估。然后，企业可不理会细分市场的差异性，采用无差异市场营销，也可以为几个细分市场开发不同的产品，采用差异市场营销；后者可以只追求某部分细分市场，采用集中市场营销。企业究竟采用何种目标市场的覆盖策略，其决策受到诸如企业资源、产品和市场的同质性、产品的生命周期阶段和竞争者的营销策略等因素的影响。

　　对于已确定的目标市场，企业要为自己的产品进行市场定位，其实质是在消费者心目中表明本企业产品的特色和形象。差异化是企业获得竞争优势的根本战略，企业可以从产品、服务、渠道、人员和形象等方面建立差异化。企业在定位时要尽力避免定位不足、定位过分和定位模糊等错误。

课后拓展

　　市场细分、目标市场选择及市场定位的工作流程图如图 5-10 所示。

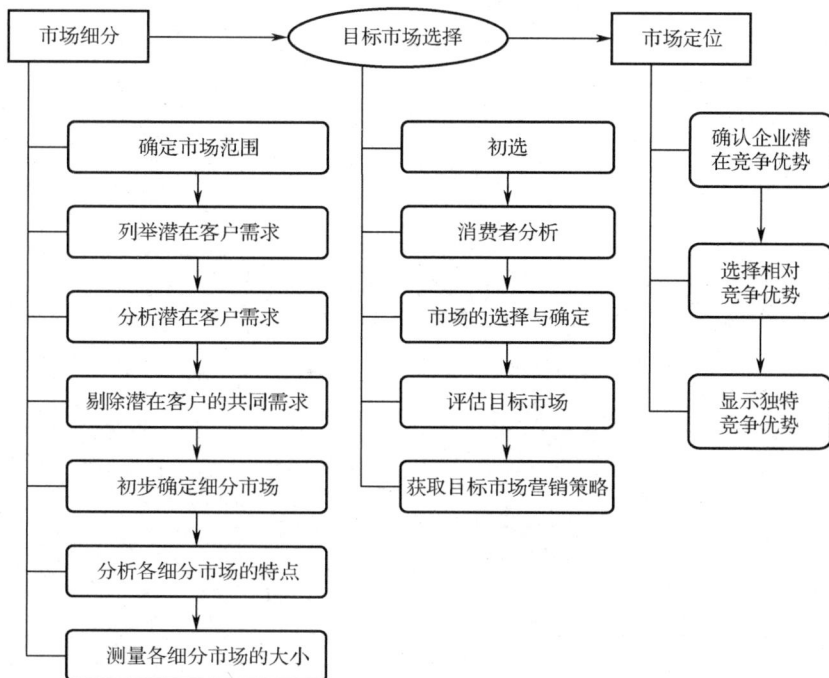

图 5-10　市场细分、目标市场选择及市场定位的工作流程

课后实训

　　实训背景与说明：在最近的销售业务中，王伟遇到了新的难题。他们在果蔬基地采摘的一批小番茄和蓝莓，投放在市场销售时，销售情况很不理想。王伟自己也查询了相关资料了解情况，发现可能是目标市场选择或产品定位出了问题。所以，王伟想请同学们帮忙，看看如何做一些调整，能够适销对路地把这些果蔬销售出去。

创业初期的创业者与营销工作者都应该清楚地了解目标市场细分的巨大作用，以及做好市场定位对企业经营发展的方向有很长远的战略影响。

实训重点考核：通过本次实训，同学们应能正确解并做好市场细分。通过市场细分，帮助企业有效地把握市场方向，并且做好清晰的目标市场选择，以及针对企业自身情况和产品特点做好市场定位。

实训内容：（1）针对小番茄和蓝莓这两种果蔬产品，收集资料。

（2）分析小番茄和蓝莓这两种果蔬产品在学院路经营销售过程中的目标市场客户群体，帮助王伟和他的优选果蔬零售店做好与小番茄和蓝莓相类似的果蔬产品的市场细分、目标市场选择以及市场定位工作。

实训要求：以上内容完成后，以书面形式提交汇总，并做小组汇报。然后在教师指导下，进行小组互评，再由教师进行总结点评。

第6章 产品策略

导入案例

依托品牌策略　打下一片江山

农夫山泉从诞生至今，仅仅做了一件事：让消费者懂得喝好水有益健康。

农夫山泉在 1999 年向大众宣布不再生产纯净水，转而生产天然水，教会消费者喝天然弱碱性水，现在教会消费者喝"含天然矿物元素"的水，每一步都走在行业前列，教会了消费者喝好水有益健康。而这段历程，正是农夫山泉一步步扎实稳健地塑造"天然水搬运工"品牌价值的过程。

首先，农夫山泉始终坚持"健康、天然"的品牌理念，坚持"水源地建厂，水源地灌装"，并以"农夫山泉有点甜"的广告语深入人心。"有点甜"体现农夫山泉水源的优质、健康和天然，"有点甜"也是美好的代名词，是农夫山泉的品牌象征，为农夫山泉营造了良好的品牌形象。

农夫山泉生产的饮用水具有天然弱碱性，含有人体所需的全面、均衡、天然的矿物元素。这种崇尚天然的品牌精神深入人心，不断向消费者传递农夫山泉的核心价值观：健康。

其次，农夫山泉也在包装上做足文章。通过升级包装设计，新包装将"饮用天然水"这五个字的字体放大，以强调农夫山泉的天然特色。用三滴水的心形图案代替原来的千岛湖图案，流线型瓶身设计，包装更有特点和个性，设计上符合当代美学。

最后，农夫山泉以"有点甜"的品牌形象打开了市场，占领消费者心智。为了保持在消费者心中的地位，农夫山泉一直在众多电视台黄金时段投放广告进行宣传。还结合中央电视台世界杯赛事节目安排投放自己的广告，并赞助世界杯足球赛中央电视台五套演播室，为农夫山泉品牌的传播创造了更多机会，使农夫山泉在一个月之内成为家喻户晓的品牌。之后又连续四年赞助我国乒乓球队，一次又一次地出现在公众视野，提高了品牌知名度和美誉度。

在社会公益与社会责任方面，农夫山泉为了支持北京申奥，举办了"一分钱一个心愿，一分钱一个力量"活动，从每一瓶农夫山泉中提取出一分钱代表消费者支持北京申奥。公益营销策略，再次提高了农夫山泉的知名度。

分析：农夫山泉的品牌营销策略包含：精妙的广告语、优质的水源、农夫山泉的独特品牌个性，这些注定了农夫山泉品牌会深入人心！

思考：（1）农夫山泉在品牌建设过程中，采用了哪些手段？

（2）农夫山泉的品牌侧重点在哪些方面？

学习目标

通过本章内容的学习，学生应能掌握产品整体概念的内容与作用；掌握产品组合概念和原理；熟悉产品生命周期的含义、产品生命周期各阶段的特点及相应的营销策略；掌握品牌策略；熟悉新产品开发的重要性；掌握新产品开发的程序和新产品推广的过程。

6.1　产品整体概述

关键词语

产品整体概念　核心产品　形式产品　期望产品　延伸产品　潜在产品

6.1.1　产品整体概念

对产品概念的解释大致分为两种，即传统的和现代的。传统的解释经常局限在产品特定的物质形态和具体用途上。在现代市场营销学中，产品概念具有极其宽广的外延和深刻而丰富的内涵，指通过交换而满足人们需要和欲望的因素或手段，包括提供给市场，能够满足消费者或用户某一需求和欲望的任何有形物品和无形物品。

营销视野

产品与商品的区别

有人把产品理解为商品，其实是不确切的。产品和商品的区别在于，商品是用来交换的产品，商品的生产是为了交换。当一种产品经过交换而进入使用过程后，就不能再称为商品了。当然，如果产品又产生了二次交换，那么在二次交换前的这段时间内，它又能被称为商品了。

有形产品主要包括产品实体及其品质、特色、式样、品牌和包装；无形服务包括可以给买主带来附加利益和心理上的满足感及信任感的售后服务、保证、产品形象、销售者声誉等。

菲利普·科特勒等学者倾向于使用 5 个层次表述产品整体概念，认为 5 个层次的研究与表述能够更深刻、准确地表述产品整体的概念和含义。这 5 个基本层次为：核心产品、形式产品、期望产品、延伸产品、潜在产品，如图 6-1 所示。

1. 核心产品

核心产品指向客户提供的产品的基本效用或利益，每一种产品实质上都是为解决问题而提供的服务。例如，人们购买空调机不是为了获取装有某些电器零部件的物体，而是为了在炎热的夏季，满足凉爽舒适的需求，其他产品同理可证。因此，企业营销人员向客户销售的任何产品，都必须具有反映客户核心需求的基本效用或利益。

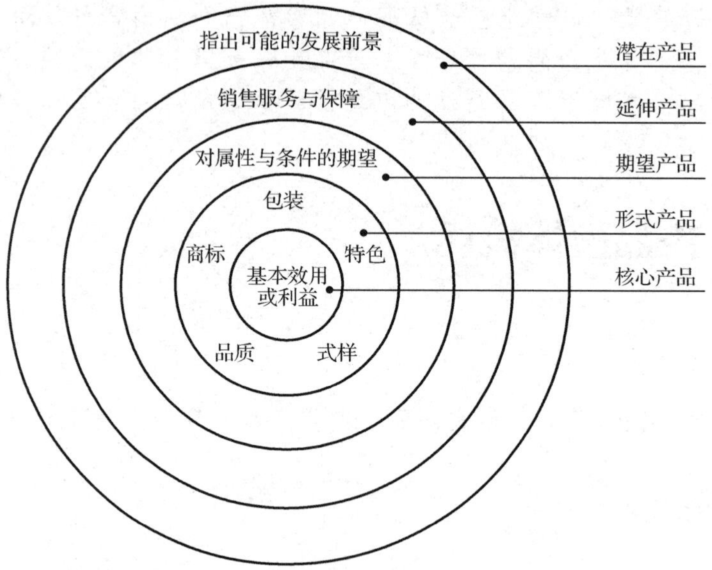

图 6-1　产品整体概念的 5 个层次

2. 形式产品

形式产品指核心产品借以实现的形式或目标市场对某一需求的特定满足形式。形式产品由 5 个特征构成，即品质、式样、特色、商标及包装。即使是纯粹的劳务产品，也具有相类似的形式上的特点。产品的基本效用必须通过特定的形式才能实现，市场营销人员应努力寻求更加完善的外在形式以满足客户的需要。

3. 期望产品

期望产品指购买者在购买该产品时，期望得到的与产品密切相关的一整套属性和条件。例如，旅馆的客人期望得到清洁的床位、洗浴香波、浴巾、衣帽间的服务等。因为大多数旅馆均能满足旅客这些一般的期望，所以，旅客在选择档次大致相同的旅馆时，一般不是选择哪家旅馆能提供期望产品，而是根据哪家旅馆就近方便而定。

4. 延伸产品

延伸产品指客户在购买形式产品和期望产品时，附带获得的各种利益的总和，包括产品说明书、保证、安装、维修、送货、技术培训等。国内外许多企业的成功，在一定程度上应归功于他们更好地认识到了服务在产品整体概念中所占的重要地位。许多情况表明，新的竞争并非各公司在其工厂中所生产的产品，而是附加在产品上的包装、服务、广告、客户咨询、资金融通、运送、仓储及其他具有价值的形式，能够正确发展延伸产品的公司必将在竞争中赢得主动。

5. 潜在产品

潜在产品指现有产品（包括所有附加产品在内的）可能发展成为未来最终产品的潜在状态的产品。潜在产品指出了现有产品可能的演变趋势和前景，如彩色电视机可发展为录放机、电脑终端机等。

产品整体概念的 5 个层次，十分清晰地体现了以消费者为中心的现代营销观念。这一概念的内涵和外延都是以消费者需求为标准的，由消费者的需求决定。总之，产品整体概念是建立在需求等于产品这样一个等式基础之上。没有产品整体概念，就不可能真正贯彻现代营销观念。

6.1.2　产品分类

产品可从不同角度进行分类，与营销策略有关的产品分类方法通常有以下几种。

1. 按产品的有形性和消费上的耐久性分类

按产品的有形性和消费上的耐久性，可将产品分为非耐用品、耐用品和服务。

（1）非耐用品。非耐用品一般是有一种或多种消费用途的低值易耗品，如啤酒、肥皂和盐等。售价中的加成要低，还应加强广告以吸引客户试用并形成偏好。

（2）耐用品。耐用品一般指使用年限较长、价值较高的有形产品，通常有多种用途，如冰箱、彩电、机械设备等。耐用品会有较多的人员进行推销和服务等。

（3）服务。服务是为出售而提供的活动、利益或满意，如理发和修理。服务的特点是无形的、不可分的、易变的和不可储存的。它通常需要更多的质量控制、供应商信用及适用性。

2. 按消费者购买习惯不同分类

按消费者购买习惯不同，可将产品分为便利品、选购品、特殊品和非渴求品。

（1）便利品。便利品指消费者频繁购买或需要随时购买的产品，如烟草制品、肥皂和报纸等。便利品可以进一步分成常用品、冲动品及救急品。其中，常用品是消费者经常购买的商品。例如，某消费者也许经常要购买可口可乐、佳洁士牙膏；冲动品是消费者没有经过计划搜寻而顺便购买的商品；救急品是当消费者的需求十分紧迫时购买的商品。救急品的地点效用也很重要，一旦消费者有需要，能够迅速实现购买。

（2）选购品。选购品指消费者在选购过程中，对适用性、质量、价格和式样等基本方面要做认真权衡比较的商品，如家具、服装、汽车和大的器械等，可以分成同质品和异质品。购买者认为同质选购品的质量相似，但价格却明显不同，所以有选购的必要。销售员必须与购买者"商谈价格"。但对购买者而言，在选购服装、家具和其他异质选购品时，产品特色通常比价格更重要。经营异质选购品的经营者必须备有大量的品种花色，以满足不同的爱好，他们还必须有受过良好训练的推销人员，为客户提供信息和咨询。

（3）特殊品。特殊品指具备独有特征（或）品牌标记的商品，对这些商品，有相当多的购买者一般都愿意做出特殊的购买努力。例如，特殊品牌和特殊式样的花色商品、小汽车、立体音响、摄影器材以及男式西服。

（4）非渴求品。非渴求品指消费者不了解或即便了解也不想购买的商品。传统的非渴求品有寿衣、墓地、墓碑等。对非渴求品需付出诸如广告和人员推销等大量营销努力，一些最复杂的人员推销技巧就是在推销非渴求品的竞争中发展起来的。

6.2 产品生命周期

关键词语

产品生命周期　慢渗透策略　快速撇脂策略　慢速撇脂策略

现代市场营销学十分重视对产品生命周期的理论研究，将其作为企业制定产品决策，以及整个市场营销组合决策的重要依据。此外，市场营销中的其他战略和策略的制定也必须适应产品生命周期的变化，这是企业在动态的市场环境中求得生存与发展，赢得有利的市场地位的关键。

6.2.1 产品生命周期原理

任何一种产品在市场上的销售地位和获利能力都处于不断的变动之中，随着时间的推移和市场环境的变化，最终将不再被用户采用而被迫退出市场。产品这种市场演化的过程同生物体的生命历程一样，也有一个诞生、成长、成熟和衰退的过程。产品的生命周期指产品的市场生命周期，即产品从研制成功进入市场，到不再被采用，最后被迫退出市场的全过程。

产品生命周期是以产品销售额和利润额随着时间的变化进行设定和衡量的。如果以时间为横坐标，以销售额和利润额为纵坐标，则典型的产品的生命周期可以表示为一条倒"S"形曲线。例如，有一些产品几十年没有热销，在某个契机下开始畅销，如"王老吉"公益营销所带来的飞速发展，也有一些产品进入导入期后急速成长，然后迅速衰退，其典型代表就是时尚产品的市场生命曲线。此外，还有一些产品的发展趋势像波浪一样起起伏伏，一般每隔几年便会流行起来。通过公司的市场营销活动可以改变产品生命周期曲线，企业应该有意识地从自身的角度控制产品的生命周期，从而有效展开市场营销活动。

一般而言，产品生命周期可以分为导入期、成长期、成熟期、衰退期 4 个阶段，如图 6-2 所示。

典型的产品生命周期概念和曲线说明如下。

（1）销售额曲线和利润额曲线的变化趋势是相同的，但变化的具体时间有所不同。例如，在导入期，销售额曲线为正数，利润额曲线则为负数；在进入成熟期后，销售额曲线还在缓慢上升，而利润额的曲线却已经开始下降，这是由于市场竞争激烈，企业被迫压低了产品销售价格、增加服务和推销费用等原因造成的。

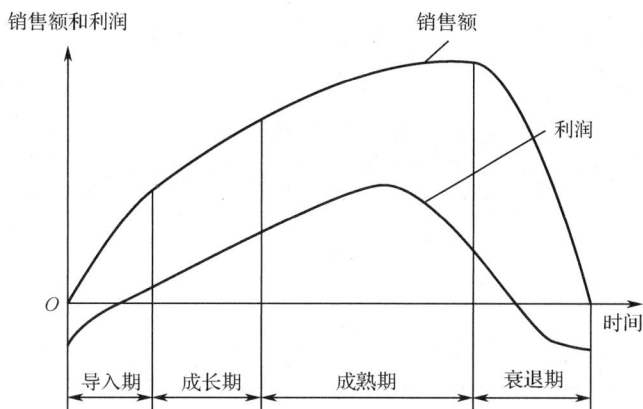

图 6-2 产品生命周期曲线图

（2）在实际的市场营销活动中，严格界定某一产品生命周期各个阶段的转折点是很困难的。这些转折点的设定具有一定的主观性，并且它只是表示产品生命周期基本上要经过这样几个有区别的阶段而已。

（3）对产品生命周期的观察是从产品销售额和获利能力的变化上着眼进行的。在衰退期销售额持续下降，利润额剧减，甚至出现负数，如果其他条件正常（如分销渠道畅通、产品质量稳定等），就意味着产品的生命周期即将结束了。

（4）以上所介绍的典型的产品生命周期概念和曲线，作为一种理论抽象，只反映了大多数产品所要经历的生命过程，但并不是所有产品的生命过程都符合这条曲线描述的形态。由于企业营销、市场需求、市场竞争及其他因素的影响，往往会使一种品牌产品的生命周期出现很不规则的变化。有些产品的生命周期非常短，上市后就持续处于销售不佳的低迷状态，从导入期直接进入衰退期；有些产品几乎没有经过投入期，一上市销售额就迅速增长，直接进入成长期；还有的产品很长寿，在成熟期或衰退期重新进入新的成长期。因此，实际生活中的产品生命周期曲线的形状是多种多样、较为复杂的。

（5）典型的产品生命周期概念和曲线，对产品种类、产品形式和产品品牌这 3 种情况的适用性有所不同。其中，产品种类（如食盐、香烟、汽车等）的生命周期最长，这是因为许多产品种类与人口变数（人的需要）高度相关，进入成熟期后生命周期可以无限期地延续下去。产品形式（如食盐、香烟、汽车这些产品种类中各种形式的具体产品）的生命周期是典型的，一般都有规律地经过导入期、成长期、成熟期、衰退期这样几个阶段后退出市场。品牌的生命周期也具有典型性，而且品牌的生命周期是比较短的。因此，典型的产品生命周期主要指产品形式、产品品牌的生命周期。尽管产品种类的总体市场需求也会出现周期性波动，从企业战略管理和营销管理的角度而言，对其进行预测也具有重要的实际意义，但通常情况下，产品种类总体市场需求的周期性波动是不能用典型的产品生命周期概念和曲线进行定义。产品生命周期特征如表 6-1 所示。

表 6-1　产品生命周期特征

	导　入　期	成　长　期	成　熟　期		衰　退　期
			前　期	后　期	
销售量	低	快速增大	继续增大	有降低趋势	下降
利润	微小或负	大	高峰	逐渐下降	低或负
购买者	爱好新奇者	较多	大众	大众	后随者
竞争	甚微	兴起	增加	甚多	减少
成本	单位客户成本高	单位客户成本一般	单位客户成本低	单位客户成本低	单位客户成本低

从以上分析，人们可以得到如下 3 点启示。

第一，既然产品种类的生命周期很长、总体市场需求也会出现周期性波动，那么企业为了减少经营的风险性，就应考虑多生产一些产品种类，实行多角化经营。

第二，既然产品形式的生命周期依次经过几个阶段后要退出市场，那么企业就应该针对其生命周期不同阶段的特点，采取不同的市场营销策略，并根据市场需要的变化不断推出新的产品形式。

第三，虽然品牌的生命周期较短，但有的品牌长期受到人们的欢迎，就要求企业在一个品牌投入市场后，特别是一个品牌在市场上确立了信誉后，要特别注意加以维护，以充分发挥其作用。

🔍 营销视野

产品生命周期应注意的几个问题

（1）产品的生命周期不同于产品的使用寿命。

（2）市场营销中研究的产品生命周期指产品形式的生命周期。产品种类、产品形式、产品品牌的生命周期各不相同。

（3）在不同国家、不同地区，同一产品可能处于生命周期的不同阶段。

6.2.2　产品生命周期各阶段策略

下面简要分析产品生命周期各阶段的特点，以及企业可采取的营销对策。

1. 导入期的特点与营销策略

1）特点

（1）利润最小、费用高。由于新产品刚刚上市，消费者和经销者对它缺乏了解，所以产品销售量增长较为缓慢，加上产品生产批量小、生产成本较高、广告宣传费用开支较大，企业有可能出现亏损。

（2）风险比较大。由于产品处于初期发展阶段，销售额增长缓慢且不稳定，各种资源的投入比较高，因而新产品淘汰的风险、企业新产品开发投入难以收回的风险都比较大。

（3）竞争对手较少。一个产品初次进入市场，特别是那些新研制开发出来的品种，往往很少或没有竞争对手。

2）营销策略

企业在确定营销策略时，一方面要充分认识到新产品的发展前景，明白短暂的高投入是为了今后的发展；另一方面要考虑到风险性，采取一定的防范措施。在这一时期，企业最重要的是做出正确的判断，抓住时机采用有效的营销策略占领市场，形成批量规模，以便较快地进入成长期。在导入期中可供企业选择的营销策略主要有如下4种。

（1）快速撇脂策略。快速撇脂策略即企业以高价格、高促销费用将新产品推向市场，以求尽快打开市场，提高市场占有率，迅速补偿开发投资费用并取得较高的利润。企业实施这种策略应具备 3 个条件：①具有一定的经济实力，可以支付高额的促销费用；②新产品确实有较大的潜在市场需求，而且可以抓住消费者，使其愿意出高价去购买；③面临潜在竞争者的威胁，需要尽快形成产品偏好群并建立品牌声誉。

（2）慢速撇脂策略。慢速撇脂策略即企业以较高的价格、较低的促销费用将新产品推向市场，以期获得较多的利润。企业实施这种策略的条件是，新产品有效地填补了市场空白，没有现实竞争者和潜在竞争威胁市场，购买者迫切需要并且愿意出高价购买。

（3）快速渗透策略。快速渗透策略即企业以低价格、高促销费用将新产品推上市场，以迅速占领市场，取得尽可能高的市场占有率。企业实施这种策略的条件是，新产品的市场潜力很大，消费者对它不了解但对价格比较敏感，面临潜在竞争对手的较大威胁，随着生产规模的扩大，可以有效地降低企业生产成本。

（4）缓慢渗透策略。缓慢渗透策略即企业以较低的价格、较低的促销费用将新产品推上市场。企业采取这种策略，可以用较低的价格提高产品的竞争能力、扩大市场占有率，依靠较低的促销费用减少经营成本、获得较高的盈利。企业实施这种策略的条件是，新产品的市场容量较大，消费者已经十分了解这种产品并且对价格非常敏感，还存在着潜在的竞争者的威胁。

2. 成长期的特点与营销策略

1）特点

（1）新产品已经被消费者接受，因而需求量持续上升，分销渠道的建立推动了销售量迅速增长，产品已经在市场上站稳脚跟，使得市场占有率不断扩大。

（2）随着新产品基本定型，并进入批量生产，规模效益开始呈现。随着新产品的市场声誉不断提高，促销压力有所减缓。随着生产和销售成本的下降，利润率持续上升，逐步达到最高峰。

（3）竞争者逐渐增多，竞争程度日趋激烈，有时还会出现假冒仿造者。

2）营销策略

在这一时期，企业营销工作的重点是维持市场增长率，延长成长期，提高市场占有率，延续获取最大利润的时间。

为了达到这些目标，企业可以采取如下5个方面的营销策略。

（1）促销改进。将广告宣传的重心从介绍产品转向树立产品形象，在不断扩大产品知名度的同时，提高产品的美誉度，树立产品在消费者心目中的良好形象，以便形成稳固的品牌偏好群。

（2）产品改进。在改善产品质量的同时，根据消费者的需要努力开发新款式、新型号，提供良好的销售服务，以吸引更多的购买者。

（3）市场开发。通过市场细分，寻找新的尚未满足的市场空间，根据其需要安排好营销组合因素，迅速开辟和进入新的市场。

（4）分销改进。在巩固原有的分销渠道的同时，增加新的分销渠道，与分销渠道上的成员建立更为协调的关系，促进产品的销售。

（5）价格调整。选准时机采取降价策略，以激发那些对价格比较敏感的消费者形成购买动机，并采取购买行动。

上述 5 个策略本质上都属于扩张型策略。从近期看，采用这些策略会相应地加大产品的营销成本，降低盈利水平；但是从长远看，由于企业加强了市场地位，提高了竞争能力，巩固和提高了市场占有率，规模经济降低了单位成本，因此，企业将会获得更多的利润。

3. 成熟期的特点与营销策略

1）特点

（1）新产品已经被广大消费者接受，产品产量和销量都达到了顶峰。

（2）市场潜力逐渐变小并趋于饱和，需求放缓了，增长速度出现了下滑的迹象，进一步扩大市场份额的空间已经很小。

（3）市场竞争异常激烈，为了对付竞争对手、维护市场地位，企业的营销成本会有所增加，利润达到顶峰后逐渐下滑。

2）营销策略

在这一时期，企业营销工作的重点是稳定市场占有率，维持已有市场地位，通过各种改进措施尽量延长成熟期，以获得尽可能高的收益率。

为了实现这些目标，企业可以采取如下 3 个方面的营销策略。

（1）市场改进策略，指企业通过发展产品新的用途、改进营销方式和开辟新的市场等途径扩大产品的销售量。

（2）产品改进策略，指企业通过改进产品适应市场需求的能力，增强产品的市场竞争能力，扩大产品的销售量。这一策略可以通过对产品整体概念所包括的任何一个层次内容的改进来加以实现。

（3）市场营销组合改进策略，指企业通过对营销组合因素的综合调整和改进，提高企业适应需求的能力，增强市场竞争能力，扩大产品的销售量。

4. 衰退期的特点与营销策略

1）特点

（1）消费者的消费习惯已发生改变，购买兴趣迅速转向了新产品。

（2）产品销量趋于迅速下降，企业被迫压缩生产规模。

（3）价格降到了最低水平，各种促销手段已经不起作用，多数企业无利可图，大量的竞争者走出市场另谋他路，留下的企业处于维持状态。

2）营销策略

在这一时期，企业的决策者应该头脑冷静，既不要在新产品还未跟上来时，就抛弃老产品，以致完全失去已有的市场和客户，也不要死抱住老产品不放而错过机会，使企业陷入困境。

为了实现这些目标，企业可以采取如下 3 个方面的营销策略。

（1）维持策略，指企业继续沿用过去的营销策略，尽量把老产品的销售额稳定在一个水平上，或者把经营资源集中在最有利的细分市场的分销渠道上，以便减缓老产品退出市场的速度，这样既可以为新产品研发上市创造一定的时间条件，同时，又能从忠实于老产品的客户中得到利润。

（2）收缩策略，指企业缩小生产规模，削减分销渠道，大幅度降低促销水平，尽量减少营销费用，以增加目前的利润，直到该产品完全退出市场。

（3）放弃策略，指企业对于衰落比较迅速的产品，或当机立断完全放弃经营，或将其占用资源逐渐转向其他的产品，进而逐步放弃经营。

6.3　品牌策略

关键词语

品牌　品牌策略

6.3.1　品牌的含义

品牌是商品生产经营者为使自己的产品与其他生产经营者相同或类似的产品相区别，而在自己产品上或在经营活动中使用的特定标识。

品牌的两个基本的组成部分是品牌名称和品牌标志。品牌名称是品牌中可以用语言称谓表达的部分，如"怡宝""海尔"都属于可以用语言称谓的品牌名称；品牌标志是品牌中可以识别，但不能读出声的部分，包括符号、图案或明显的色彩或字母，例如，"联想""鸿星尔克"的标牌、腾讯的小企鹅图案等，都是品牌标志。

6.3.2　品牌的作用

1. 便于客户识别、挑选和购买

产品的标志和品牌，其主要作用就是便于客户辨认，可以吸引消费者的注意力，节省购物时间。另外，品牌显示了产品的质量形象，对客户购买是无声的建议。

2. 可以吸引品牌忠诚者，稳定企业销售

企业通过卓有成效的营销努力，可以创造一定数量的品牌忠诚者，从而增强产品竞争优势，并给企业带来长期利润。

3. 可以理顺买卖关系，便于企业广告宣传

品牌有助于买卖关系简单化。在众多产品中，企业只宣传自己的品牌就可以起到应有的效果。

4. 有助于树立企业及产品形象

在企业形象识别中，重要的方面是视觉识别，视觉识别要落在品牌上。产品形象就等于品牌形象，培养品牌形象就是维护产品形象。品牌策略是企业营销策略的重要方面，对企业取得营销成功大有帮助。

5. 有助于企业保持、提高产品质量和创新

品牌意识使企业十分关注产品质量，从而努力提高产品质量。品牌经过注册后，形成商标，而商标具有的独家专用，又大大增加了企业创新的积极性。

6.3.3　品牌设计原则

品牌在营销中的作用日益明显，为产品设计一个好的品牌无疑至关重要。为此，品牌设计应遵循如下几个原则。

1. 简洁醒目，易读易记

商标设计者首先应遵循简单醒目、清晰可辨、易于识别和记忆的原则。

2. 构思巧妙，暗示属性

力求构思新颖，造型美观，既有鲜明的特点，又具有艺术性，力避庸俗繁杂。可以暗示企业或产品的属性，便于客户识别。

3. 富蕴内涵，情意浓重

心理学研究表明：人们的注意力很容易被情意较为深厚、内涵较为深刻的字、句吸引，因此，品牌设计要力求富蕴内涵，情意深厚。例如，"红豆"牌衬衫，取自"红豆生南国，春来发几枝。愿君多采撷，此物最相思"。取"红豆"两字作为商标，使其具有特殊的情感魅力和极富诗意的文化内涵，把"红豆"衬衫与相思结合在一起，给人的感觉是"红豆"衬衫的温暖、关怀、相思之情。"红豆"服装正是借"红豆"这一蕴含中国传统文化内涵、情意深厚的品牌"红"起来的。

4．避免雷同，超越时空

品牌要反映独特的文化背景，要与竞争品牌有明显的差别，切忌模仿，照葫芦画瓢。

5．配合风俗，易于接受

品牌要切忌和行销地区的文化相冲突。在产品命名时，要注重研究行销地区的文化，切忌与当地文化发生冲突。这方面失败的例子非常多，如国内生产的马戏扑克（英文为Maxi Puke），在英文中是最大限度呕吐的意思。可以肯定，马戏扑克在讲英语的地方销量不会好。

6.3.4　品牌决策

品牌决策包括品牌化决策、品牌负责人决策、品牌家族决策、品牌质量决策、品牌重新定位决策等内容。

1．品牌化决策

品牌化决策涉及是否使用品牌及品牌是否注册为商标两个基本方面的问题。品牌化虽然会使企业增加成本费用，但品牌作为企业及其产品的形象标识，在营销活动中发挥着重要作用。品牌是企业开展宣传的基础，有助于树立良好的企业及其产品形象，便于企业管理订货，有助于企业细分市场，是购买者获得商品信息的一个重要来源，有助于建立较为巩固的客户群，是保护企业及其产品信誉的重要武器。因此，现代企业一般都有自己的品牌。

2．品牌负责人决策

生产企业决定使用品牌后，还要做出品牌负责人决策，即使用谁的品牌的决策，有如下4种可供选择的方案。

（1）生产者决定使用自己的品牌。生产者自己的品牌也称为制造商品牌、工业品牌、全国性品牌。制造商品牌是品牌中最重要的一种，大多数生产企业都创立自己的品牌，有些生产企业还将自己的专用信誉的品牌、商标转让或特许他人使用，从中获得收益。

（2）生产者决定使用经销商的品牌。经销商的品牌也称为中间商品牌、商业品牌、私人品牌。传统上，品牌是生产者标志，因为产品的质量特性是由生产者决定的。随着市场竞争的发展，越来越多的经销商为了树立自己的形象，充分利用自己的商誉，增强对供货企业的控制，降低进货成本和市场销售价格，提高市场竞争能力，都在着力发展和使用自己的品牌。

（3）生产者决定使用其他制造商的品牌。如果生产企业的市场声誉还没有建立起来，企业的实力较弱，产品的市场占有率较低，为了促进产品销售，提高市场占有率，也可以考虑使用其他制造商的品牌。生产者决定使用其他制造商的品牌，必须经对方允许并签订合同，并向许可人支付一定的费用；生产企业的产品质量要受许可人的监督，要达到许可人规定的要求，否则就会损害许可人品牌的声誉。

（4）生产者决定同时使用自己的品牌和他人的品牌，这种做法也称为双品牌策略，主要应用在生产企业自己的品牌市场影响力较低，希望迅速提高其知名度的情况下。这种策略有助于通过强势品牌的带动，迅速地提高弱势品牌的市场声誉，一旦弱势品牌被市场接受，取得了客户的信任，确立了较好的声誉，就可以逐渐过渡到只使用生产企业自己的品牌了。

3. 品牌家族决策

当生产者决定全部产品或大部分产品都使用自己的品牌后，还要决定这些产品是共同使用一个品牌，还是分别使用不同的品牌，这就是所谓的品牌家族决策问题。可供选择的品牌家族策略主要有如下 5 种。

（1）个别品牌名称策略。个别品牌名称策略指企业决定生产经营的各种不同产品分别使用不同的品牌。当企业的产品品种较多，生产条件、技术专长等在各种产品上又有较大差别时，采用这一策略较为有利。个别品牌名称策略的好处主要在于，由于企业的声誉并不集中在一个品牌上，因此，即使有个别产品声誉不佳倒了牌子，也不会影响到其他产品的声誉。这种策略的缺点主要是品牌业务的工作量较大，相关的费用比较高，创立出名牌声誉需要付出较多的努力和较长的时间。

（2）各大类产品分别使用不同品牌名称的策略。这实际上是个别品牌名称策略的一种演化形式，只是它的着眼点不是各个产品品种而是各个产品大类。当企业生产经营多个不同种类的产品，各产品大类之间的相关性又很低时，宜于采用这种策略。这种策略可以避免不同大类的产品相互混淆，兼有个别品牌名称策略的优点，同时又在一定程度上弥补了个别品牌名称策略的不足。

（3）统一品牌名称策略。统一品牌名称策略指企业决定生产经营的所有产品都统一使用一个品牌名称。当企业现有的品牌在市场上已经获得了一定的信誉，而且所生产经营的各种产品具有相同的质量水平时，就可以采用这一策略。这种策略的好处在于，可以节省品牌业务费用，尤其通过品牌扩展可以节省新产品的宣传和促销费用；有利于消除客户对新产品的不信任感，借助原有品牌的声誉可以使新产品迅速打开销路；有利于壮大企业的声势，树立超级企业和超级品牌的市场形象。

（4）企业名称与个别品牌名称并用的策略。这种策略指企业决定生产经营的各不相同的产品项目或产品大类分别使用不同的品牌名称，同时在各种产品品牌名称的前面加上企业的名称。这种策略实际上是个别品牌名称策略与统一品牌名称策略的一种结合形式，因而它兼有两种品牌名称策略的优点。

（5）多品牌策略。多品牌策略指企业决定对同一种或同一类产品同时使用两种或两种以上的品牌，通过品牌之间的相互竞争促使产品向各个不同的市场部分渗透，使品牌转换者有更大的选择空间而不致流失，促进企业销售总额的增长。这种方法是美国的宝洁公司首创的，取得了很好的效果，引起了其他企业纷纷仿效。

4. 品牌质量决策

品牌质量决策决定了品牌产品的质量水平，可以保持品牌形象及其市场地位。从时间顺序看，品牌质量决策涉及如下两个阶段的工作。

第一阶段，决定品牌的最初质量水平。品牌产品的最初质量水平，可以是低质量品牌、一般质量品牌、高质量品牌或优质量品牌。这里所说的高质量品牌、低质量品牌，只是档次上的一种差异；低质量品牌的产品也必须达到一定的质量标准或质量水平，而不允许是根本没有使用价值的劣质产品。因此，企业在决定品牌最初质量水平时，要同目标市场策略、市场定位策略、市场营销组合策略等方面联系起来。

第二阶段，决定品牌的未来质量水平。企业决定其品牌的最初质量水平后，随着时间的推移还要决定如何管理其品牌质量。在这方面有 3 种可供企业选择的方案：①增加研究与开发投资，提高品牌产品的质量水平，以提高销售量、市场占有率和投资收益率；②除了发现品牌产品质量存在缺陷、市场需求有所改变、竞争形势发生变化等情况之外，品牌的质量水平保持基本不变；③随着时间的推移，逐步降低品牌产品的质量水平。

5. 品牌重新定位决策

企业为品牌进行市场定位，并通过多方努力形成品牌的市场形象和市场地位具有十分重要的意义。

（1）品牌重新定位的原因，一是竞争情况的变化，如竞争者推出一个新品牌，并定位相近于本企业品牌，侵占了本企业品牌的一部分市场，致使本企业品牌的产品市场占有率下降；二是需求情况的变化，如企业目标客户的需求和偏好等发生了变化，他们原来喜欢本企业的品牌，现在喜欢其他企业的品牌了，因而对本企业品牌的产品需求就会减少。

（2）企业在进行品牌重新定位时应注意的问题。品牌重新定位，既要重新确定品牌相对独立的市场形象和市场地位，又需要产品重新定位与市场营销组合中其他因素的配合。在品牌重新定位的距离较近时，企业仍可使用原来的品牌名称和品牌标志，而只改变包装、广告、宣传等；在品牌重新定位的距离较远时，就需要考虑重新确定品牌名称和品牌标志，同时也要对包装、广告、宣传等方面进行相应的调整，以便目标客户识别。

6.4　包装策略

🔊 **关键词语**

包装　包装策略

在现代经济生活中，包装是产品本身一个不可缺少的组成部分，因而包装策略是产品策略中不可忽视的一个重要方面。

📎 **相关链接**

王老吉的包装又出新花样

在 2019 新年来临之际，王老吉请来代言人刘昊然、周冬雨拍摄新年广告，共同开始美好吉祥年。与此同时，也推出了新产品冰凉茶，还宣布升级了瓶身包装设计，把设计的决定权交到了消费者手中。据悉，其私人订制罐身的服务将于 12 月在天猫王老吉官方旗舰店上线。届时，消费者可进入订制购买页面选择文字或图片模板，根据不同的订制需求上传内容。

6.4.1　包装的含义

包装指盛放产品的包装物及其形象，或者指企业设计、制造和包装产品的一系列活动。盛放产品的包装物及其形象是产品质量和形象的重要组成部分，包装在现代商品销售中具有十分重要的作用。

6.4.2　包装的作用

1．保护物品

好的产品包装可以使产品在流通过程中延长产品保存期，易于储运，不致损坏变质，保持产品的使用价值，有效地保证产品的质量。

2．提供方便

好的产品包装可以起到介绍产品、便于使用、指导消费的作用。在产品包装上附加必要的说明，可以使人们了解产品的有关信息，便于选购，同时也可以指导人们正确地进行消费，方便使用。例如，超级市场的自助销售，如果没有良好的包装做保证是很难做到的。

3．促进销售

好的产品包装可以促进销售、提高竞争力。在市场上首先进入客户视觉的往往不是产品本身而是产品包装，能否引起客户的兴趣、触发购买动机在相当大的程度上取决于产品包装的优劣。包装作为"无声的推销员"，在提高产品市场竞争和促进销售中发挥着重要作用。良好的包装能够提高产品的吸引力，包装本身的价值也能引起消费者购买某种产品的动机。

4．增加利润

包装具有增值功能，优秀的包装能抬高产品身价，使产品卖一个好价钱。提高包装吸引力比在产品其他方面努力的代价低，而且效果好。另外，包装的保护功能本身就可以增加利润。

在现代商品销售中，包装的"诱购功能"越来越受到企业重视。有人甚至认为，"无论产品的内容是不是最好的，都要让人们从包装上看起来是最好的"，此种做法虽然有些舍本逐末，但对增加销量有一定的作用。

营销视野

佳沃"枣想核你在一起"情人节礼物

　　将产品的命名和包装与情感和爱情联系起来，这时产品价格的敏感度就会降低，能有效地引起年轻消费者的购买欲望。如图 6-3 所示为佳沃推出的一款新品，是由 9 个核桃和 9 个大枣组合包装的产品。在整个产品包装设计过程中，体现了"早想和你在一起"的寓意，枣和核桃各取 9 个，寓意"长长久久"。整个产品包装的色调以红白为主，清新明了，令人喜欢不已。

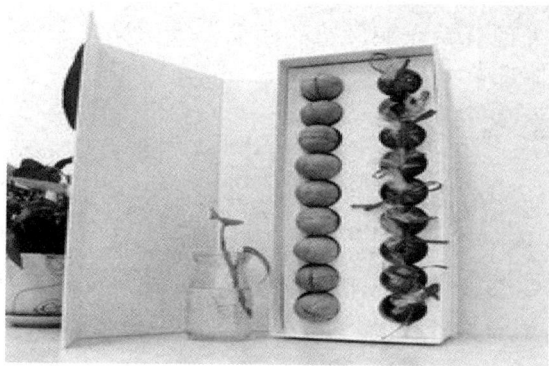

图 6-3　佳沃新品

6.4.3　包装设计原则

　　如图 6-4 所示，产品包装的设计应符合如下原则。

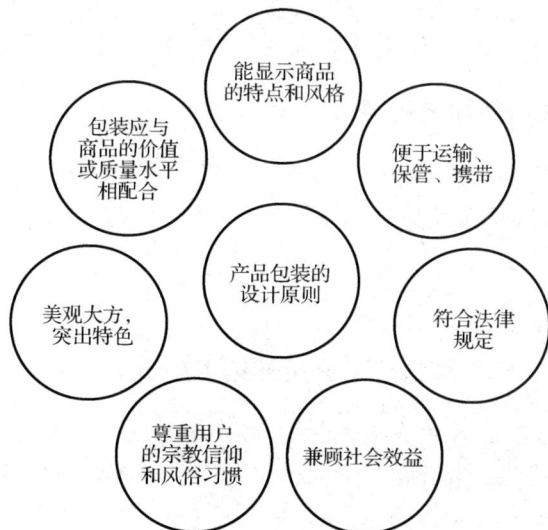

图 6-4　产品包装的设计原则

1. 美观大方，突出特色

造型美观大方，图像生动形象，不落俗套，避免模仿、雷同。尽量采用新材料、新图案、新形状，为求引人注目。

2. 包装应与商品的价值或质量水平相配合

贵重商品和艺术品、化妆品包装要烘托出商品的高雅和艺术性，但包装价值一般不宜超过商品本身价值的 13%～15%。

3. 能显示商品的特点和风格

对于以外形和色彩表现其特点和风格的商品，如服装、装饰品、食物等，应考虑采用透明包装或在包装上附印彩色照片。

4. 便于运输、保管、携带

包装的造型和结构应考虑销售、使用、保管和携带的方便。容易开启的包装结构便于密闭式包装商品的使用；喷射式包装适合于液体、粉末、胶状商品。包装的大小直接影响商品使用时的方便程度，在便于使用的前提下，还要考虑贮存、陈列、携带的方便。

5. 符合法律规定

包装设计首先要严格注意对于消费者权益的保护，尤其不能出现诱导消费者购买的字样；其次，包装设计中要严格遵守商标权和外观设计保护；最后，包装设计过程中，也要重视环境保护法律法规的约束制度。

6. 兼顾社会利益

包装上的文字应能增加客户的信任感并指导消费。产品的性能、使用方法和效果常常不能直观显示，需要用文字进行表达。包装上文字的设计应根据客户心理突出重点。

7. 尊重用户的宗教信仰和风俗习惯

包装装潢的色彩、图案的含义对不同用户而言是不一样的。包装上的文字、图案、色彩等不能和目标市场的风俗习惯、宗教信仰、传统文化发生抵触，以免影响销售。

营销视野

可口可乐公司开拓中东市场

美国可口可乐公司在进入中东市场时，仍采用一贯的红色包装，然而却遭到阿拉伯国家人民的一致反对。后来可口可乐公司经过周密细致的市场调研，才知道红色与伊斯兰教义相违背，犯了忌讳。得知原委后，可口可乐公司马上换了包装，变红颜色为绿颜色，同时又进行了一系列的公关活动，其产品才终于成功地进入了中东市场。

6.4.4 产品包装策略

符合设计要求的包装固然是良好的包装，但良好的包装只有同包装策略结合起来才能发挥应有的作用，可供企业选择的包装策略有以下几种。

1. 类似包装策略

类似包装策略指企业将其生产的各种不同产品，在包装外形上采用相同的图案、近似的色彩及其他共同的特征，使用户极易联想到这是同一家企业生产的产品。

2. 差异包装策略

差异包装策略指企业的各种产品都有自己独特的包装，在设计上采用不同的风格、色调和材料。这种策略能够避免由于某一产品推销失败而影响其他产品的声誉，但也相应地会增加包装设计费用和新产品促销费用。

3. 组合包装策略

组合包装策略指将多种相关的产品配套放在同一包装物内出售，如系列化妆品包装。这种包装可以方便客户购买和使用，有利于新产品的销售。

4. 再使用包装策略

再使用包装策略指企业在进行产品包装时，要注意即使原包装的产品用完后，空的包装容器还可以做其他用途。例如，糖果包装盒还可以用作文具盒等。这种包装策略一方面可以引起用户购买兴趣；另一方面还能使刻有商标的容器发挥广告宣传的作用，吸引客户重复购买。但是，这类包装成本一般较高，包装实际上已成为一种产品。

5. 附赠品包装策略

附赠品包装策略是目前国外市场上比较流行的包装策略，如儿童市场上玩具、糖果等商品附赠连环画等；再如化妆品包装中附有赠券，积累到一定数量，可以得到不同的赠品。

6. 等级包装策略

企业对不同档次、不同等级的产品，采用不同等级的包装，使包装的风格与产品的质量和价值相称。这种策略能显示出产品的特点，易于形成系列化产品，便于消费者选择和购买，但包装设计成本较高。

6.5 产品组合策略

关键词语

产品组合 产品线 产品项目 向上延伸 向下延伸 双向延伸

6.5.1 产品组合

消费者需求是多样化的，而企业并非生产经营的产品种类越多越好，企业必须根据市场需要和自身条件，确定最佳的产品组合。营销人员要利用产品的宽度、长度、深度、关联性等组合要素，对产品组合进行衡量测定，并制定相应的产品组合策略。

1. 产品组合及相关概念

（1）产品组合。产品组合指一个企业提供给市场的全部产品线和产品项目的组合或结构，即企业的业务经营范围。

（2）产品线。产品线也称为产品系列或产品大类，是在技术和结构上密切相关，具有相同或相似的使用功能、客户群体、营销渠道、价格范围等的一组产品。例如，李宁拥有多条运动鞋和服装产品线，浦发银行有多条金融服务产品线。

（3）产品项目。产品项目是产品线中各种不同规格、型号、款式、价格的具体品种。企业产品目录中的每一个具体品种就是一个产品项目。

2. 产品组合的意义

产品组合设计对企业具有十分重要的意义。在产品组合设计中，要遵循两个原则，一是有利于促进销售；二是有利于增加企业的总利润。

（1）加宽产品组合。加宽产品组合指通过增加产品线以扩大经营范围，对增加销售额、挖掘利用企业潜力、提高经济效益、降低环境风险等都有帮助。但增加产品线数量的多样化经营是企业经营工作的大课题，需要企业追加大量投资，并需要必要的资源条件，且具有较大的风险性，所以必须十分慎重。

（2）加深产品线。加深产品线指增加更多的花色、式样、型号等，可以扩大消费者的挑选余地，吸引更多的有不同爱好、要求的客户，有利于企业产品销售。但这又必然会加大营销成本，同时也要受企业资源、技术条件的限制。

（3）增强产品组合的关联度。增强产品组合的关联度，可以提高企业在某一行业的优势、声誉，增强企业竞争力，发挥原有的技术优势和市场优势，也不失为一条稳妥的发展之路。

6.5.2 产品组合的要素

产品组合的要素如图 6-5 所示。

1. 产品组合的宽度

产品组合的宽度指企业的产品线总数。产品线也称产品大类、产品系列，指一组密切相关的产品种类。这里的密切相关可以是使用相同的生产技术，产品有类似的功能，同类的客户群，或同属于一个价格幅度，如对于一个家电生产企业而言，可以有电视机生产线、电冰箱生产线。产品组合的宽度说明了企业的经营范围大小、跨行业经营，甚至实行多角度经营模式。增加产品组合的宽度，可以充分发挥企业的特长，使企业的资源得到充分利用，提高经营效益。此外，多角度经营模式还可以降低风险。

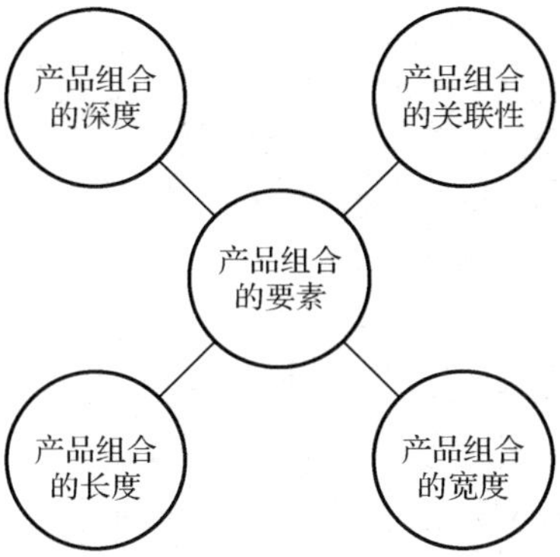

图 6-5 产品组合的要素

2. 产品组合的长度

产品组合的长度指一个企业的产品项目总数。产品项目指列入企业产品线中具有不同规格、型号、式样或价格的最基本产品单位。通常，一个产品线中包括多个产品项目，企业各产品线的产品项目总数就是企业产品组合的长度。

3. 产品组合的深度

产品组合的深度指产品线中每一产品有多少品种。例如，M 牙膏产品线下的产品项目有 3 种，a 牙膏是其中一种，而 a 牙膏有 3 种规格和两种配方，则 a 牙膏的深度为 6。产品组合的长度和深度反映了企业满足各个不同细分子市场的程度。增加产品项目，增加产品的规格、型号、式样、花色，可以迎合不同细分市场消费者的不同需要和爱好，以招徕、吸引更多客户。

4. 产品组合的关联性

产品组合的关联性指一个企业的各产品线在最终用途、生产条件、分销渠道等方面的相关联程度。较高的产品关联性能带来企业的规模效益和企业的范围效益，提高企业在某一地区、行业的声誉。

6.5.3 优化产品组合分析

优化产品组合的过程，通常是分析、评价和调整现行产品组合的过程。产品组合不是静态的，而是动态的组合。企业的内外部条件在不断变化，产品组合也应随之进行调整，如增删一部分产品线及产品种类，使产品组合经常达到合理化、最佳化的状态。为此，必须借助一定的分析方法。这里介绍一种在企业广泛应用的方法——波士顿矩阵分析法。

波士顿矩阵分析法是美国波士顿咨询公司（BCG）在 1960 年为一家造纸公司咨询时，提出的一种投资组合分析方法。该矩阵是用两次衡量标准构成的矩阵，把市场增长率作为战略经营领域的预期衡量标准，把企业的相对市场占有率作为竞争地位的衡量标准。任何一个战略经营领域在未来的市场增长率被估测、相对的市场占有率被计算出的情况下，都能在这一矩阵中标出相应的位置。市场增长率以 10%为界，分高、低两档。相对占有率以 1.0 为界，分为高、低两档。这样，可把企业的全部产品所处的市场地位分为如下 4 种类型，如图 6-6 所示。

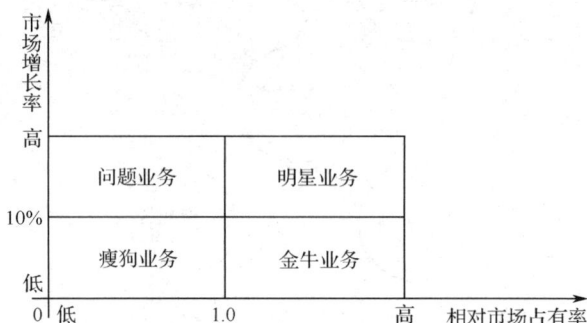

图 6-6　波士顿矩阵分析法

根据有关业务或产品的行业市场增长率和企业相对市场占有率标准，波士顿矩阵可以把企业全部的经营业务定位在如下 4 个区域中。

1. 高增长/低竞争地位的"问题业务"

"问题业务"通常处于最差的现金流量状态。一方面，新创业的企业市场增长率高，需要大量地投资，以支持其生产经营活动；另一方面，其相对市场占有率低，在市场上竞争地位低，能够生成的资金很少。因此，企业对"问题业务"是否进一步投资需要进行分析，判断使其转移到"明星业务"所需要的投资量，并分析其未来能否盈利，从而决定是否值得投资等。

2. 高增长/强竞争地位的"明星业务"

"明星业务"处于迅速增长的市场，相对市场占有率高，具有很大的市场份额，在市场上处于强竞争地位。在企业的全部业务当中，"明星业务"在增长和获利上有着极好的长期机会，但它们是企业资源的主要消费者，需要大量的投资，为保护或扩展"明星业务"在增长的市场竞争中占主导地位，企业应在短期内优先供给它们所需的资源，支持它们继续发展。

3. 低增长/强竞争地位的"金牛业务"

"金牛业务"处于成熟的低速增长的市场之中，相对市场占有率高，市场竞争地位有利，盈利率高，本身不需要投资，反而能为企业提供大量资金，用于支持其他业务的发展。

4. 低增长/弱竞争地位的"瘦狗业务"

"瘦狗业务"处于饱和的低增长率市场当中，相对市场占有率低，处于弱竞争地位。市场竞争激烈，可获利润很低，不能成为企业资金的来源。如果这类经营业务还能自我维持，则应该缩小经营范围，加强内部管理。如果这类业务已经彻底失败，企业应及早采取措施，清理业务或退出经营。

波士顿矩阵分析法指出了每个经营业务在竞争中所处的地位，使企业了解它的作用或任务，从而有选择和集中地运用企业有限的资金。该分析法将企业不同的经营业务综合到一个矩阵中，具有简单明了的效果。

6.5.4　产品组合决策

1．扩大产品组合

扩大产品组合包括开拓产品组合的宽度和加强产品组合的深度，前者指在原产品组合中增加产品线，扩大经营范围；后者指在原有产品线内增加新的产品项目。当企业预测现有产品线的销售额和盈利率在未来可能下降时，就必须考虑在现有产品组合中增加新的产品线，或加强其中有发展潜力的产品线。

2．缩减产品组合

在市场繁荣时期，较长较宽的产品组合会为企业带来更多的盈利机会。但是，在市场不景气或原材料、能源供应紧张时期，缩减产品线反而能使总利润上升，因为剔除了那些获利小甚至亏损的产品线或产品项目，企业可集中力量发展获利多的产品线或产品项目。

3．产品线延伸策略

每一个企业的产品都有特定的市场定位，如美国的"林肯"牌汽车定位在高档市场，"雪佛莱"牌定位在中档汽车市场，而"斑马"牌则定位于低档车市场。产品线延伸策略指全部或部分地改变原有产品的市场定位，具体有向下延伸、向上延伸和双向延伸 3 种实现方式。

（1）向下延伸。向下延伸是在高档产品线中增加低档产品项目。实行这一决策需要具备以下市场条件：利用高档名牌的声誉，吸引购买力水平较低的客户慕名购买此产品线中的廉价产品；高档产品销售增长缓慢，企业的资源设备没有得到充分利用，为赢得更多的客户，将产品线向下伸展；企业最初进入高档产品市场的目的是建立品牌信誉，然后再进入中、低档市场，以扩大市场占有率和销售增长率，补充企业的产品线空白。

实行这种策略也有一定的风险，如处理不当，会影响企业原有产品，特别是名牌产品的市场形象，还必须辅以一套相应的营销组合策略，如对销售系统的重新设置等。所有这些将大大增加企业的营销费用开支。

企业在采取向下延伸策略时，会遇到一些风险：第一，缩减产品的生产规模，品牌形象受到损害；第二，可能迫使竞争者转向高档产品的开发；第三，企业的经销商可能不愿意经营低档产品。

（2）向上延伸。向上延伸是在原有的产品线内增加高档产品种类。实行这一策略的主要目的是高档产品市场具有较大的潜在成长率和较高利润率的吸引；企业的技术设备和营销能力已具备加入高档产品市场的条件；企业要重新进行产品线定位。采用这一策略也要承担一定的风险，要改变产品在客户心目中的地位是相当困难的，处理不当，还会影响原有产品的市场声誉。

企业实施向上延伸策略也要冒一定的风险：第一，可能引起生产高档产品的竞争者进入低档产品市场，进行反攻；第二，原来的客户可能怀疑企业生产高档产品的能力；

第三，企业的销售代理商和经销商可能不具备经营高档产品的能力和条件，企业需培训或物色新的销售代理商和经销商。

（3）双向延伸。双向延伸指原定位于中档产品市场的企业掌握了市场优势之后，向产品线上下两个方向延伸。企业实施双向延伸策略的风险在于：客户如果发现该企业的低档产品同样能满足自己的需要，就会更多地选择产品线的低档产品，造成企业利润下降。

6.6　新产品开发

关键词语

新产品　全新产品　换代产品　改进产品　仿制产品

在激烈的市场竞争中，企业要想立于不败之地，就必须加强科研工作，不断地适应市场的需要，开发出适销对路的新产品。

6.6.1　新产品的含义

什么是新产品？从不同的角度去理解，可以得出不同的概念。市场营销学中所说的新产品可以从市场和企业两个角度来认识。对于市场而言，第一次出现的产品是新产品；对于企业而言，第一次生产销售的产品也是新产品。所以，市场营销学中所讲的新产品同科学技术发展意义上的新产品是不相同的。市场营销学中，新产品的概念指凡是消费者认为是新的，能从中获得新的满足的、可以接受的产品都属于新产品。

6.6.2　新产品的分类

新产品从不同角度或按照不同的标准，有多种分类方法。常见的分类方法有以下几种。

1. 从市场角度和技术角度分类

从市场角度和技术角度，可将新产品分为市场型新产品和技术型新产品两类。

（1）市场型新产品。市场型新产品指产品实体的主体和本质没有什么变化，只改变了色泽、形状、包装、设计装潢等的产品，不需要使用新的技术，其中也包括因营销手段和要求变化而引起消费者"新"感觉的流行产品，如某种酒瓶由圆形改为方形或其他形状，它们刚出现时，也称市场型新产品。

（2）技术型新产品。技术型新产品指由于科学技术的进步和工程技术的突破而产生的新产品。不论是功能还是质量，它与原有的类似功能的产品相比都有了较大的变化，如不断更新换代的手机或电视机，都属于技术型新产品。

2. 按新产品的新颖程度分类

按新产品的新颖程度，可分为全新产品、换代产品、改进产品、仿制产品和重新定位产品，如图 6-7 所示。

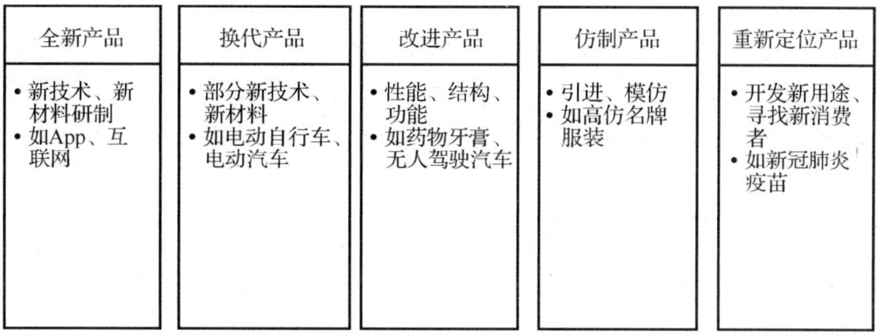

全新产品	换代产品	改进产品	仿制产品	重新定位产品
• 新技术、新材料研制 • 如App、互联网	• 部分新技术、新材料 • 如电动自行车、电动汽车	• 性能、结构、功能 • 如药物牙膏、无人驾驶汽车	• 引进、模仿 • 如高仿名牌服装	• 开发新用途、寻找新消费者 • 如新冠肺炎疫苗

图 6-7 新产品按新颖程度分类

（1）全新产品。全新产品指采用新原理、新材料及新技术制造出来的前所未有的产品。全新产品是应用科学技术新成果的产物，它往往代表科学技术发展史上的一个新突破。它的出现，从研制到大批量生产，往往需要耗费大量的人力、物力和财力，这不是一般企业所能胜任的。因此，全新产品是企业在竞争中取胜的有力武器。

（2）换代产品。换代产品指在原有产品的基础上采用新材料、新工艺制造出的适应新用途、满足新需求的产品。它的开发难度较全新产品小，是企业进行新产品开发的重要形式。

（3）改进产品。改进产品指在材料、构造、性能和包装等某一个方面或几个方面，对市场上现有产品进行改进，以提高质量或实现多样化，满足不同消费者需求的产品。它的开发难度不大，也是企业产品发展经常采用的形式。

（4）仿制产品。仿制产品指对市场上已有的新产品在局部进行改进和创新，但保持基本原理和结构不变而仿制出来的产品。落后国家对先进国家已经投入市场的产品的仿制，有利于填补国家生产空白，提高企业的技术水平。在生产仿制新产品时，一定要注意知识产权的保护问题。

（5）重新定位产品。重新定位新产品指企业的老产品进入新的市场，称为该市场的新产品。这类新产品约占全部新产品的 7% 左右。

6.6.3 新产品开发方式

新产品开发方式包括独立研制开发、技术引进、研制与技术引进相结合、协作研究、合同式新产品开发和购买专利等。

1. 独立研制开发

独立研制开发指企业依靠自己的科研力量开发新产品。它包括 3 种具体的形式：①从基础理论研究开始，经过应用研究和开发研究，最终开发出新产品。一般是技术力量和资金雄厚的企业采用这种方式。②利用已有的基础理论，进行应用研究和开发研究，开发出新产品。③利用现有的基础理论和应用理论的成果进行开发研究，开发出新产品。

2. 技术引进

技术引进指企业通过购买别人的先进技术和研究成果，开发自己的新产品，既可以从国外引进技术，也可以从国内其他地区引进技术。这种方式不仅能节约研制费用，避免研制风险，而且还节约了研制的时间，保证了新产品在技术上的先进性。因此，这种方式被许多开发力量不强的企业所采用，但难以在市场上形成绝对的优势，也难以拥有较高的市场占有率。

3. 研制与技术引进相结合

研制与技术引进相结合指企业在开发新产品时，既利用自己的科研力量研制，又引进先进的技术，并通过对引进技术的消化吸收与企业的自有技术相结合，创造出本企业的新产品。这种方式使研制促进引进技术的消化吸收，使引进技术为研制提供条件，从而可以加快新产品的开发速度。

4. 协作研究

协作研究指企业与企业、企业与科研单位、企业与高等院校之间协作开发新产品。这种方式有利于充分利用社会的科研力量，发挥各方面的长处，有利于把科技成果迅速转化为生产力。

5. 合同式新产品开发

合同式新产品开发指企业雇用社会上的独立研究人员或新产品开发机构，为企业开发新产品。

6. 购买专利

购买专利指企业通过向有关研究部门、开发企业或社会上其他机构购买某种新产品的专利权开发新产品，这种方式可以大大节省新产品开发的时间。

6.6.4 新产品开发流程

开发新产品是一项艰难的工作，不仅需要投入大量资金，而且过程复杂、成功率低，具有很大的风险性。因此，企业的新产品开发应该按照一定的流程进行。新产品开发流程包括寻求创意、甄别创意、形成产品概念、初拟营销规划、营业分析、产品开发、市场试销、批量上市 8 个步骤，如图 6-8 所示。

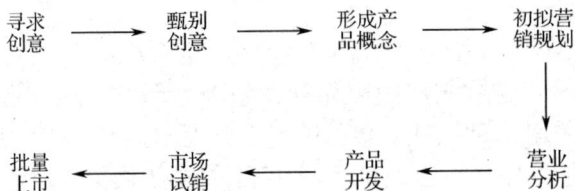

图 6-8 新产品开发流程

1. 寻求创意

创意就是开发新产品的构想。在这个阶段中，企业应注意收集各方面的有关信息。虽然不是所有的设想或创意都可以较变成实际的产品，但寻求尽可能多的创意可为新产品开发提供较多的思路和机会。

新产品创意的来源主要有客户、经销商、科研机构、竞争对手、广告代理商、市场研究公司、有关的报刊媒介、企业内部员工等方面。企业应主要靠激发内部人员的热情来寻求创意，并建立各种激励性制度，对提出创意的职工给予奖励。

2. 甄别创意

甄别创意是对取得的创意加以评估，研究其可行性，并筛选出可行性较高的创意。创意甄别的目的就是淘汰那些不可行或可行性较低的创意，使公司有限的资源集中于成功机会较大的创意上。

在甄别创意时，一般要考虑 3 个因素：一是环境条件，涉及市场的规模与构成、产品的竞争程度与前景、国家的法律与政策规定等方面；二是企业的战略任务、发展目标和长远利益，涉及企业的战略任务、利润目标、销售目标、形象目标等方面；三是企业的开发与实施能力，包括经营管理能力、人力资源、资金能力、技术能力、销售能力等方面。

在甄别创意的过程中，企业要尽量避免"误舍"与"误用"。"误舍"就是将有发展前景、适销对路的新产品构思舍弃；"误用"则是将没有什么发展前景的产品构思付诸实施。这两种失误都会给企业造成重大损失。

3. 形成产品概念

产品创意指企业从自身角度考虑，可能向市场提供的产品构想，是抽象、模糊、未成型的产品构思。经过甄别后保留下来的产品创意，必须经过进一步开发、完善才能形成产品概念。产品概念则是企业从消费者的角度对特定创意所做的详尽描述，是具体化、明确化、已经成型的产品构思。产品形象是消费者对某种现实产品所形成的特定印象。

从产品创意到产品概念，一般要经过两个步骤：第一个步骤是产品设计，任务是将产品创意用文字、图形、模型等明确地表现为产品的几种设计方案；第二个步骤是产品鉴定，任务是结合市场定位对每一个产品的几种设计方案进行认真评价修改，通过产品概念的市场试验了解客户的反应，进一步完善设计方案后加以定形。

4. 初拟营销规划

产品概念形成后，企业的有关人员应该拟定一个新产品的营销规划草案。新产品的营销规划草案由 3 个部分组成：①说明目标市场的规模、结构、行为、新产品的市场定位，未来几年的销售额、市场占有率、利润率等；②略述新产品的计划价格、分销渠道、促销方式，以及第一年的市场营销预算；③阐述新产品的远景发展情况，并提出设想，如长期销售额和利润额目标、产品生命周期不同阶段的营销组合策略等。

5. 营业分析

在这一阶段中，企业应该在营销规划草案的基础上，对新产品未来的销售情况、经营成本和利润率做出进一步的评估，判断其是否符合企业目标的要求，以便决定是否进入新产品的正式开发阶段。

6. 产品开发

通过营业分析后，研究开发部门、工程技术部门就可以进入研究试制阶段，只有通过研究试制阶段，才能把抽象的产品概念转化为实体形态的产品模型或样品。

在产品概念转化为产品模型或样品后，还要对其进行严格的功能试验和消费者试验。功能试验是在实验室和现场进行的，主要测试新产品的功能性与安全性是否能够达到规定的质量标准；消费者试验是把一些样品交给消费者试用，以征求他们对新产品的意见，目的是发现新产品使用中的问题并进行必要的改进。只有通过试验过程，才能真正检验新产品概念在技术上和商业上是否可行。如果不可行，这项新产品的开发工作就要终止，所耗费的资金也将全部付诸东流。

7. 市场试销

试销是企业将新产品与品牌、包装和初步市场营销方案组合起来，然后把新产品小批量投入市场，以检验新产品是否真正受市场欢迎的过程。试销的目的主要有 3 个：①了解消费者和经销商对新产品的反应，如果反应不佳可以停止投产，以减少盲目大批量上市造成的损失；②通过试销收集信息，为下一步的营销活动提供依据，以提高市场营销决策的合理性；③在试销的过程中，可以发现新产品存在的问题，以便进行改进。

8. 批量上市

新产品试销成功后，就可以进入批量生产，全面推向市场了。在这一阶段中，企业将要投入大量的资金，用于生产条件的配置和市场营销的需要，因此，企业必须慎重地进行决策，并全面加强管理工作，以确保新产品经营成功。

本章小结

产品策略是营销组合策略的首要因素，营销的其他策略都是围绕产品策略展开的，产品策略在很大程度上决定着市场的成败。产品是包含若干属性的复合整体，完整意义上的产品既包含了满足消费者需求的有形物质，也包含了一系列无形的服务。任何一个想在市场中取胜的企业，都必须树立产品整体的概念，重视产品质量、包装，建立起品牌营销的意识。

任何一个产品在市场上都有一个进入市场到退出市场的过程，这就是产品生命周期，可将其分为导入、成长、成熟、衰退 4 个阶段。产品在各个阶段的销售、成本、利润等都有所不同。企业必须及时判断其产品所处的生命周期阶段，根据各个阶段不同的特点，制定适宜的营销策略。

研发新产品是企业有力的竞争武器，企业必须充分认识新产品研发的重要意义。新产品研发成功的关键在于进行较好的组织安排，企业在新产品研发的各个阶段，都应做好每一个环节的科学决策，尽可能避免在技术研发和市场开发上的风险，使企业不断涌现活力。

课后拓展

为什么新产品难卖？新产品营销过程中有可能出现如下 3 个阻碍。

企业想要让新产品获得消费者的认可，就要从消费者为何不认可这个关键点入手，探究出背后的根源，才能走出困境。新产品推广有 3 个主要阻碍，即陌生、风险、模糊。品牌方需要有效清除这 3 个阻碍带给新产品的影响，让新产品可以顺利进入消费者的决策范畴。新产品推广是营销推广中的一个难点，但越是挑战越能锻炼人。企业在从零开始建立品牌的过程中，也许能够更加深刻理解消费者、理解营销。破局新产品推广的关键点是找到新产品推广的阻碍，以及消费者不愿意买新产品的原因。只有在这个关键点上统筹考虑，才能将新产品真正带出困局！

课后实训

实训背景与说明：王伟希望自己公司的产品能够被更多人知道，并且希望产品在市场中，具有自己明显的产品特征。因此，他希望同学们能够给他提出意见和建议。请同学们分析一下如何利用所学的知识，助力他业务再上新台阶。

创业初期的创业者与营销工作者都应该清楚，利用好产品策略，尤其是包装策略、品牌策略、新产品开发，这些都将给产品本身增加巨大价值，同时也能够使得企业的知名度大增，对于企业在与同行的竞争中，也将出现关联影响。

实训考核重点：通过本次实训，希望同学们能够将产品生命周期、产品品牌策略、产品包装策略，以及新产品开发的知识融入实训活动中，利用这些知识内容，帮助企业解决所遇到的问题。

实训内容：（1）请针对土豆、西红柿、草莓、蓝莓、芹菜这 5 个优选果蔬零售店正在销售的果蔬产品进行分析，思考如何通过包装策略，提升产品价值和差异化。

（2）将优选果蔬零售店销售的土豆、西红柿、草莓、蓝莓、芹菜与世界知名企业的产品进行对比，分析并思考优选果蔬零售店是否可以借鉴其经验。

实训要求：以上内容完成后，学生以书面形式提交汇总，并做小组汇报。然后在教师指导下，进行小组互评，再由教师进行总结点评。

第7章 价格策略

导入案例

跳一下 2 000 万元，贵吗

2018 年年初，人们发现在微信中新出了个"跳一跳"小游戏。当玩家从一个方盒跳到另一个方盒时，有的方盒上会出现耐克标识。然而，就是这个不起眼儿的小盒子，价格极为昂贵。据业内人士透露，这是耐克公司进行的广告植入，居然花了 2 000 万元的广告费，而且这 2 000 万元仅仅是 3 天的价格。有人感叹，太贵了，真不值！

但是，耐克公司认为：首先，"跳一跳"游戏与耐克鞋产品定位高度一致，会产生非常好的情景联想。游戏玩家除了在耐克鞋盒上可以多得 20 分外，还会联想到耐克的泡棉、高弹、气垫技术，无疑是在潜移默化中提升了耐克的品牌好感度。其次，"跳一跳"游戏受众面极广，以年轻人居多，其他的广告形式无法与之比拟。据统计，"跳一跳"游戏的每小时在线人数就高达 2 800 万人，任何其他形式的广告均无法拥有如此庞大的受众群体。最后，也是最重要的，"第一个吃螃蟹的人"往往会比第二个吸引更多的媒体和公众的关注度，再加上耐克独有的营销策划，"2 000 万元的鞋盒子"迅速在网络和各种媒体上引起强烈反响，获得了空前的关注度。

分析：营销人员应该深刻地体会到，价格是营销组合中唯一能够直接带来和创造收益的因素。价格也是营销组合中最灵活的因素之一，与品牌和产品不同，价格会发生变化。因此，定价和价格调整是许多营销人员面临的难题。那么对于微信"跳一跳"小游戏植入广告的定价，腾讯公司微信团队的工作人员也是在进行了全面的市场分析后推出的。这样的价格，不仅给微信带来了收益，同时也反映出耐克本身的品牌价值。

思考：（1）如果这个广告收费 20 万元，你觉得耐克还会做吗？为什么？

（2）你认为在定价时，要考虑哪些因素？

学习目标

通过本章内容的学习，学生应能理解研究定价策略的重要性，以及企业定价应考虑的因素；熟悉定价目标、定价方法和定价策略的基本内容；掌握产品定价策略及技巧；能熟练识别企业在不同环境条件下的定价目标；面对价格竞争能灵活运用不同的定价策略；掌握企业定价的实践操作要领。

7.1　影响产品定价的因素

关键词语

价格　产品成品　供给　需求　市场竞争

价格决策是营销组合的重要组成部分，也是一个有着若干独特和鲜明特征的组成部分。价格是营销组合中作用最为直接、见效最快的一个，也是唯一一个与企业收入直接相关的营销手段。

在现实的营销活动中，价格概念是实实在在的东西。价格是产品价值的货币表现，且异常活跃，能够根据市场供求状况的变化做出灵活反应。企业利润的大小不仅取决于价格与价值的背离程度，而且取决于多种因素。

7.1.1　产品成本

产品成本是由产品在生产过程和流通过程中所花费的物质消耗和支付的劳动报酬形成的。在实际营销活动中，产品定价的基础因素就是产品的成本，因为产品价值凝结了产品内在的社会必要劳动量。但这种劳动量是一种理论上的推断，企业在实际工作中无法计算。作为产品价值的主要组成部分——产品成本，企业对此则可以相当精确地计算出来。一般而言，企业定价中使用比较多的成本类别有以下 5 种。

1. 总成本（TC）

总成本指企业生产一定数量的某种产品所发生的成本总额，是总固定成本（TFC）和总可变成本（TVC）之和。

2. 总固定成本（TFC）

总固定成本又称间接成本总额，指一定时期内产品固定投入的总和，如厂房费用、机器折旧费、一般管理费用、生产者工资等。在一定的生产规模内，产品固定投入的总量是不变的，只要建立了生产单位，不管企业是否生产、生产多少，总固定成本都是必须支付的。

3. 总变动成本（TVC）

总变动成本又称直接成本总额，指一定时期内产品可变投入成本的总和，如原材料、辅助材料、燃料和动力、计件工资支出等。总变动成本一般随产量增减而按比例增减，产量越大，总变动成本也越大。

4. 单位成本（AC）

单位成本是单个产品的生产费用总和，是总成本（TC）除以产量（Q）所得之商。同样，单位成本也可分为单位变动成本（AVC）和单位固定成本（AFC）。单位变动成本是发生在一个产品上的直接成本，与产量变化的关系不大。而单位固定成本作为间接分摊的成本，在一定时期内，其与产量是成反比的。产量越大，单位产品中所包括的固定成本就越小；反之则越大。

5. 边际成本（MC）

边际成本是增加一个单位产量所支付的追加成本，是增加单位产品的总成本增量。边际成本常和边际收入（MR）配合使用，边际收入指企业多售出单位产品得到的追加收入，是销售总收入的增量。边际收入减去边际成本后的余额称为边际贡献（MD），边际贡献为正值时，表示增收大于增支，且增产对企业增加利润或减少亏损是有贡献的；反之则不是。

7.1.2 市场供求

1. 供求规律

供求规律是商品经济的内在规律，市场供求的变动与产品价格的变动是相互影响、相互确定的。

（1）价格与需求。需求是有购买欲望和购买能力的需要。影响需求的因素有很多。价格与需求量呈反方向变化。反映这种关系的直线称为需求线（见图7-1）。

（2）价格与供给。价格与需求量关系的法则也适用于供给，只是价格与供给量的变化方向相同。价格与供应量呈同方向变化，能够反映这种关系的直线称为供给线（见图7-2）。

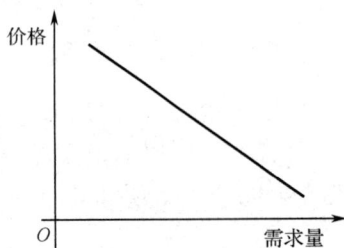

图 7-1　需求线

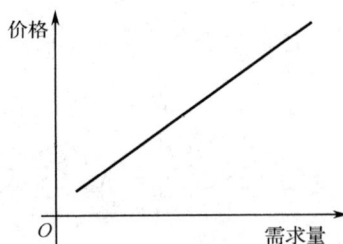

图 7-2　供给线

（3）供求关系与均衡价格。受价格影响，需求与供应的变化方向是相反的，在市场竞争的条件下，供给与需求都要求对方与之相适应，即供需平衡，这一个平衡点只能稳定在供求二条直线的交点上。当市场价格偏高时，购买者就会减少购买量，使需求量下降。而生产者则会因高价的吸引而增加供应量，使市场出现供大于求的状况，产品发生积压，出售者之间竞争加剧，其结果必然迫使价格下降；当市场价格偏低时，低价会导致购买量的增加，但生产者会因价低利薄而减少供给量，使市场出现供小于求的状况，购买者之间竞争加剧，又会使价格上涨。

供给与需求变化的结果，迫使价格趋向供求两线的交点。这个由供给线和需求线形成的交点 M，表示市场供需处于平衡状态，称为市场平衡点。市场平衡点所表示的价格，即价格轴上的 P' 点，是市场供求平衡时的价格，称为供求双方都能接受的"均衡价格"。市场平衡点所表示的数量，即数量轴上的 Q' 点，是市场供需平衡时的数量，称为供求双方都能够实现成交的"供求平衡量"（见图 7-3）。

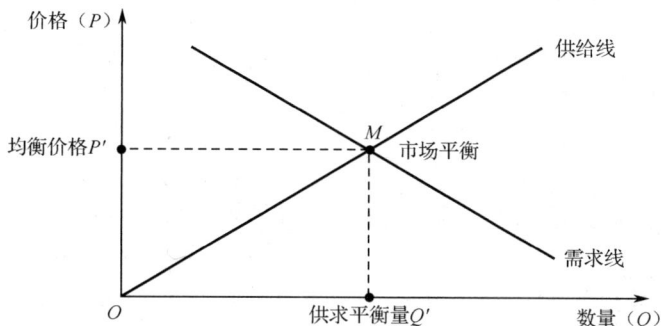

图 7-3　供求线变动趋势

均衡价格是相对稳定的价格。由于市场情况的复杂性和多样性，供求之间的平衡只是相对的、有条件的，不平衡则是绝对的、经常性的。在商品经济条件下，供求影响价格，价格调节供求运行的方式，是商品价值规律和供求规律的必然要求。

2. 需求弹性

需求弹性是因价格和收入等因素而引起的需求的相应变动率，一般分为需求的收入弹性、价格弹性和交叉弹性，对于理解市场价格的形成和制定价格具有重要意义。

（1）需求收入弹性。需求收入弹性指因收入变动而引起需求相应的变动率。需求收入弹性大的商品，一般包括耐用消费品、高档食品、娱乐支出等。在消费者货币收入增加时，会导致对这类商品需求量的大幅度增加。

需求收入弹性小的商品，一般包括生活的必需品。在消费者货币收入增加时，会导致对这类商品需求量的增加幅度比较小。

需求收入弹性为负值的商品，意味着消费者货币收入的增加将导致该商品需求量的下降。例如，一些低档食品、低档服装等。

（2）需求价格弹性。需求价格弹性指因价格变动而引起需求相应的变动率。需求价格弹性反映需求变动对价格变动的敏感程度，用弹性系数 E 表示。该系数是需求量变化的百分比与价格变化的百分比的比值。不同商品具有不同的需求弹性，定价时应该考虑需求弹性的作用，从其弹性强弱的角度制定企业的价格决策。

① $E=1$。反映需求量与价格等比例变化。对于这类商品，价格的上升（下降）会引起需求量等比例的减少（增加），也就是说，价格的变动与需求量的变动是相适应的。因此，价格变动对销售收入影响不大。在定价时，可选择实现预期盈利率的价格或选择通行的市场价格，同时把其他市场营销策略作为提高盈利率的手段。

② $E>1$。反映需求量的相应变化大于价格自身变动。对于这类商品，价格上升（下降）会引起需求量较大幅度地减少（增加），称为需求价格弹性大或富于弹性的需求。在定价时，应通过降低价格、薄利多销达到增加盈利的目的。反之，在提价时，务求谨慎以防需求量发生锐减，影响企业收入。

③ $E<1$。反映需求量的相应变化小于价格自身变动。对于这类商品，价格的上升（下降）仅会引起需求量较小程度地减少（增加），称为需求价格弹性小或缺乏弹性的需求。在定价时，较高水平价格的往往会增加盈利，低价会对需求量刺激效果不大，薄利不能多销，反而会降低收入水平。

（3）需求交叉弹性。需求交叉弹性指具有互补或替代关系的某种商品价格的变动，引起与其相关的商品需求相应发生变动的程度。

商品之间存在着相关性，一种商品价格的变动往往会影响其他商品销售量的变化。这种相关性主要有两种，一是商品之间互为补充，组合在一起共同满足消费者某种需要的互补关系；二是商品之间由于使用价值相同或相似而可以相互替代或部分替代的替代关系。

一般而言，在消费者实际收入不变的情况下，具有替代关系的商品之间，某个商品价格的变化将使其关联商品的需求量出现相应的变动（一般是同方向的变动）；具有互补关系的商品之间，当某商品价格发生变动，其关联商品的需求量会同该商品的需求量发生相一致的变化。

7.1.3　市场竞争

对于竞争激烈的商品，价格是一种重要的竞争手段。企业必须了解竞争者所提供的商品质量和价格，考虑施行比竞争对手更为有利的定价策略，这样才能获胜。市场竞争一般有以下 4 种情况。

1．完全竞争市场

在完全竞争的市场条件下，企业的数量多而规模小，彼此生产或经营的商品是相同的，每个企业生产量对市场上商品的总供应量关系不大，所以对这种商品市场价格的影响也不大。买卖双方的交易都只占市场份额的一小部分，任何个别的卖主或买主都不能形成市场的控制力量。企业不能用增加或减少产量的办法影响商品的价格，也没有一个企业可以根据自己的愿望和要求提高价格。在这种情况下，买卖双方都只能接受由市场需求和市场供给共同决定的现行价格。

在完全竞争的市场条件下，由于买主对市场信息完全了解，如果某个企业试图以高于现行市场价格出售商品，客户就会转向其他的卖主。企业也没有必要以低于市场价格的价格出售商品，因为他们按照现行市场价格就能卖掉所有的商品。在完全竞争的市场条件下，交易的商品种类是同样的，新老企业的进出，以及生产要素和资源的流动是完全自由的，所有实际的或潜在的买卖双方，都能掌握市场知识和了解市场信息。因此，个别企业只能是市场价格的接受者，而不是价格的制定者。事实上，这种完全竞争的市场条件几乎不存在。

2. 垄断竞争市场

在垄断性竞争的市场条件下，有许多企业和买主，但是各个企业提供的商品或劳务是有差异的。有些是商品实质上的差异，有些是购买者受促销手段影响而在心理上感觉的商品差异。在这种情况下，存在着商品质量、销售渠道、促销活动的竞争。企业根据其"差异"的优势，可以部分地通过变动价格的方法寻求较高的利润。

垄断性竞争是一种介于完全竞争和纯粹垄断之间的竞争状态，既有垄断倾向，同时又有竞争成分，所以也可称垄断竞争。在不完全竞争的市场条件下，企业已经不是消极的价格接受者，而是强有力的价格决定者。

3. 寡头竞争市场

在寡头竞争的市场条件下，市场上只有少数几家企业控制价格，它们之间相互依存和影响的关系，是竞争和垄断的混合产物。由于少数企业共同占有大部分的市场份额，它们有能力控制和影响市场价格，其他企业要求进入这一市场会受到种种阻碍。但是这几个企业也不能随意改变价格，只能相互依存。任何一家企业的活动都会导致其他几家企业迅速有力的反应而难独自奏效。所以，在寡头垄断的情况下，彼此价格接近，企业的成本意识强。

寡头竞争的形式有两种，一是完全寡头竞争，也称为无区别的寡头竞争。这种竞争状态下，由于寡头企业的产品都是同质的（如钢铁、石油等），客户对这种产品并无偏好。每个寡头企业都时刻警惕着其竞争对手的战略和行动，不会轻易地变动价格，所以整个行业的市场价格比较稳定，彼此间激烈的竞争往往表现在广告宣传、促销等方面的努力；二是不完全寡头竞争，也称为差异性寡头竞争。这种竞争状态下，由于寡头企业的产品都有某些差异（如电脑、汽车等），用户认为这些企业的产品是不能互相替代的。每一个寡头企业都努力使自己的产品变成客户偏爱的品牌，这样就可以将此产品的价格定得比较高，从而增加盈利。

4. 完全垄断市场

在完全垄断的市场条件下，一个行业中的某种产品或劳务只是独家经营，没有竞争对手，通常有政府垄断和私人垄断之分。这种垄断一般有特定条件，如垄断企业可能拥有专利权、专营权或特别许可等。由于垄断企业控制了进入这个市场的种种障碍，所以能完全控制价格，但是不同类型的完全垄断定价是不同的。

（1）政府垄断。政府垄断可能有多种定价目标下的价格表现，例如，一些和人民生活密切相关的商品，在大多数购买者的财力受到限制的情况下，价格就会定在与成本相等的水平，甚至低于成本线；有的商品的价格则可能定得非常高，这是为了使消费量降下来，达到相对限制的目的。

（2）私有限制性垄断。政府对私有垄断企业的定价加以调节和控制，如美国政府允许私有垄断企业制定其能取得适当收益水平的价格，从而使其能维持和扩大正常生产。

（3）私有非限制性垄断。政府允许私有企业依照市场情况自由定价。在这种情况下，垄断企业也不敢随意提价，因为怕触犯反托拉斯法，引起竞争，或者想吸引消费者，往往用低价加速市场渗透。

在现实的市场营销活动中，除了产品成本、市场供求、竞争状况以外，市场营销组合中的其他变数：产品策略、渠道策略、促销策略，以及政府的经济政策，企业本身的生产能力、财务能力等都会对企业的定价策略产生不同程度的影响。因此，必须在商品价值的基础上，认真研究影响定价的各方面因素，才能制定出保证营销目标得以实现的合理价格。

7.1.4　政策法规

由于价格涉及供应商、销售商和广大消费者的利益，同时也会对宏观经济发展产生重要影响，所以，有时政府部门会对一些商品的价格实行政策干预。在这种情况下，政策法规就会成为企业定价的依据之一。

例如，在一些重要农产品（如粮食）供大于求的情况下，为了防止价格急剧下跌，导致"谷贱伤农"，政府就会制定最低限价，以保护农产品生产者的利益。因为对于生产周期较长，而对国计民生又至关重要的农产品而言，若因价格过低而使再生产无法进行，带来的后果将会十分严重。

而对于一些消费者必需的日常生活用品，若因一时供不应求，或处于垄断状态，在价格不断攀升的情况下，政府就可能会推出最高限价，以保护消费者的利益，使消费者的基本生活需要得到满足。

有时政府部门也会对一些商品提出参考性指导价格，以设法引导生产与需求，对市场起到一定的调节作用。

7.1.5　心理因素

消费者的心理是影响企业定价的一个重要因素。无论哪种消费者，在消费过程中，必然会产生复杂的心理活动，指导自己的消费行为。面对不太熟悉的商品，消费者常常从价格上判断商品的好坏，认为高价高质。在大多数情况下，市场需求与价格呈反向关系，即价格升高，市场需求降低；价格降低，市场需求增加。但在某些情况下，由于受消费者心理的影响，会出现完全相反的反应。如"非典"初发期，白醋、板蓝根等商品的大幅涨价反而引起了人们的抢购。因此，在研究消费者心理对定价的影响时，要持谨慎态度，要仔细了解消费者心理及其变化规律。

因此，企业在制定商品价格时，不仅应迎合不同消费者的心理，还应影响消费者的心理，使其消费行为向有利于自己营销的方向转化。同时，要主动积极地考虑消费者的长远利益和社会整体利益。

7.2 产品定价的方法

关键词语

成本导向定价 需求导向定价 认知价值定价 竞争导向定价

在实际工作中,企业的定价方法很多,通常情况下,定价方法的具体运用不受定价目标的直接制约。不同企业、不同市场竞争能力的企业,以及不同营销环境中的企业所采用的定价方法是不同的,就是在同一类定价方法中,不同企业选择的价格计算方法也会有所不同。因此,从价格制定的不同依据出发,可以把定价方法分为 3 大类,即成本导向定价法、需求导向定价法和竞争导向定价法。

7.2.1 成本导向定价法

成本导向定价法即以营销产品的成本为主要依据,综合考虑其他因素制定价格的方法。由于营销产品的成本形态不同,以及在成本基础上核算利润的方法不同,成本导向定价会有以下几种具体形式。

1. 成本加成定价法

成本加成定价法是一种最简单的定价方法,就是在单位产品成本的基础上,加上预期的利润额作为产品的销售价格。售价与成本之间的差额即利润。由于利润的多少是有一定比例的,这种比例人们习惯上称为"几成",所以这种方法就称为成本加成定价法。采用这种定价方式,必须做好两项工作,一是准确核算成本,一般以平均成本为准;二是根据产品的市场需求弹性及不同产品,确定恰当的利润百分比(成数)。因此,如果企业的营销产品组合比较复杂,具体产品平均成本不易准确核算,或者企业缺乏一定的市场控制能力,该方法就不宜采用。

成本加成定价法在实际运用中,又分为如下两种情况。

(1)总成本加成定价法。总成本是企业在生产产品时花费的全部成本,包括固定成本和变动成本两部分。在单位产品总成本上加一定比例的利润,就是单位产品的价格。

(2)变动成本加成定价法。变动成本加成定价法也称边际贡献定价法,即在定价时只计算变动成本,而不计算固定成本,在变动成本的基础上加上预期的边际贡献。由于边际贡献会小于、等于或大于变动成本,所以企业就会出现盈利、保本和亏损 3 种情况。

变动成本加成定价法一般在卖主竞争激烈时采用。因为这时如果采取总成本加成定价法,必然会因为价格太高影响销售,出现产品积压。采用变动成本加成定价法,一般价格要低于总成本加成法,所以容易迅速扩大市场。这种定价方法,在产品必须降价出售时特别重要,因为只要售价不低于变动成本,说明生产可以维持;如果售价低于变动成本,生产越多亏本就越多。

2．目标利润定价法

企业根据目标利润的原则，首先确定一个目标利润，然后加上总成本，再除以预期总产量，就能得出销售单价，公式为

$$销售单价 = （总成本 + 目标利润） \div 预期总产量$$

当然，目标利润定价的前提是产品的市场潜力很大，需求的价格弹性不大，按目标利润确定的价格肯定能被市场接受。

7.2.2 需求导向定价法

需求导向定价法即以产品或服务的社会需求状态为主要依据，综合考虑企业的营销成本和市场竞争状态，制定或调整营销价格的方法。由于与社会需求有联系的因素很多，如消费习惯、收入水平、产品或服务项目的需求价格弹性等，企业对这些因素的重视程度不一，于是形成了以下 3 种具体的需求导向定价法。

1．认知价值定价法

认知价值定价法是根据消费者对产品的认知价值制定价格。在现实生活中，某些创新型产品，由于消费者对此缺乏比较的对象，一时对产品捉摸不透。即使企业的利润很低，消费者也可能会认为定价太高；有时目标利润高，消费者却可能认为价格便宜。这里就有一个消费者对产品认知价值的问题。认知价值定价法实际上是企业利用市场营销组合中的非价格变数，如产品质量、服务、广告宣传等影响消费者，使他们对产品的功能、质量、档次有一个大致的定位，然后定价。如某企业开发的产品是高质量、豪华型、全面服务的高位产品，只要经过促销宣传使消费者理解到这是一种高消费的产品，企业即使定价定得很高，还是能吸引那些对此有认知的消费者。当然利用这种定价方法，必须正确估计消费者的认知价值，估计过高或过低对企业都是不利的。

2．反向定价法

反向定价法又称价格倒推法，是以市场需求为出发点，以购买者能够接受的最终价格为基础，在计算经营成本与利润后，倒推产品的批发价格或零售价格。

3．需求差异定价法

需求差异定价法是企业根据销售对象、销售条件、销售情景的不同，而对同一产品制定不同价格的定价方法。这种需求差异可以是"因地点不同而差异定价"，例如，同样一瓶可口可乐在地摊上、在超市里、在五星级酒店，它的定价是不一样的，消费者也是接受这个差异的；也可以是"因时间不同而差异定价"，例如，同一产品在淡季和旺季的时候定价不同；还可以是"因客户不同而差别定价"，如会员制下的会员与非会员的价格差别、学生、教师、军人与其他客户的价格差别、新老客户的价格差别、旅游景点针对外地和本地游客的价格差异等。企业可以根据不同的消费者群的购买能力、购买目的、购买用途的不同，制定不同的价格，并得到客户的认可。

🔍 **营销视野**

趣味式的差别定价

现在流行的搞笑视频，描述的是"收别人停车费是 10 元，但是收你 100 元，原因是按颜值收费，颜值高就收费高"。结果，你高高兴兴地交了 100 元。这当然是一段搞笑的内容，不过也说出了差别定价的本质，只要是能得到客户的认可，差别定价是完全可行的。

7.2.3　竞争导向定价法

竞争导向定价法即以同类产品或服务的市场供应竞争状态为依据，根据竞争状况确定是否参与竞争的定价方法。在现代市场营销活动中，竞争导向定价法已被企业广泛采用。

1. 通行价格定价法

通行价格定价法是以行业的平均价格水平，或竞争对手的价格为基础制定价格的方法，也称随行就市定价法。

在有许多同行相互竞争的情况下，每个企业都经营着类似的产品，价格高于别人，就可能失去大量销售额，从而造成利润的降低。而这样做又可能迫使竞争者随之降低价格，从而失去价格优势。因此，在现实的营销活动中，由于"平均价格水平"在人们观念中常被认为是合理价格，易为消费者接受，而且也能保证企业获得与竞争对手相对一致的利润，因此使许多企业倾向与竞争者价格保持一致。尤其是在少数实力雄厚的企业控制市场的情况下，对于大多数中小企业而言，由于其市场竞争能力有限，更不愿与生产经营同类产品的大企业发生"面对面"的价格竞争，而是靠价格尾随，根据大企业的产销价确定自己的实际价格。

2. 竞争价格定价法

与通行价格定价法相反，竞争价格定价法是一种主动竞争的定价方法。一般为实力雄厚或独具产品特色的企业所采用。其定价步骤是：①将市场上竞争产品价格与企业估算价格进行比较，分为高于、低于、一致 3 个层次；②将企业产品的性能、质量、成本、式样、产量与竞争企业进行比较，分析造成价格差异的原因；③根据以上综合指标确定本企业产品的特色、优势及市场定位。在此基础上，按定价所要达到的目标，确定产品价格；④跟踪竞争产品的价格变化，及时分析原因，相应调整本企业的价格。

前面介绍了一些定价方法供企业在实际营销活动中选择采用。每一种定价方法不仅有各自的特点和要求，而且能够相互补充。所以，企业要全面考虑成本、需求及竞争状况而组合使用。

7.3　产品价格的策略

关键词语

撤脂价格策略　渗透价格策略　差别定价策略　招徕定价策略

制定价格不仅是一门科学，而且需有一套策略和技巧。定价方法着重确定产品的基础价格，定价技巧则着重根据市场的具体情况，从定价目标出发，运用价格手段，使其适应市场的不同情况，从而实现企业的营销目标。

7.3.1　新产品价格策略

企业新产品能否在市场上站住脚，并给企业带来预期效益，定价因素起着十分重要的作用。因此，企业必须研究新产品的价格策略。

（1）撤脂价格策略。撤脂价格策略是一种高价格策略，即在新产品上市初始，价格定得高，以便在较短时间内获得最大利润。这种价格策略因与从牛奶中撤取油脂相似而得名，由此制定的价格称为撤脂价格。

撤脂价格策略不仅能在短期内获得较大利润，而且可以在竞争加剧时采取降价手段，这样一方面可以限制竞争者的加入；另一方面也符合消费者对待价格由高到低的心理。但是，使用此法时，由于价格大大高于产品价值，当新产品尚未在消费者心目中建立声誉时，不利于打开市场，有时甚至无人问津。同时，如果高价投放形成旺销，很易于引起众多竞争者涌入，从而造成价格急降，使经营者好景不长而被迫停产。因此，作为一种短期的价格策略，撤脂价格策略适用于具有独特的技术、不易仿制、有专利保护、生产能力不太可能迅速扩大等特点的新产品，同时市场上要存在高消费或时尚性需求。

相关链接

哈根达斯的撤脂定价

哈根达斯是风靡全球的品牌，1921 年由鲁木·马特斯创建于纽约。哈根达斯采用纯天然材料，不含有任何色素防腐剂等。纽约杂志里曾赋予哈根达斯"冰激凌中的劳斯莱斯"美名，到现在，全世界的人都知道哈根达斯，已成为高档冰激凌的标志。哈根达斯采用撤脂定价，由于哈根达斯总的运营成本很高，他要不断地宣传他的原料来源的全球化，以及把他的专卖店布置得很浪漫，给人恋爱感觉，是为了向消费者表明产品的高品质高追求。此外，哈根达斯暂时没有竞争对手推出同样的产品，本企业的产品具有明显的差别化优势。

（2）渗透价格策略。渗透价格策略是一种低价格策略，即在新产品投入市场时，以较低的价格吸引消费者，从而很快打开市场。这种价格策略就像倒入泥土的水一样，从缝隙里很快渗透到底，由此而制定的价格叫渗透价格。

渗透价格策略由于价格较低，一方面能迅速打开产品销路，扩大销售量，从多销中增加利润；另一方面能阻止竞争对手介入，有利于控制市场。不足之处是投资回收期较长，如果产品不能迅速打开市场，或遇到强有力的竞争对手时，会给企业造成重大损失。

因此，作为一种长期价格策略，渗透价格策略通常适用于能尽快大批量生产、特点不突出、易仿制、技术简单的新产品。例如，小米手机推出的口号"为发烧而生"就是渗透价格策略的一种表现形式。

（3）满意价格策略。满意价格策略是一种折中价格策略，它吸取上述两种定价策略的长处，采取比撇脂价格低，比渗透价格高的适中价格。既能保证企业获得一定的初期利润，又能为消费者所接受。由此而制定的价格称为满意价格，也称"温和价格"或"君子价格"。

7.3.2　相关产品价格策略

相关产品具有销售上的相互关联性，生产经营多种产品的企业就可能利用这种关联性制定价格。

（1）替代产品价格策略。替代产品是基本用途相同的产品。替代产品价格策略指营销企业有意识地安排本企业生产替代性产品，用以实现某种营销目标。具有替代关系的产品，能够降低替代产品的价格，不仅会使替代产品的销售量增加，而且会同时降低被替代产品的销售量。例如，一个企业生产不同型号的汽车、不同型号的电冰箱、不同型号的照相机就属这种情况。

企业可以利用这种效应调整产品结构。如企业为了把需求转移到某些产品上去，可以提高那些准备淘汰的产品价格，或者用相对价格诱导需求，以牺牲某一品种，稳定和发展另一些品种；企业也可以利用这种效应，提高某一知名产品的价格，突出它的豪华、高档，创造一种声望，从而利用其在消费者心目中的良好形象，增加其他型号产品的销售量。

（2）互补产品价格策略。互补产品是需要配套使用的产品。互补产品价格策略指利用价格对消费连带品市场需求的调节、诱导功能，运用一定的定价技巧，使营销目标的实现由一个"点"扩展到一个"面"。具有互补关系的产品很多，如剃须刀与刀架、照相机与胶卷、圆珠笔与笔芯、旅游活动中的食与宿等。在互补关系中，通常存在起主导作用的内容，如照相机是主件，胶卷是附件。在旅游活动中，观光是主要目的，食与宿是辅助消费项目。互补产品价格策略就是降低连带消费关系中起主导作用的产品或服务项目的价格，以促进系列产品的销售。

（3）一揽子价格策略。一揽子价格策略是把相关产品进行搭配销售定价的策略，通常有两种方法，①分级定价策略，指把企业的产品分成几个价格档次，而不是提供过多价格种类的策略。例如，服装厂可以把自己的产品按大、中、小号分级定价，也可以按大众型、折中型、时髦型划分定价。这种明显的等级，便于满足不同的消费需要，还能简化企业的计划、订货、会计、库存、推销工作。关键是分级要符合目标市场的需要，级差不能过大或过小，否则都起不到应有的效果。②配套定价策略，指把有关的多种产品，搭配好后，一起卖出，如多件家具的组合、礼品组合、化妆品组合等。成套的定价，多种产品有赔有赚，但总体上应能保证企业盈利，而且能使消费者感到比单独购买便宜、方便，从而促进销售。

7.3.3 差别定价策略

差别定价策略指同一个产品，在不同的情况下，采取差别的定价策略，可以是地点的差别，或不同的地点不同定价；也可以是时间的差别，很多产品在一年当中、不同的季节当中、一天当中定价都会有所不同。例如，很多餐厅的自助餐、午餐和晚餐，某种食物完全一样，但是价格却不同，午餐要略微便宜；也可以是客户的差别，包括新老客户、大小客户等；还可以是产品形式的差别，如农夫山泉的包装不同，产品的定价也会有所不同。

📎 **相关链接**

差别电价

根据国家产业政策，按照能耗、物耗、环保、技术装备水平等，对 6 个高耗能行业限制类和淘汰类的用电，执行相对较高的销售电价。差别电价是政府倡导、电力行业试行的电力营销策略。差别电价作为我国电网公司试行的一种电力商品营销策略，符合经济学的一般规律和国家的产业政策，有助于国家的产业结构调整，有助于电力行业和高耗能产业的技术进步，可在一定程度上降低经济发展对资源、环境的压力，对我国社会福利有正面影响。差别电价的有效实施，已成为政府宏观调控的重要手段。

7.3.4 折扣价格策略

折扣价格策略是一种在交易过程中，把一部分利润转让给购买者，以争取更多客户的价格策略。

（1）现金折扣。现金折扣也称付款期限折扣，即对现款交易或按期付款的客户给予价格折扣。买方如果在卖方规定的付款期以前若干天内付款，卖方就给予一定的折扣。目的是鼓励买方提前付款，以尽快收回贷款，加速资金周转。

（2）数量折扣。数量折扣是卖方为了鼓励买方大量购买，或集中购买其产品，根据购买者所购买的数量给予一定的折扣。累计数量折扣是规定在一定时期内，购买总数超过一定数额时，按总量给予一定的折扣；非累计数量折扣是规定客户每次购买达到一定数量，或购买多种产品达到一定的金额时，给予价格折扣。

（3）业务折扣。业务折扣也称功能性折扣，即厂商根据各类中间商在市场营销中担负的不同职能，给予不同的价格折扣。

7.3.5　心理定价策略

心理定价策略是运用心理学原理，根据不同类型的客户购买商品的心理动机制定价格，引导客户购买的价格策略。

（1）尾数定价策略。尾数定价策略也称非整数定价策略，即给产品定一个以零头数结尾的非整数价格。消费者一般认为整数定价是概括性定价、定价不准确，而尾数定价可使客户看到减少了一位数，从而产生这是经过精确计算的最低价格的心理。同时，客户会觉得企业定价认真、一丝不苟，甚至连一些高价商品感觉也不太贵了。

（2）整数定价策略，指企业在定价时，采用合零凑整的方法制定整数价格，这也是针对客户心理状态而采取的定价策略，如把一套西装的价格定在 500 元而非 499 元。因为现代商品太复杂，在许多交易中，客户只能利用价格辨别商品的质量，特别是一些名店、名牌商品，或客户不太了解的商品，整数价格反而会提高商品的"身价"，使客户有一种"一分钱、一分货"的想法，从而利于商品的销售。

（3）声望定价策略，指针对消费者"价高质必优"的心理，对在客户心目中有信誉的商品制定较高价格。价格档次常被看成是商品质量最直观的反映，特别是客户在识别名优商品时，这种心理意识尤为强烈。因此，高价与性能优良，独具特色的名牌商品比较协调，更易显示商品特色，增强商品吸引力，产生扩大销售的积极效果。当然，运用这种策略必须慎重，绝不是一般商品可采用的。

（4）招徕定价策略。商品定价低于一般市价，客户总是感兴趣的，这是一种"求廉"心理。有的企业就利用客户这种心理，有意把几种商品的价格定得很低，以此吸引客户上门，借机扩大连带销售，打开销路。

采用这种策略，光靠几种"特价品"的销售，企业不会赚钱，甚至会亏本，但对增加企业总的经济效益还是有利的。

综上所述，市场上具体的营销价格是变化多端的，最易使人"捉摸不定"。因此，企业必须非常重视价格手段的运用。但企业在制定价格时，也要注意与其他非价格竞争手段协调配合。单纯的价格竞争，可能会引发企业间的价格战，使企业形象受损。而对于现实中的市场营销活动而言，价格只是吸引客户的因素之一。

7.4　价格调整

虽然在营销组合中，其他要素的重要程度在日益提高，但价格决策的重要性却并未因此而下降。如何协调客户需要与企业发展之间的关系，科学地进行价格决策，仍是所有企业家都必须面对且必须处理好的问题。价格是产品价值的货币表现，不可随意变动，企业利润的大小取决于价格与价值的背离程度，这是理论上抽象的价格概念。但在制定价格时，也不是一成不变的，企业会根据市场、竞争情况和企业目标的变化，调整企业产品的价格。

7.4.1　价格调整的原因

价格竞争的内容很多，除企业使用的定价方法和价格策略外，另一个比较明显的体现就是企业进行的价格调整。企业经营面对的是不断变化的环境，在采用了一定的方法，并确定了定价策略后，企业仍需要根据环境条件的变化，对既定价格进行调整。

企业对原定价格进行调整，可分为两种情形，一是调高价格；二是降低价格。对价格进行调整的必要性，源于企业经营内外部环境的不断变化。

1．提价的原因

企业通常在下述一种或几种情形同时出现时，需要提高现有价格。

（1）生产经营成本上升。在价格一定的情况下，成本上升将直接导致利润的下降。因此，在整个社会发生通货膨胀，或生产产品的原材料成本大幅度上升的情况下，抬高价格就成了保持利润水平的重要手段。

（2）需求压力。在供给一定的情况下，需求的增加会给企业带来压力。对于某些产品而言，在出现供不应求的情况下，可以通过提价相对遏制需求。这种措施同时也可为企业获取比较高的利润，为以后的发展创造一定的条件。

（3）创造优质优价的名牌效应。为了把企业的产品或服务与市场上同类产品或服务拉开差距，企业可以利用提价营造名牌形象。充分利用客户"一分价钱、一分货"的心理，使其产生高价优质的心理定式。创造优质效应，从而提高企业及产品的知名度和美誉度。

2．降价的原因

降低价格策略则通常在下述几种情形下采用。

（1）应付来自竞争者的价格竞争压力。在绝大多数情况下，反击直接竞争者的价格竞争见效最快的手段，就是"反价格战"，即制定比竞争者的价格更有竞争力的价格。

（2）调低价格以扩大市场占有率。在企业营销组合的其他各个方面都能保持较高质量的前提下，如果定价比竞争者低，就能给企业带来更大的市场份额。对于那些仍存在较大的生产经营潜力的企业，调低价格可以刺激需求，进而扩大产销量。价格下调是这类企业较为理想的选择。

（3）市场需求不振。在宏观经济不景气或行业性需求不旺时，价格下调是许多企业借以渡过难关的重要手段。例如，当企业的产品销售不畅，而又需要筹集资金，进行某项新产品开发时，可以通过对一些需求价格弹性大的产品，予以大幅度降价，从而增加销售额，以达到企业回笼资金的目的。

（4）根据产品寿命周期阶段的变化进行调整，这种做法也称阶段价格策略。在从产品进入市场，到被市场淘汰的整个寿命周期过程中的不同阶段，产品生产和销售的成本不同，客户对产品的接受程度也不同，市场的竞争状况也会有很大的不同。阶段价格策略强调根据寿命周期阶段特征的不同，及时调整价格。例如，相对于产品导入期时较高的价格，在其进入成长期后期和成熟期后，由于市场竞争不断加剧，生产成本也有所下降，所以，下调价格可以吸引更多的消费者、大幅度增进销售，从而在价格和生产规模间，形成良性循环，为企业获取更多的市场份额奠定基础。

（5）生产经营成本下降。在企业全面提高经营管理水平的情况下，产品的单位成本和费用有所下降，企业就具备了降价的条件。对于某些产品而言，由于彼此生产条件、生产成本的不同，最低价格也会有所差异。显然，成本最低者在价格竞争中，会拥有更大的优势。

7.4.2　价格调整中的客户反应

适当的价格调整能够产生良好的效果。但若调整不当，则适得其反。无论是提高价格，还是降低价格，企业都必须要注意到各个方面的反应。

（1）客户对企业的提价行为可以会有这样几种反应：①普遍都在提价，这种产品价格的上扬很正常；②这种产品很有价值；③这种产品很畅销，将来一定更贵；④企业在尽可能牟取更多的利润。

（2）客户对企业的降价行为可以会有这样几种反应：①产品的质量有问题；②这种产品老化了，很快会有替代产品出现；③企业财务有困难，难以经营下去；④价格还会进一步下跌。

7.4.3　价格调整中的竞争反应

在竞争市场上，企业制定某种产品的价格水平、采用某种价格策略的效果还取决于竞争者的反应。在竞争者的策略不做任何调整的情况下，企业降低价格就可能会起到扩大市场份额的效果；而若在企业降低价格的同时，竞争者也降低价格，甚至以更大的幅度降低价格，企业降价的效果就会被抵消，销售和利润状况甚至不如调整前。同样，在企业调高价格后，如果竞争者并不提高价格，则对企业而言，原来供不应求的市场可能会变成供过于求的市场。有鉴于此，企业在实施价格调整行为前，必须分析竞争者的数量、可能采取的措施，以及其反应的剧烈程度。

（1）竞争者对价格调整的反应。企业面对的竞争者往往不止一家，彼此不同的竞争策略，会导致不同的反应。竞争对手的反应可能会有几种情况：①一旦降价会损失大量利润，所以竞争者可能不会跟随降价；②如果竞争者必须降低其生产成本，才能参与竞争，则可能要经过一段时间才会降价；③如果竞争者降价会导致其同类产品中不同档次的产品间发生利益冲突，那么其就不一定会跟随降价；④如果竞争者的反应强烈，其一定会跟随降价，甚至会有更大的降价幅度。

（2）企业对竞争者价格调整的反应。在市场经济条件下，企业不仅可以自己用价格调整策略参与市场竞争，同时也会面临着竞争者价格调整的挑战。因此，如何对价格竞争做出正确、及时的反应，成了企业价格策略中的重要内容。

在异质产品市场上，企业对竞争者的价格调整的反应有更多的自由。因为在这种市场上，客户选择产品不仅考虑价格因素，同时还会考虑产品的质量、性能、服务、外观等多种因素。客户对于较小的价格差异并不在意，使得企业面对价格竞争的反应有了更多的选择余地。

本章小结

价格是营销组合中唯一能创造收益的因素，也是营销组合中最敏感和难以控制的因素。它直接关系着市场对产品的接受程度，影响着市场需求和企业利润的高低，涉及生产者、经营者、消费者等各个方面的利益。

产品价格的制定要受到定价目标、产品成本、市场状况、消费者行为、竞争产品价格，以及国家的政策、法律法规等多种因素的影响。产品定价的方法有成本导向定价法、需求导向定价法和竞争导向定价法三大类。产品定价的策略多种多样，主要有新产品定价策略、折扣定价策略、地区定价策略、差别定价策略、心理定价策略、产品组合定价策略等。

企业在制定了定价策略后，往往又面临修改价格的局面。企业调整产品的价格有主动变价和应对变价两种情况。企业主动变价时，要注意消费者和竞争者对企业变价的反应；应对变价进行竞争调整时，则要分析竞争者变价的原因及对本企业的影响，并要对竞争者对于本企业价格调整的反应加以分析。

课后拓展

如何看待价格
——茅于轼

价格可以说是经济问题的核心，各种各样的人都在对价格问题发表意见。但粗分起来，主要是4种类型的人，一是生产方，二是消费方，三是政府相关部门，四是投机分子，他们既不生产又不消费，可是对价格的关心却超过任何其他人。政府是代表百姓的，百姓中的每个人或每个家庭，既是生产者，又是消费者。但家庭在对价格做判断时，却总是站在消费者的立场讲话。这就是我过去提到过的"消费者偏见"。现在政府又站在了家庭一方，所以对价格的议论可以说几乎被消费方所垄断。不是吗？几乎所有有关于价格的议论都嫌价格太高，粮食、蔬菜，最近又有化肥，都是如此。价格低似乎有益于消费者，可是如果生产者受损，没有人愿生产，到最后还是消费者倒霉，因为价格高了没有足够的人买，生产出来之后成为积压库存，既不利于生产者，又不利于消费者。可见价格高了不好，低了也不好，要恰当才好。可是这样的论断过于模糊，它没有说清楚价格多少算正好。单纯从供应方和需求方的利益格局来讨论，不可能得出客观的结论，因为利益是一个主观判断的结果。

课后实训

实训背景与说明：王伟最近发现，很多年轻人都非常愿意购买牛油果这种商品。他通过网上查找资料，发现牛油果是一种营养价值极高的水果。因此，他也打算采购牛油果在他的小店中销售。但是此时，他遇到了一个问题，就是不知道如何为这款商品定价。

他希望求助于同学们，帮助他进行牛油果的定价工作。

创业初期的创业者与营销工作者都应该清楚，进行商品定价，对企业的成本、利润和未来资金链都有着不可预估的作用，并且进行商品定价，也能够有效地看到适合企业商品的不同层级的客户，能够有针对性地为不同的客户，提供满足不同需求的差异化服务。

实训考核重点： 营销人员必须全面了解定价策略，这样才能有助于更好地进行商品价格制定，并创造巨大的收益。牛油果作为绿色有机农产品，其在市场上具有特殊性和消费者需求的广泛性，故其商品定价也存在一些涉及企业和行业市场环境的影响因素。请你和你的团队，继续共同完成本次实训活动，为选定的果蔬商品牛油果定价。

实训内容：

（1）仔细分析牛油果这种水果的商品生命周期，思考并分析如何单独针对牛油果商品进行营销推广。

（2）请以牛油果商品为例，通过对商品定价相关因素的分析及定价目标的制定，确定这个商品采用的定价方法，一起研究如何为牛油果进行定价策略选择。

实训要求： 以上内容完成后，以书面形式提交汇总，并做小组汇报。然后在教师指导下，小组进行互评，再由教师进行总结点评。

第8章 分销策略

导入案例

晨光文具的分销之路

晨光文具从 1990 年成立，至今已有 30 多年的历史，其间历经了 5 个发展阶段，以贸易起步—代理转型制造—建立与规范分销体系—发展连锁加盟—创新新零售与办公直销。截至 2019 年年底，其共拥有 35 个一级合作伙伴、1 200 个城市二、三级合作伙伴，零售终端超过 8.5 万家。

该公司的核心业务仍然是传统分销零售业务，从当初占比总营业额的 85.00%以上，到近年的 59.70%。其办公直销业务占比 32.83%，仍有进一步上升的空间。

晨光文具的根基仍然是传统经销和零售终端，渠道已经下沉到四、五线城市和村镇市场。该公司不仅拥有一、二、三级合作伙伴，还分级共投共建了零售终端。目前，其渠道稳健，优势明显，已经达到了行业内无人取代的地位。

晨光文具在渠道上积极探索线上线下融合，除了经销和零售终端外，在渠道销售、直销、零售大店、电商渠道、境外经销上都有布局。特别是在办公直销业务上，2019年，该公司实现了 36.6 亿元的营业收入，产品直供上海市、天津市等政府机关和中石化、南方电网等央企客户。

晨光伙伴的金字塔营销模式，具有层层投入、层层分享的特点，实现了零窜货，其价格体系也实现了标准化，打造了利益共同体。在线下线上的融合中，基于线下，拓展线上，加大线上电商授权。从线下门店位置占领到样板店改造，其通过"六个统一"，进一步提升了品牌的影响力。（"六个统一"即统一定位、统一品牌、统一管理、统一采购、统一配送、统一服务）。全渠道新零售，不仅整合了线下线上，还建立了经营壁垒，成功地打造了品牌护城河。

其线上除传统的电商授权外，还打通了线下晨光生活馆的产品体验，探索线下+线上的新零售模式，对线上店铺矩阵的布局进行了提升与优化，特别是在学生用品类，如书写工具、学生用品、画具画材、纸张本册等产品上，已取得了销量领先的优势。

晨光文具凭借渠道拓展优势，经过 30 多年的渠道深耕，已成为行业的龙头企业。在未来，晨光文具将从渠道驱动到品牌驱动，不断地优化和创新产品，进一步提升品牌的竞争力，力争让竞争对手难以超越。

分析：线上的扩张和探索，是所有传统企业的短板，对于晨光文具而言，既是机遇也是挑战。相对于纯电商新锐品牌，利用新零售思维进行选品和经营，短期可能会对晨光文具带来一定的冲击，但从长期看，晨光文具通过经销+直销+体验店+电商的营销模式，不惧挑战和竞争，取得了丰硕的成果，是值得肯定和借鉴的。

思考：（1）请同学们总结一下，晨光文具目前的销售渠道有哪些？

（2）在同学们身边，距离最近的是哪种形式的晨光文具渠道销售模式？同学们愿意从哪种渠道购买晨光文具？为什么？

◀

学习目标

通过本章内容的学习，学生应理解分销渠道的概念，熟悉分销渠道的功能，掌握影响分销渠道设计的因素，理解批发商、零售商的含义与类型；掌握分销渠道的类型及其设计管理；通过本章内容的学习，应使学生掌握渠道选择的原则和方法，能根据不同的情况，为企业设计分销渠道；掌握渠道管理的方法，能针对具体情况，提出管理渠道成员的方案。

8.1 分销渠道概述

关键词语

渠道　分销渠道　营销渠道

产品从生产者到消费者（或用户）的流通过程，是通过一定的渠道实现的。生产者同消费者（或用户）之间存在着时间、地点、数量和所有权等方面的差异和矛盾。只有克服这些差异和矛盾，才能在适当时间、适当地点，按适当数量和价格，把产品从生产者转移到消费者（或用户）手中。因此，在市场营销过程中，一般有以下 5 种渠道：产品所有权转移的分销渠道（商流）、产品实体分配的储运渠道（物流）、结算付款渠道（资金流）、信息沟通渠道（信息流）、广告促销渠道（促销流）等，这些统称为"市场营销渠道"。本章所探讨的只是分销渠道策略，这是营销组合（4P 理论）的四个要素之一。

8.1.1 分销渠道的含义

分销渠道也称销售渠道或简称渠道，指产品从生产者转移给消费者（或用户）所经过的、由企业或个人连接起来形成的通道（见图 8-1）。分销渠道的起点是生产者，终点是消费者（或用户），中间环节为中间商，包括批发商、零售商、代理商和经纪人。他们都称为分销渠道的成员，共同构筑起分销渠道。

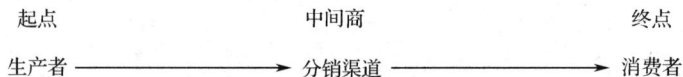

起点	中间商	终点
生产者 ——→	分销渠道 ——→	消费者

图 8-1　分销渠道

相关链接

市场营销渠道与分销渠道

市场营销渠道和分销渠道常被人们混为一谈，其实是两个不同的概念，应当加以区别。菲利普·科特勒指出："市场营销渠道指那些组合起来，生产、分销和消费某一生产者的某些货物或服务的所有企业和个人。"即市场营销渠道包括在某种产品的供、产、销过程中，涉及的所有企业和个人，如资源供应商、生产者、中间商、辅助商（包括运输企业、公共货栈、广告代理商、市场调研机构等），以及最后的消费者（或用户）等。

根据市场营销渠道和分销渠道的定义可以知晓，第一，两者涉及的范围不同，市场营销渠道比分销渠道广，前者包括原材料或零部件供应商和辅助商，而后者却不包括；第二，两者的起点不同，前者的起点是供应商，而后者则是制造商。

8.1.2　分销渠道的职能

分销渠道成员的主要功能包括：收集、提供信息；刺激需求，开拓市场；减少交易次数；调整功能；储运实物；洽谈生意；承担风险；融资。前 5 项主要是促成交易，后 3 项主要是辅助交易的完成。这些任务交给中间环节执行，比生产者自己承担可节省费用，降低成本和售价，提高效率和效益，以更好地满足目标市场的需要。但生产者同时也要有一部分产品自销，以便于直接掌握市场动态。

1. 收集、提供信息

分销渠道构成成员的中间商，有的直接接触市场和用户，有的处在离其更近之处，最能了解市场的动向和用户的实际状况。这些信息都是企业产品开发、促销等创造需求和经营不可或缺的。在信息化社会，由渠道系统承担的这一职能越来越重要。尤其对那些信息收集能力较弱的生产企业而言，流通领域的从业者提供的信息，便成为经营者的耳目。

2. 刺激需求，开拓市场

市场营销的本质在于创造需求。分销渠道系统通过其分销行为和各种促销活动，创造需求，扩展市场。分销渠道所采用的促销手段与制造商是相同的，主要包括人员推销、广告、营业推广、公共关系等。分销渠道可以协助、配合制造商，或独自开展促销活动。

3. 减少交易次数

中间商存在的理论根据之一，就是在分销过程中，介入的中间商可以减少卖方和买方间的交易次数。例如，以剃须刀的安全性而闻名的吉列公司，通过约 4 000 家批发商向 50 万家零售商，再由 50 万家零售商向 1 亿个消费者出售其产品。由于其中间商的存在，大大减少了吉列公司的交易次数，也降低了成本，节约了时间。

4. 调整功能

分销渠道所进行的调整活动，主要包括集中、选择、标准、规格化、编配分装、备齐产品等。这些职能可以调整生产者和消费者间的各种利害关系，使产品得以顺利流通。分销渠道的调整功能如图 8-2 所示。

（1）集中产品。从众多的生产者手中把产品集中起来，尤其是中小规模生产者的产品和农产品，都是通过中间商集中起来后，再统一向市场提供。这样，既可实现大量交易,又能节约运输费用等。

(2)编配分装。集中或大量生产的产品在接近消费者或用户的过程中,为了方便批发、零售和消费,以及适合目标市场的需要,必须将其小批量化,要按一定的标准、规格进行分类、编配和分装。

(3)扩散。产品集中起来经过编配分装后,尽可能通过较多的途径销售出去,使其最终实现消费。

(4)备齐产品,满足目标市场的需求。备齐并提供目标市场所需的各类产品,通常是由距离最终消费者和使用者最近的零售商和批发商承担,其中,尤为重要的是百货商店和专卖店等商场。这种职能存在的决定性意义在于消费者方便购买,即能在需要的时候、需要的地点获得所需产品。

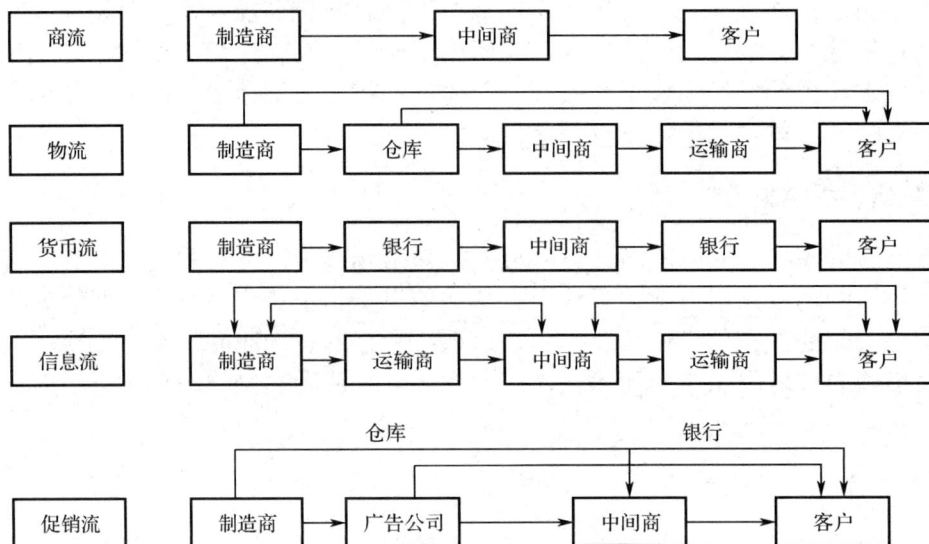

图 8-2　分销渠道的调整功能

5. 储运实物

要使实物产品从生产者转移到消费者(或客户),就需要储存和运输,承担这种职能的是物流企业。

6. 洽谈生意

洽谈生意应包括双向洽谈,一是前向性洽谈,寻找可能的购买者,并与其进行沟通;二是后向性洽谈,即渠道成员向生产者进行反向沟通,并订购产品。

7. 承担风险

承担风险指在产品分销过程中,承担有关风险。

8. 融资

融资指为补偿渠道工作的成本费用,而对资金进行获取与支用。

8.1.3　分销渠道的类型

1. 按渠道的长度分类

分销渠道按其有无中间环节和中间环节的多少，也就是按渠道的长度不同，可分为如下 4 种基本类型。营销渠道长度结构如图 8-3 所示。

（1）零级渠道。制造商直接把产品卖给消费者（或用户），主要包括制造商派推销员上门推销、邮寄销售、开设自销门市部、通过订货会或展销会与用户直接签约供货等形式。

（2）一级渠道。制造商和消费者（或用户）之间，只通过一层中间环节，即在消费者市场是零售商，在生产者市场通常是代理商或经纪人。

（3）二级渠道。制造商和消费者（或用户）之间经过二层中间环节，即在消费者市场是批发商和零售商，在生产者市场则可能是销售代理商与批发商。

（4）三级渠道。在大批发商和零售商之间，再加上二道批发商，因为小零售商一般不可能直接向大批发商进货。此外，还有层次更多的渠道，但较少见。

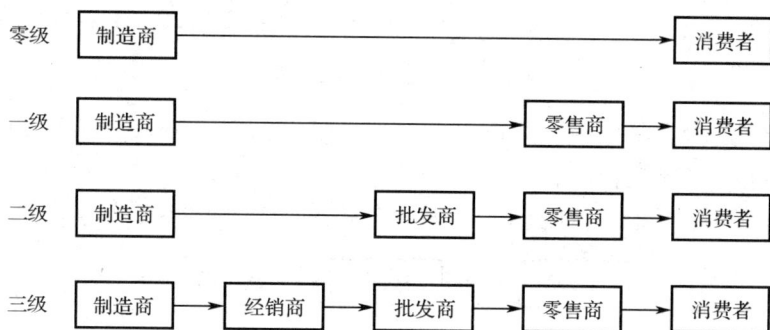

图 8-3　营销渠道长度结构

以上 4 种模式，是就分销渠道的长度不同而言，也可概括为直接渠道和间接渠道（后 3 种）两大类。①直接渠道。直接渠道也称零层渠道，即产品从生产者流向最终消费者或用户的过程中，不经过任何中间环节。②间接渠道。间接渠道则是在产品从生产者流向最终消费者或用户的过程中，经过一层或一层以上的中间环节，消费者市场多数采用这种间接渠道。

2. 按渠道的宽度分类

分销渠道的宽度指渠道的每个层次使用同种类型中间商数目的多少。多者为宽渠道，意味着销售网点多，市场覆盖面大；少者为窄渠道，市场覆盖面也就相应较小或很少。根据不同的渠道宽度，通常分为 3 种分销策略：密集分销、选择分销和独家分销。

（1）密集分销。密集分销又称广泛分销或开放性分销，指制造商尽可能地发展批发商和零售商，并由它们销售其产品。密集分销的结构如图 8-4 所示。这种策略较适用于食品、日用杂品等生活必需品和便利品这类产品。这些产品的特点是以大多数消费者为对象，而消费者又希望能轻而易举、随时随地买到这些产品。

图 8-4　密集分销的结构

（2）选择分销。选择分销指制造商根据自己所设定的交易基准和条件，精心挑选最合适的中间商销售其产品。选择分销的结构如图 8-5 所示。相对而言，这种策略最适合消费品中的选购品和特殊品。

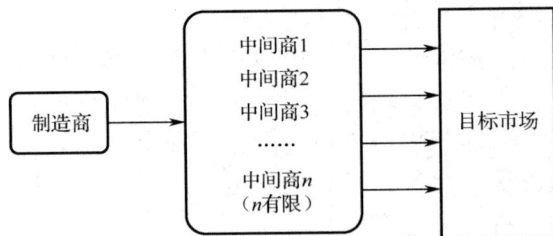

图 8-5　选择分销的结构

（3）独家分销。独家分销指制造商在某一地区，仅使用一家中间商销售其产品。通常双方协商签订独家经销合同，一方面，规定制造商不在该地区发展经销商；另一方面，也规定经销商不得经营竞争者的产品。独家分销的结构如图 8-6 所示。

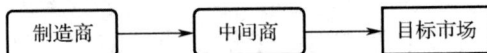

图 8-6　独家分销的结构

8.1.4　分销渠道的整合

分销渠道并非一成不变，也会随着市场的变化而不断地改变自己，以期更好地满足市场需求，适应激烈的市场竞争，提高分销的效率。改革分销渠道的焦点就是在分销渠道成员间形成利益共同体，走共同发展之路，实行统一组织、统一管理、统一设定渠道策略，通过调整市场营销战略，进而改变传统的分销渠道系统中，制造商、批发商、零售商等各自为政的局面。

1. 垂直分销系统

垂直分销系统即垂直一体化，指制造商、批发商和零售商等形成一个统一体。他们服从于一个领导者（或是制造商，或是批发商，或是零售商），取决于其能量和实力的大小。垂直分销系统有 3 种主要类型。

（1）公司式垂直分销系统。公司式垂直分销系统是制造商、批发商、零售商归属同一所有者，并受其统一管理和控制的系统。其实，这种垂直一体化，既能向前一体化，也能向后一体化。

（2）管理式垂直分销系统。管理式垂直分销系统是由某一家规模大、实力强的企业出面，将制造商和处于不同层次的中间商组织起来，并实行统一管理的系统。

（3）合同式垂直分销系统。合同式垂直分销系统又称契约垂直分销系统，是以合同的形式，将各自独立的制造商和不同层次的中间商，联合起来形成系统。合同式垂直分销系统有 3 种形式：①批发商倡办的自愿连锁组；②零售商合作组织，由零售商组织一个新的企业实体，开展批发业务和可能的生产活动；③特许经营组织，包括特许批发商和特许零售商等。

2．水平分销系统

水平分销系统是在分销过程中，履行同一渠道职能的两个或两个以上企业联合起来，共同开发和利用市场机会的系统。如某零售店可以通过同其他零售店合并或增加店铺，实行水平一体化。水平一体化能在采购、市场调研、广告、人事等多方面，获得规模效益，但并不是改善渠道的最佳方法。

3．多渠道分销系统

多渠道分销系统是一个公司建立两条或两条以上的分销渠道，向一个或更多的客户细分市场，分销其产品的系统。如某制造商一方面通过中间商分销产品，另一方面，又利用互联网销售其产品。采用多渠道分销系统，公司可以获得 3 个方面的好处：一是扩大市场覆盖面；二是降低渠道成本；三是增加销售特征，使其更适合客户的要求。

> **营销视野**
>
> #### 复合渠道系统快速发展的原因
>
> 随着消费者细分程度的提高，以及零售业态的丰富，单一的流通模式不足以覆盖所有或大部分消费群及零售卖场、网点。厂家在营销渠道变革的过程中，原有的渠道体系和新导入的渠道体系同时存在。
>
> 市场研究结果表明，高端消费者通过多渠道购物的趋势十分明显，对采用复合渠道的企业，具有较高的满意度和忠诚度。
>
> 随着网络营销等新兴渠道的快速发展，企业采用复合渠道早已成为现实。

8.2　分销渠道的设计与选择

关键词语

中间商　批发商　代理商　零售商　渠道设计

8.2.1 中间商

中间商是处于生产者和消费者之间，参与产品交易活动，促进买卖行为发生和实现的具有法人资格的经济组织或个人。

1. 中间商的类型

（1）按其是否拥有商品所有权，可将中间商划分为经销商和代理商。经销商是从事商品流通业务，并拥有商品所有权的中间商；代理商是接受生产者委托，从事销售业务，但不拥有商品所有权的中间商。代理商按其和生产者业务联系的特点，又可分为企业代理商、销售代理商、寄售商和经纪商。

（2）按其在流通过程中所起作用不同，可将中间商分为批发商和零售商。批发商是不改变商品性质和劳务内容，实现产品与劳务在空间、时间上的转移，达到再销售目的的中间商；而服务于最终消费者的是零售商。

2. 中间商的功能

中间商的功能包括如下 7 种。

①沟通生产厂商与消费者，完成商品从生产领域向消费领域的转移；②中间商的存在可以减少交易量，从而降低成本；③代替企业完成市场营销功能，为企业节省人力、物力、财力；④中间商的服务增加了产品的价值；⑤中间商是企业的信息来源；⑥中间商有利于企业进入新市场；⑦有利于企业推销新产品。

3. 批发商

（1）批发商的含义。批发商专门从事市场产品流通业务，把生产商的供给与零售商的需求结合在一起。它充当了生产商推销中心和零售商采购中心的角色，减少了众多的买主与卖主各自频繁交易的次数，节省了流通费用，提高了产品的成交率。

独立批发商采购产品后，通过分类、分等、分割，把多个生产商生产的各类商品，分配成零售商所需要的货色，供应给零售商，以满足消费者的多样化需求。这一职能对于中小零售商而言尤为重要，可满足他们勤进快销、品种杂、数量少、加快资金周转的需要。独立批发商还通过仓储、运输等业务，调节不同时间、不同地区的供求。这种调节生产与消费间客观存在的时间和空间作用的矛盾，称为地点效用和时间效用。此外，批发商还具有多种服务功能，包括帮助厂家扩大宣传，提高产品声誉，诱导消费需求；协助零售商，为其提供支援和服务（商业信用等资金融通的服务）；为生产厂家提供产品开发、竞争趋势等信息。

（2）批发商的主要类型。批发商主要有如下 3 种类型。

① 经销批发商。经销批发商是独立从事产品买卖的批发商。他们先将产品买进，然后再以批发的形式将产品卖出去。经销批发商可根据其履行职能程度，分为完全职能批发商和有限职能批发商两类，有限职能批发商的职能比较如表 8-1 所示。

表 8-1　有限职能批发商的职能比较

职　能	类　型			
	现金批发商	巡回批发商	直送批发商	零售批发商
库存产品	○	○	×	×
访问客户销售	×	○	×	×
提供市场信息	×	△	○	○
对客户进行指导	×	△	○	×
为客户提供信用	×	△	○	△
给客户送货	×	○	×	×

注：○：表示承担；×：表示不承担；△：表示承担一些。

② 代理批发商。代理批发商和经销批发商的最大区别在于后者拥有产品所有权，而前者不拥有产品的所有权。代理批发商只进行买卖的洽谈，谋求销售的促进，他们获取产品销售价格一定比例的手续费。

代理批发商一般可分为代理商和经纪商。代理商是根据定期协议，代理买方或卖方的批发商。经纪商是买主或卖主，为买卖双方牵线搭桥，协助双方进行洽谈的代理批发商。经纪商的主要目的就是把买主和卖主结合起来，既不直接与金钱打交道，也不直接拥有产品，不制定价格，几乎不承担风险。他们对客户提供特定产品和市场的专门知识。

③ 制造商的销售公司或分支机构。制造商的销售公司是由制造商建立、专门负责本公司产品销售的批发机构。这种机构承担与市场、产品的销售有关的所有活动，如市场信息的收集、反馈，产品上市推广、销售、促销、分销、库存、运输等。

4. 零售商

（1）零售商的含义。零售商是将产品或服务直接销售给最终消费者、处于分销渠道最末端的中间商（包括企业和个人）。零售商的销售和服务对象为直接消费者，处于产品流通的终点，分布面广，分布点多，是联系制造商、批发商与消费者的桥梁，一般多为小规模经营，销售数量零星，交易次数频繁。

（2）零售商的类型。主要的零售商店类型如表 8-2 所示。

表 8-2　主要的零售商店类型

零售商店	特　点
专用品商店	经营的产品线较为狭窄，产品的花色品种较为齐全
百货商店	一般销售几条产品线的产品
超级市场	规模庞大、成本低、毛利低、销售量大的自我服务的经营机构
方便商店（便利店）	居民区附近的小型商店
超级商店	销售各种食品和非仪器类日用品
联合商店	呈现一种经营多元化的趋势
特级商场	综合超级市场、折扣和仓储零售的经营方针
仓储商店	一种以大批量、低成本、低售价和微利促销的连锁式零售商店
产品陈列室	将产品目录推销和折扣原则用于品种繁多、加成高、周转快和有品牌的商品

（3）零售组织。主要的零售组织类型如表 8-3 所示。

表 8-3　主要的零售组织类型

零售组织类型	特　点
连锁店	连锁店包括两个或者更多的、共同所有和共同管理的商店，它们销售类似产品线的产品，实行集中采购和销售，大多具有相似的建筑风格
消费者合作社	一种由消费者自身拥有的零售公司
特许专卖组织	在特许人和特许经营者之间的契约式联合
销售联合大企业	自由形式的公司，以集中所有的形式将几种不同的零售商品类别和形式组合在一起，并将其分销、管理功能综合为一整体

（4）无商店零售商。无商店零售商有 4 种类型：直复市场营销、直接销售、自动售货、购货服务公司，如表 8-4 所示。

表 8-4　无商店零售商

类　型	特　点
直复市场营销	直复市场营销主要有以下几种形式：邮购目录，直接邮购；电话市场营销；电视市场营销；网上直播营销；电子销售；客户订货机销售
直接销售	主要有挨门挨户推销、逐个办公室推销和举办家庭销售会等形式
自动售货	使用硬币控制的机器自动售货；小区内自动售货店
购物服务公司	购物服务公司是不设店堂的零售商，专为某些特定客户，通常是为大型组织的雇员提供服务

8.2.2　分销渠道的设计

1. 影响分销渠道设计的因素

（1）"6C"因素。企业选择分销渠道，通常需要考虑 6 个因素，即成本（Cost）、资金（Capital）、控制（Control）、覆盖（Coverage）、特性（Character）和连续性（Continuity）。这 6 个 C 称为分销渠道中的"6C"因素。

（2）市场因素。一般情况下，如果市场容量大、客户购买的量少，可以考虑宽渠道、长渠道，以尽量扩大产品的销量；市场容量大，客户购买的量也大的，则可以考虑短渠道，尽量减少中间费用，提高企业效益。

（3）企业因素。如果企业的资金雄厚，有丰富的营销经验，开拓市场能力很强，对渠道有很强的控制欲望，那么，企业就可以靠自己的实力建立分销网络；但如果企业实力较弱的话，则可以借助中间商的实力发展壮大。

（4）环境因素。经济、法律、科技、政治等大环境，也对企业的分销渠道模式有不同程度的影响。当经济繁荣，企业需求上升时，企业会利用中间商的力量，迅速地将产品推向市场，将销售网络布全。相反，企业则会更多地考虑借势推广。

2. 企业分销渠道设计

（1）分销渠道设计的误区。在分销渠道设计的过程中，存在一些误区，如选择好分销渠道的成员，企业已经成功了一半；分销渠道只是权宜之计，建立分销渠道是借船出海；在分销渠道的长度、宽度和深度之间摇摆；越过分销做直销。

（2）企业分销渠道设计评估标准。分销渠道方案确定后，生产厂家就要根据各种备选方案，进行评估，找出最优的渠道路线，通常渠道评估的标准有 3 个，即经济性、可控性和适应性，其中最重要的是经济标准。

① 经济性的标准评估，主要是比较各个方案可能达到的销售额及费用水平，即比较由本企业推销人员直接推销与使用销售代理商，哪种方式销售额水平会更高？同时，比较由本企业设立销售网点直接销售所花费用与使用销售代理商所花费用，看哪种方式支出的费用大？企业需要对上述情况进行权衡，从中选择最佳分销方式。

② 可控性标准评估。一般而言，采用中间商可控性小些，企业直接销售可控性大。分销渠道长，可控性难度大；渠道短可控性较容易些。企业必须进行全面比较、权衡，从中选择最优方案。

③ 硬性标准评估。如果生产企业同所选择的中间商的合约时间长，而在此期间，其他销售方法（如直接邮购）更有效，但生产企业不能随便解除合同，这样企业选择分销渠道便缺乏灵活性。因此，生产企业必须考虑选择策略的灵活性，不签订时间过长的合约，除非在经济或控制方面，具有十分优越的条件。

（3）分销渠道的控制设计。企业在选择渠道方案后，必须对中间商加以选择和评估，并根据条件的变化，对渠道进行调整。

① 控制的出发点。不应仅从生产者自己的观点出发，而要站在中间商的立场上，纵观全局。通常生产者抱怨中间商既不重视某些特定品牌的销售，又缺乏产品知识，不能认真地使用生产厂商的广告资料，还不能准确地保存销售记录。但中间商认为自己不是厂商雇用的分销链环中的一环，而是独立机构，自定政策不受他人干涉；中间商卖得起劲儿的产品都是客户愿意买的，不一定是生产者让中间商卖的。中间商的第一项职能是客户购买代理商，第二项职能才是生产者销售代理商；生产者若不给中间商特别奖励，中间商就不会保存销售各种品牌的记录。所以，生产者应该考虑中间商的利益，并通过协调进行有效的控制。

② 激励渠道成员。激励渠道成员是为了使其出色地完成销售任务。企业要激励渠道成员，必须先了解中间商的需要与愿望，同时要处理好与渠道成员的关系。渠道成员激励措施如表 8-5 所示。

表 8-5　渠道成员激励措施

渠道激励类型	对应的激励方法
经济性激励	返利激励、价格折扣激励、补贴激励
物质性激励	提供适销对路的产品、实物奖励
支持性激励	促销支持、管理支持、服务支持
满足性激励	提升渠道成员地位、加强渠道成员参与

（4）分销渠道设计原则。分销渠道管理人员在设计具体的分销渠道模式时，无论出于何种考虑，从何处着手，一般都要遵循 5 个原则，即畅通高效的原则、覆盖适度的原则、稳定可控的原则、协调平衡的原则、发挥优势的原则。

8.2.3 分销渠道的选择

1. 建立渠道目标

渠道目标也就是在企业营销目标的总体要求下，选择营销渠道应达成的服务产出目标。这种目标一般要求建立的分销渠道达到总体营销规定的服务产出水平，同时使全部渠道费用减少到最低限度。企业可以在认真分析影响销售渠道选择决策的主客观因素的基础上，划分出若干分市场，然后决定服务于哪些细分市场，并为之选择和使用最佳渠道。

2. 确定营销渠道模式

确定渠道模式指决策渠道的长度。渠道选择模式首先要确定渠道的长度，要根据影响渠道的主要因素，决定采取什么类型的营销渠道，是派销售人员上门推销或自设销售商店的短渠道，还是选择通过中间商的长渠道，以及通过什么规模和类型的中间商。一般认为，生产者—批发商—零售商—消费者（包含两个中间层次）的模式是比较典型的市场营销渠道类型。当然，营销渠道的长与短只是相对而言，因为随着营销渠道长短的变化，其产品既定的营销职能不会增加或减少，而只能在参与流通过程的机构间转移或替代。

3. 确定中间商的数目

确定中间商的数目指决策渠道的宽度，即每个渠道层次使用多少个中间商，这一决策在很大程度上取决于产品本身的特点、市场容量的大小及市场需求面的宽窄。

4. 确定渠道成员的条件和义务

制造商在确定了渠道的长度和宽度后，需要进一步规定渠道成员彼此的条件和应尽的义务，即制定"贸易关系组合"协议，协议主要涉及价格政策、销售条件、地区权利，以及每一方为对方提供的服务及应尽的责任义务。

价格政策要求制造商制定价目表，对不同地区、不同类型的中间商和不同的购买数量，给予不同的价格折扣比率，价格政策的原则及主要内容，应得到中间商的理解和认可。

销售条件是中间商的付款条件及生产者的担保。对及时全部付清货款的中间商，应给予现金折扣，生产者还应向中间商提供有关产品质量保证和跌价保证，生产者的跌价保证应能够吸引并激励中间商大量购货。

除上述条件外，生产者还应明确中间商具有的特许权利，规定交货的时间、结算条件，以及彼此为对方提供哪些服务。对于双方的义务和权利，必须十分谨慎地确定，尤其是采用特许经营或独家代理等渠道形式时，更应当明确双方的义务和责任。在确定了制造商与经销商间的贸易组合协议后，营销渠道的设计还应认真地估算渠道的经济成本，既比较不同渠道方案的销量及成本。

5. 选择渠道成员

中间商选择合理与否，对企业产品进入市场、占领市场、巩固市场和发展市场有着关键性的影响。企业在选择中间商时，应主要考虑以下一些因素。

（1）服务对象。不同制造商有不同的目标市场，不同中间商有不同的服务对象。生产企业选择分销渠道，应首先考虑中间商的服务对象是否与企业要求达到的目标市场相一致，只有一致的中间商才能选择。

（2）地理位置。中间商的地理位置直接影响到产品能否顺利到达目标客户手中。因此，选择中间商必须要考虑其地理分布情况，要求既要接近消费者，又要便于运输、储存及调度。

（3）经营范围。在选择中间商时，如果其经营主要竞争对手的产品，就需格外谨慎，不宜轻易选取。当然，若本企业产品在品质、价格、服务等方面优于同类产品，也可以选择。

（4）销售能力。考察中间商是否有稳定的、高水平的销售队伍、健全的销售机构、完善的营销网络和丰富的营销经验。

（5）物质设施与服务条件。一些特殊商品要求一定的物质设施和贮运条件，这就要求中间商具备这种物质贮运条件。

（6）财务状况。中间商财务状况的好坏，直接关系到其是否可以按期付款，甚至预付货款等问题。企业在选择中间商时，必须对此严加考察。

（7）合作诚意。若没有良好的合作诚意，再有实力的中间商也不能选择。

（8）营销经验。生产者要尽可能选择营销经验丰富的中间商。以便产品顺利地通过中间商推销出去，如果中间商不具备较好的经营知识和能力，则不宜选用。

8.3　分销渠道的管理

关键词语

渠道管理　　渠道激励　　渠道调整

8.3.1　检查中间商

企业必须定期评估中间商的绩效是否达到某些标准，即企业要对中间商进行有效的管理，还需要制定一定的考核标准，检查、衡量中间商的表现。这些标准包括销售指标完成情况、平均存货水平、向客户交货的快慢程度、对损坏和损伤商品的处理、与企业宣传及培训计划的合作情况及对客户的服务表现等。在这些指标中，比较重要的是销售指标，它表明企业的销售期望。

经过一段时间后，企业可公布对各个中间商的考核结果，目的在于鼓励那些销量大的中间商继续保持声誉，同时鞭策销量少的中间商要努力赶上。企业还可以进行动态的分析比较，以进一步分析各个不同时期各中间商的销售状况。

8.3.2　分销渠道的激励与扶持

1．分销渠道的激励

企业在选择了分销渠道以后，为了保证中间商能够扩大对本企业产品的销售、不断提高业务水平，必须对其进行激励与扶持。

第一种对中间商的激励方式是向其提供价廉物美、适销对路的产品。只有经销畅销商品，中间商才能加速资金周转，增加企业盈利。因此，提供适销对路的优质产品，就是对中间商的最好激励。

第二种对中间商激励的方式是合理分配利润。企业与中间商在一定程度上是一种利益共同体，因此必须"风险共担，利益均沾"。这就要求企业合理分配双方利润，否则中间商就没有销售积极性。所以，对中间商要视其情况，采取"胡萝卜加大棒"的政策。对销售指标完成得好的中间商，可给予较高的折扣率，提供一些特殊优惠，还可以发放奖金，或给予广告补助、促销津贴等；若中间商未完成应有的渠道责任，则对其进行制裁，可降低折扣、放慢交货，甚至终止关系。

第三种对中间商激励的方式是必要的让步。要求企业了解中间商的经营目标和需要，在必要时做一些让步，以满足中间商的某些要求，鼓励中间商努力经营。

2．分销渠道的扶持

对中间商的扶持主要体现在资金、信息、广告宣传和经营管理等方面。资金帮助指可适当延长中间商的付款期限，放宽信用条件，以解决其资金不足的困难；信息帮助指将企业了解的市场信息和产品信息等及时传递给中间商，为其扩大产品销售提供信息方面的依据；广告宣传帮助主要包括帮助中间商策划当地的促销活动，并提供广告津贴、陈列经费、宣传品等；经营管理帮助指生产企业通过帮助中间商搞好经营管理，进而扩大本企业产品的销售。

8.3.3　渠道调整

市场营销环境是不断发展变化的，原先的分销渠道经过一段时间以后，可能已不适应市场变化的要求，必须进行相应的调整。对分销渠道的调整通常有 3 个不同层次。

1．增减分销渠道中的个别中间商

由于个别中间商的经营不善而造成市场占有率下降，影响整个渠道效益时，可以考虑对其削减，以便集中力量帮助其他中间商做好工作，同时可重新寻找几个中间商替补；市场占有率下降，有时可能是由于竞争对手分销渠道扩大而造成的，这就需要考虑增加中间商的数量。

2．增减某一个分销渠道

当生产企业通过增减个别中间商不能解决根本问题时，就要考虑增减某一分销渠道。

3. 调整整个分销渠道

调整整个分销渠道是渠道调整中最复杂、难度最大的一类，因为它要改变企业的整个渠道策略，而不只是在原有基础上增增减减。分销渠道是否需要调整，如何调整，取决于其整体分销效率。因此，不论进行哪一层次的调整，都必须进行经济效益分析，看销量能否增加，分销效率能否提高，以此评估调整的必要性和效果。

📊 本章小结

分销渠道指某种货物和劳务从生产者向消费者移动时，取得这种货物和劳务的所有权或帮助转移其所有权的所有企业和个人。

分销渠道有直接渠道与间接渠道、长渠道与短渠道、宽渠道与窄渠道之分。

企业需要综合考虑各种影响因素和限制条件，以便选择合适的分销渠道，并运用经济性、控制性、适应性等标准对分销渠道进行评价。企业在选择分销渠道后，要对中间商进行有效的培训和激励。

渠道管理中的一个重要任务是对渠道进行有效的控制和对渠道冲突的管理。制造商的渠道控制内容主要包括：对产品和服务的控制、对价格的控制、对促销的控制、对分销过程和分销区域的控制。渠道冲突的存在可能威胁到渠道体系，甚至整个企业的生存，必须进行正确严格的管理和协调。

📊 课后拓展

窜货原因及整治

窜货指经销商置经销协议和制造商长期利益于不顾，进行产品跨地区降价销售。

产生窜货的原因主要有：①某些地区市场供应饱和；②广告过多，但渠道建设没有跟上；③企业在资金、人力等方面不足，造成了不同区域之间渠道发展不平衡；④企业给予渠道的优惠政策各不相同；⑤因运输成本不同引起了窜货。

窜货的整治方法主要有：①签订不窜货、不乱售协议；②外包装区域差异化；③发货车统一备案，统一签发控制运货单；④建立科学的、地区内部分区域的业务管理制度。

📊 课后实训

实训背景与说明： 王伟同学在经营优选果蔬零售店的过程中，又有了新的想法。他发现现在非常多的年轻人、白领、全职妈妈都乐于在小区内的菜鸟驿站、美团店家下单，将新鲜的果蔬直送到家。因此，他也想通过同学们所学的知识，帮助他分销他的果蔬产品。

创业初期的创业者与营销人员都应该清楚，在企业发展的过程中，选择适合的分销渠道及分销平台，能够助力企业向更深层的客户群延伸与发展。在分销过程中，也能够享受企业的激励、奖励等政策，也能够通过更广、更适合的分销渠道，做好企业宣传和产品营销推广。

实训考核重点：通过本次实训活动，希望同学们能够对分销渠道不同模式的优劣势能够理解与掌握，并且通过帮助王伟做好分销，选择好分销形式及分销平台，打好日后在企业中，助力企业进行营销决策的基础。

实训内容：（1）思考并分析，果蔬产品的分销有哪些特点？

（2）按照王伟的要求，为他制定一份详细的分销计划书（包括如何进行分销合作、如何选择分销合作对象、如何进行分销激励等）

实训要求：以上内容完成后，以书面形式提交汇总，并做小组汇报。然后在教师指导下，进行小组互评，再由教师进行总结点评。

第9章 促销策略

铂爵旅拍 "想去哪儿拍，就去哪儿拍"

2019年最具争议的广告中，铂爵旅拍是绝对不能忽视的。"想去哪儿拍，就去哪儿拍"，这超大洗脑广告的横空出世，迅速席卷了全国各大电梯，让不少人在电梯里"痛不欲生"。对于这个广告的争议，社会上也不绝于耳。

尽管这类广告令一部分人十分反感，在社交媒体上骂声一片，但是品牌主对这类广告却是喜爱有加。因为不得不承认，此类广告确实为品牌带来了巨大的曝光量，也让品牌广告词魔性地植入公众的大脑中。作为厦门的一个地方品牌，铂爵旅拍因为该广告成为全国知名的婚纱旅拍品牌，迅速打开了全国市场。

这类广告对于在前期亟须打开知名度的企业而言，是有效果的。但如果想要在后期提升美誉度，可能并不适合。所以如果想使用这类洗脑广告，企业还需考虑清楚。

此外，洗脑广告的走红，也带火了此前一直不被品牌方重视的传播媒介——分众传媒。

在当下媒体环境中，很难找到一个像电梯一样高效精准的广告场景，通过对生活场景的独占及广告终端的大量覆盖，直接输出品牌认知，对目标用户进行强制性的广告触达。

从近几年的现象级刷屏品牌案例来看，很多营销都是通过线下带动线上，推动全渠道的社交话题扩散。在这个背景下，作为占据线下流量的入口，分众电梯广告其实已经成为营销的必选项。所以品牌方也应该重新认识分众的营销价值。

分析：广告促销形式变得形式多样。企业提升品牌的过程中，在增加形式的同时，也需要不断深入思考对广告元素的深度挖掘，"没有广告就没有市场，没有广告就没有品牌。"广告是促销组合中十分重要的组成部分，也是企业运用最为广泛和最为有效的促销手段，对企业的市场营销活动有着巨大的影响。

思考：（1）电梯广告众多，为什么铂爵旅拍的广告会走红？请分析铂爵旅拍是如何做到的。

（2）在企业运用广告手段进行促销过程中，如何做好广告效果评估？

📯 **学习目标**

通过本章内容的学习，学生应能够正确制定企业的促销组合决策；掌握人员推销的基本策略，了解推销队伍的组织管理方法；学会正确选择广告媒体，能提出广告创意的思路；掌握企业推广和公共关系的基本方法。

9.1 促销策略概述

📯 **关键词语**

促销　促销组合　促销目标

9.1.1 促销的含义

在现代商品社会里，虽然各种店铺星罗棋布，货架上的商品琳琅满目；但是，有很多客户可能根本就没有注意或无法注意到某些企业产品的存在，企业也可能不了解消费者的需求。因此，企业还需要采用各种有效的方法和手段，加强与客户之间的沟通，掌握用户的需求，同时使客户认知和了解企业产品，以引起目标客户的购买欲望，促成其购买行为的发生。为了达到以上目的，促销就成了行之有效的方法。

促销就是营销者向客户传递有关本企业及产品的各种信息，说服或吸引客户购买其产品，以达到扩大销售量的目的。促销实质上是一种沟通活动，即营销者（信息提供者或发送者）发出刺激消费的各种信息，把信息传递到一个或更多的目标对象（信息接收者，如听众、观众、读者、客户等），以影响其态度和行为。促销的 3 层含义如图 9-1 所示。

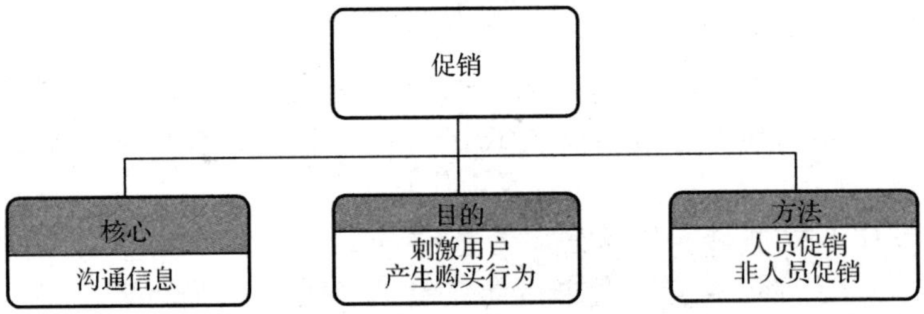

图 9-1　促销的 3 层含义

9.1.2 促销组合

常用的促销手段有人员推销、广告推销、营业推广和公关营销。企业可根据实际情况及市场、产品等因素，选择一种或多种促销手段的组合。

促销组合是一种组织促销活动的策略思路，主张企业运用广告、人员推销、公共关系、营业推广 4 种基本促销方式组成一个策略系统，使企业的全部促销活动互相配合、协调一致，最大限度地发挥整体效果，从而顺利实现企业目标。促销组合的内容如图 9-2 所示。促销组合体现了现代市场营销理论的核心思想——整体营销。

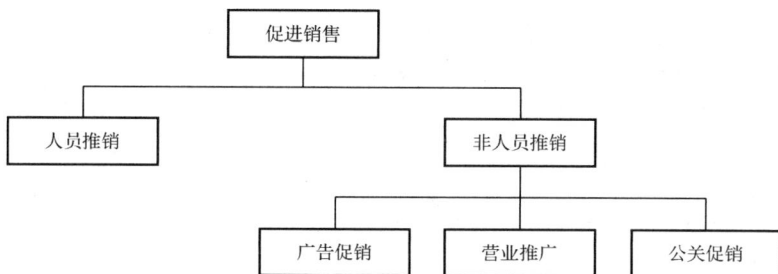

图 9-2 促销组合的内容

1. 人员推销

人员推销指企业派出推销人员或委托推销人员，直接与客户见面推销，或通过网络直播向目标客户进行产品介绍、推广，促进销售的沟通活动。

2. 广告促销

广告促销指企业按照一定的预算方式，支付一定数额的费用，通过不同的媒体对产品进行广泛宣传，从而促进产品销售的传播活动。

3. 营业推广

营业推广指企业为刺激客户购买，采用一系列具有短期诱导性的营业方法，组成沟通活动。

4. 公关促销

公关促销指企业通过开展公共关系活动或通过第三方，在各种传播媒体上宣传企业形象，促进与内部员工、外部公众良好关系的沟通活动。

📎 相关链接

不同促销类型的特征

不同促销类型的特征如表 9-1 所示。

表 9-1 不同促销类型的特征

促 销 类 型		促销成本	优 点	缺 点
人员推销	推销介绍、推销会议、电话销售、推销与示范、展销与展览、网络直播	最高	信息传递双向，反馈及时、灵活，可当面成交，帮助客户解决问题，友好性长期协作	接触面窄、占用人员较多、费用高、对推销人员要求较高
广告促销	网络广告、广播广告、电视广告、地铁广告、公交广告、报纸广告、杂志广告、邮寄广告、包装广告、产品目录、产品说明书、广告牌、陈列标语	相对较低	传播面广、速度快、生动形象、节省人力	不能立即成交、单方面传播信息、电视广告时段收费高

续表

促销类型		促销成本	优　点	缺　点
营业推广	竞赛、抽奖、彩票与礼品、现场演示、表演等	较高	吸引力大、激发购买欲望、可促成消费者及时购买	接触面窄、有局限性、有时会降低产品价格、长时间使用产生负面影响
公关促销	记者招待会、演讲、研讨会、年度报告会、各种庆典、捐赠	最低	提高企业和产品声誉、影响面广、可信度高	花费力量较大、见效慢、可控性差

9.1.3　促销的作用

1．缩短产品入市的进程

使用促销手段，旨在对客户或经销商提供短期激励，可在一段时间内，调动人们的购买热情，培养客户的兴趣和使用爱好，使客户尽快地了解产品。

2．激励客户初次购买，达到使用目的

客户通常对新产品具有抗拒心理。由于使用新产品的初次消费成本是使用老产品的一倍（对新产品一旦不满意，还要花同样的价钱去购买老产品，这等于花了两份的价钱才得到了一个满意的产品，所以许多客户在心理上认为买新产品代价高），客户就不愿冒风险对新产品进行尝试。但是，促销可以让客户降低这种风险意识，降低初次消费成本，从而能够接受新产品。

3．激励客户再次购买，建立消费习惯

当客户试用了产品以后，如果是基本满意的，可能会产生重复使用的意愿。但这种消费意愿在初期一定是不强烈的、不可靠的。促销却可以帮助他实现这种意愿，如果有一个持续的促销计划，就可以使消费群基本固定下来。

4．提高销售业绩

毫无疑问，促销是一种竞争，可以改变一些客户的使用习惯及品牌忠诚。因受利益驱动，经销商和客户都可能大量进货与购买。因此，在促销阶段，常常会增加消费，提高销售量。

5．竞争与反竞争

无论是企业发动市场竞争，还是市场的先入者发动反竞争，促销都是有效的应用手段。市场的竞争者可以运用促销强化市场渗透，加速市场占有。市场的反竞争者也可以运用促销针锋相对，达到阻击竞争者的目的。

6．带动相关产品市场

促销的第一目标是完成促销产品的销售。但是，在甲产品的促销过程中，却可以带动相关的乙产品销售。例如，茶叶的促销，可以推动茶具的销售；当卖出更多的咖啡壶的时候，咖啡的销售就会增加。

7. 节庆酬谢

促销可以使产品在节庆期间或企业店庆期间锦上添花。

9.1.4　影响促销组合策略的因素

影响促销组合策略的主要因素有促销目标、产品因素、市场因素、预算因素、产品生命周期等。

1. 促销目标

企业在不同时期、不同市场环境下，进行的促销活动都有特定的促销目标。促销目标不同，促销组合也随之变化。当促销目标为树立企业形象，提高产品知名度时，促销重点应在广告上，同时辅以公关宣传；当促销目标是让客户充分了解某种产品的性能和使用方法时，广告推销、人员推销营业推广都是好办法；当促销目标为在近期内迅速增加销售时，则营业推广最易立竿见影，并辅以人员推销和适当的广告。从整体上来看，广告和公众宣传有广而告之的特点，在客户购买决策过程的初始阶段，成本效益最优；人员推销和营业推广在最后阶段更具成效。

2. 产品因素

从产品的特点来看，技术复杂、单价昂贵的商品适合人员推销，如生产设备、计算机等高技术产品。通过推销人员面对面的专门介绍、操作演示、售后安装、调试等技术保障，使客户深入了解产品，达到良好的促销作用。反之，结构简单、标准化程度较高、价格低廉的产品适合广告促销。但对于中间商而非最终个人客户，仍应以人员推销为主。

3. 市场因素

产业市场和客户市场在客户数量、购买特点和分布范围上相差甚远，各种促销方式的效果也不相同，最大的区别是在产业市场上更多采用人员推销，而客户市场上则大量采用广告。因为产业市场上的客户数量少，分布集中，购买批量大，适宜人员推销；反之，客户市场的客户数量多且分散，通过广告可以用相对的较低成本达到广而告之的作用。从客户知道企业的产品，到客户购买产品是需要一个过程的，要经过一连串的反应阶段，依次是知道、了解、喜欢、偏好、信服、购买。当客户处于知道和了解阶段时，促销组合侧重广告促销和公共关系；从了解过渡到喜欢和偏好阶段时，促销组合侧重广告促销和人员推销；在信服和购买阶段，主要侧重广告促销、营业推广和人员推销，客户反应层级与促销方式如图 9-3 所示。

4. 预算因素

企业开展促销活动，必然要支付一定的费用。费用是企业经营十分关心的问题，并且企业能够用于促销活动的费用总是有限的。因此，企业应在满足促销目标的前提下，使投入的费用达到最好的效果，并且能够适应竞争的需要，避免盲目性。

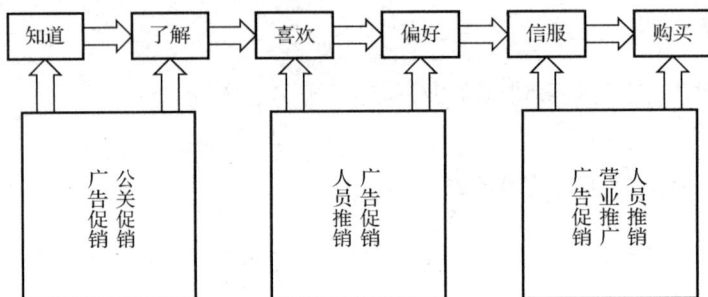

知道 → 了解 → 喜欢 → 偏好 → 信服 → 购买

广告促销 公关促销 ｜ 人员推销 广告促销 ｜ 广告促销 营业推广 人员推销

图 9-3　客户反应层级与促销方式

5. 产品生命周期

（1）导入期。导入期以广告为主，通过各种传媒，大力宣传新产品的品牌、特性、功能、服务等，使客户对刚投入市场的新产品，有所了解和认识。

（2）成长期。成长期产品已被客户认识，销售量开始迅速上升。促销以广告为主，但重点应从提高产品知名度转移到提高产品的偏好度、树立产品特色与品牌形象。对原有的广告内容应重新挑选和调整。

（3）成熟期。成熟期有更多的竞争者进入市场，大多数客户已了解产品，促销的主要目标是力图使企业的产品在竞争中处于优势。这时消费品促销应以广告为主，广告的内容多着重强调产品的价值和给用户带来的特殊利益，以保持并扩大企业产品的市场占有率。同时还应配合使用销售促进，增强对客户的吸引，以坚定其在成熟期继续购买本企业产品的信心。工业品促销则要更多地使用人员推销，挖掘潜在市场，巩固老客户，争取新用户。

（4）衰退期。衰退期市场需求已饱和，可替代的新产品已在市场上批量出售，客户的兴趣和爱好开始转移，产品销量急剧下降。这时应大量削减原有产品的促销费用，仅针对某些老客户保持一定份额的销售促进开支，配合少量提示性广告。

9.2　人员推销

关键词语

人员推销　上门推销　柜台推销

9.2.1　人员推销的含义

人员推销指企业通过派出销售人员，与一个或多个可能成为购买者的人交谈或网络互动，做口头陈述，以推销商品，促进和扩大销售。人员推销的活动，必须包含推销人员、推销对象，以及推销的商品或服务，通常称为人员推销的三要素，如图 9-4 所示。通过推销人员与推销对象之间的接触、洽谈，将推销品推销给推销对象，从而达成交易，实现既销售商品，又满足客户需要的目的。与非人员推销相比，人员推销既有优点，又有缺点。

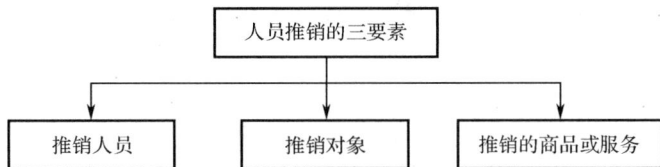

图 9-4　人员推销的三要素

1. 人员推销的优点

人员推销的优点包括信息传递双向性、推销目的双重性和推销过程灵活性。

2. 人员推销的缺点

销售人员与客户见面推销的缺点主要表现在两个方面：①支出较大，成本较高。由于每个推销人员直接接触的客户有限，销售面窄，特别是在市场范围较大的情况下，人员推销的开支较多，这就增大了产品销售成本。②对推销人员的要求较高。人员推销的效果直接决定于推销人员素质的高低，并且随着科学技术的发展，新产品层出不穷，对推销人员的素质要求也越来越高。要培养和选择出理想的推销人员比较困难，而且耗费也大。

🔍 营销视野

服务第一

甘道夫是全美国十大杰出业务员之一，是历史上第一位年销售额超过 10 亿美元的寿险业务员，堪称"世界上最伟大的保险业务员"。他在全美 50 个州共服务了超过 10 000 名客户，从普通工人到亿万富豪，各个阶层都有。甘道夫是如何取得这样辉煌成就的呢？

甘道夫说："你对你的客人服务越周到，他们与你的合作关系就会越长久。不管你推销的是什么，这个法则都不会改变。"

优质的服务可以消除客户可能产生的后悔感觉。大部分的客户喜欢在买过东西后得到正面的回应，以确定他们买了最正确的产品。

当完成一笔交易时，甘道夫都会寄出答谢卡给他的客户，包括最富有的客户。甘道夫有许多既成功又富有的客户，他们拥有豪华汽车和别墅，什么都不缺。然而，他们却仍然喜欢收到这些卡片。大部分的客户每年都会收到生日卡片，甘道夫总会在生意促成时，记住客户的生日，然后在适当的时机寄一张卡片给他。

此外，在每一位客户向他买保险满一年的时候，甘道夫都会亲自登门拜访。作为一名保险推销人员，他会记住客户的详细资料，如客户的亲属尚在或已故、结婚或离婚，以及企业的经营状况等，他还会寄给某位客户可能对他有用的杂志或报道。

整天在外奔走的推销人员，他们的产品大同小异，唯一可以与其他推销人员区分开来的方法，就是提供更好的服务。

9.2.2 人员推销的任务与基本形式

1. 人员推销的任务

推销人员的基本职责和核心任务就是与客户（或中间商）接洽，向客户（或中间商）展示企业的产品，解答客户（或中间商）的疑问，说服客户（或中间商）购买（或销售）企业的产品。销售人员既要稳住企业的现实客户，使其重复购买企业产品，同时也要开发新客户，变潜在的客户为现实的客户。主要包括寻找客户，开拓市场；传递信息，促进销售；热情服务，协调关系；收集信息，预测需求；树立、维护企业形象。

2. 人员推销的基本形式

（1）上门推销。上门推销是最常见的人员推销形式，是由推销人员携带产品的样品、说明书和订单等走访客户、推销产品的推销形式。这种推销形式，可以针对客户的需要提供有效的服务，有机会把产品和售后服务卖给愿意购买或租赁的客户。推销人员随时回答客户的提问，不仅有机会纠正客户对本公司及产品的偏见，还可以从客户那里得到明确的许诺或预购、预租。

（2）柜台推销。柜台推销又称门市推销，指企业在适当地点设置固定门市，由营业员接待进入门市的顾客，推销产品。这是一种普遍的人员推销方式。这种推销方式与上门推销相反，是顾客向销售人员靠拢，寻求要选购的商品。顾客挑选商品一般不需要营业员传递，营业员负责上货、整理并照看商品，解答顾客询问，但是营业员主动、恰到好处的推销往往能提高成交率。柜台销售的另一个好处是商品的品种、花色、式样等比较齐全，顾客的选择空间和选择余地都较大。

（3）会议推销。会议推销是企业利用如展览会、洽谈会、订货会、交易会、供货会等形式宣传和介绍商品，开展销售活动。在推销会议上，会有众多企业参加，各企业之间、同行之间充分接洽、交流。与会者一般都带有明确的目标，即客户为买而来，企业为卖而来，所以，双方极易达成交易，且交易的金额巨大。在这一点上，会议推销有着上门推销和柜台推销无法比拟的优势。随着经济发展速度的增快，会议推销的优势渐渐显露出来，并且得到了企业的广泛认同和采用。

（4）网络推销。网络推销是基于互联网发展起来的一种新型推销手段。互联网具有连接、传输、互动、存取各类形式信息的功能，通过互联网可以将产品和服务有效传递给潜在客户。网络推销包含信息发布、网址推广、销售促进、建立品牌、渠道建设、网上调研、客户服务等一系列活动。其好处在于节省推销过程的成本消耗，但也存在由于互联网的局限性，不能面对面与潜在客户或目标客户沟通，不能有效判断出客户的心理变化。

现场示范　以形服人

德国西部有一家以生产茶几见长的玻璃制品公司，为了使自己新推出的茶色玻璃钢茶几在市场上一炮打响，就使出不同凡响的示范促销策略。他们在公司的销售大厅门前摆开摊子，摆好茶几，把煮沸的开水不停地往茶几面上浇，同时还用空酒瓶子不停地往茶几面上砸，结果是茶几竟然安然无恙。该公司连续示范表演的时间还不到半年，产品就已经在德国市场上安营扎寨，并成了人们争相抢购的紧俏货。

9.2.3　推销人员的素质

推销人员是市场的开拓者，代表着企业的形象。他们不仅要乐于推销商品，而且要善于推销，才能使客户满意。这就要求现代企业的推销人员应具备较高的素质。

1．心理素质

推销员要想出色地完成推销任务，必须具备适合推销工作的心理素质，具体包括 3 个方面：开朗友善，意志坚定；充满自信，坚持不懈；喜欢交际，开拓创新。

2．业务素质

推销员的业务素质，包括诸如文字能力、对产品知识的了解、能熟练填写单据等方面的技能，直接关系到心理素质的发挥和整体素质的提高。业务素质具体包括 3 个方面：①推销理论知识。推销工作的基础理论主要指营销学、消费心理学等。②推销环境知识，主要指政治、经济、法律、社会文化等环境对购买产生的影响。③推销实务知识。推销工作不是专门的理论研究，而是一种操作性很强的实务工作。实务性知识主要指企业知识、商品知识、市场知识、推销技巧等。

3．能力素质

推销员如果想在工作中取得好的成绩，就必须具有敏锐的观察力和敏捷的思维能力；具有善于控制情绪和灵活应变的能力；具有善于交朋友与良好的语言表达能力；具有熟练的技术和维修能力；具有协调和组织能力。

4．身体素质

推销员必须开拓市场，需要经常在外出差。各地的环境、气候有很大的差异，推销员要想以旺盛的精力做好工作，就必须有坚强的体魄为后盾。否则，就难以胜任。

9.2.4　推销人员的选聘与培训

选聘推销人员可以有两种途径：一是从企业内部选拔到推销部门工作；二是从企业外部招聘，即在社会范围内招聘品德端正、作风正派、业务能力较强的人员。无论从哪种途径招聘人员，都需要经过严格的考试。培训推销人员的方法有很多，使用较多的主要有 3 种方法：①课堂讲授。企业聘请一些专家、教授和有丰富经验的推销员，在课堂上讲授基础理论和专业知识、推销方法和技巧。②现场实习。由企业有经验的推销人员带领受训人员参加各种推销实践活动。③委托培训。委托其他单位或大专院校为其代培推销人员，使他们得到科学、系统、全面的培训，但费用较高，应量力而行。

9.2.5 人员推销的步骤及策略

人员推销通常经过 7 个步骤，如图 9-5 所示。

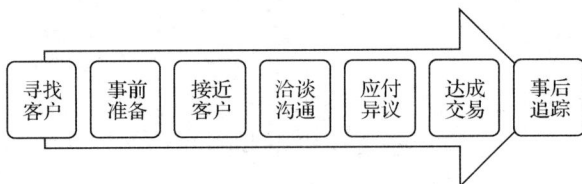

图 9-5 人员推销的 7 个步骤

1. 寻找客户

寻找客户即寻找有可能成为潜在购买者的客户。潜在客户是一个具有"MAN"的人，指具有购买力（Money）、购买决策权（Authority）和购买欲望（Need）的人。寻找潜在客户线索的方法主要有：①向现有客户打听潜在客户的信息；②培养其他能提供潜在客户线索的来源，如供应商、经销商等；③加入潜在客户所在的组织；④从事能引起人们注意的演讲与写作活动；⑤查找各种资料来源（工商企业名录、电话号码黄页等）；⑥用电话、电子邮件或信件追踪线索；⑦建立微信群或 QQ 群；等等。

2. 事前准备

在拜访潜在客户之前，推销员必须做好必要的准备，具体包括了解客户、了解和熟悉推销品、了解竞争者及其产品、确定推销目标、制定推销的具体方案等方面。俗话说得好："不打无准备之仗"，充分的准备是推销成功的必要前提。

3. 接近客户

接近客户是推销员征求客户同意后接见洽谈的过程。接近客户能否成功是推销成功的先决条件。推销接近要达到 3 个目标：给潜在客户一个良好的印象；验证在准备阶段得到的信息；为推销洽谈打下基础。

4. 洽谈沟通

洽谈沟通是推销过程的中心。推销员向准客户介绍商品，不能仅限于让客户了解你的商品，最重要的是要激起客户的需求，产生购买行为。练成娴熟的商品说明技能，就能使推销事半功倍。

5. 应付异议

推销员应随时准备应付不同意见，客户异议表现在多个方面，如价格异议、功能异议、服务异议、购买时机异议等，有效地排除客户异议是达成交易的必要条件。一个有经验的推销员面对客户的争议，既要采取不蔑视、不回避、注意倾听的态度，又要灵活运用有利于排除客户异议的各种技巧。

6. 达成交易

达成交易是推销过程的成果和目的。在推销过程中，推销员要注意观察潜在客户的各种变化，当发现对方有购买的意愿表示时，就要及时抓住时机，促成交易。为了达成交易，推销员还可以提供一些优惠条件。

7. 事后跟踪

现代推销理论认为，成交是推销过程的开始。推销员必须做好售后的跟踪工作，如安装、退换、维修、培训及客户访问等。对于 VIP 客户，推销员特别要注意与之建立长期的合作关系，以便实行关系营销。

9.2.6　推销人员的激励和评估

1. 对推销人员的激励

企业为了扩大产品的销路，牢牢占领市场，就必须充分调动推销人员的积极性，可以运用各种激励手段，使推销人员感到工作和个人的价值，从而发挥其最大的潜力。对推销人员激励的手段主要有：①销售定额。各地区将每年的目标任务分配给每个销售人员作为销售定额，并根据定额完成情况决定报酬的多少。②佣金制度。佣金制度指企业按销售额或利润额的大小，给予销售人员固定或根据情况可调整比率的报酬。它能激励销售人员尽力工作，并形成竞争机制。但是由于各种产品及客户的特点不同，以及推销人员的工作难度也会有所差别，导致企业在工作分配上的平衡度不易把握。因此，销售人员的佣金也要因产品、工作性质的不同而异。

2. 对推销人员的评估

企业为了对推销人员进行有效的管理，同时也作为分配报酬的依据，就必须对推销人员的工作业绩建立科学的评估、考核制度。对推销人员业绩的科学评估，首先，要阅读和分析有关情报资料，包括推销人员根据考核指标所撰写的定期报告。其次，要建立有效的评估标准。评估标准应能反映推销人员的销售绩效，主要指标有销售量及增长率、毛利、每天访问次数、访问成功率、平均订单数、销售费用与费用率、新客户的增加数及失去数等。同时也要注意一些客观条件，如销售区域的潜力、地理状况、交通条件等。这些条件都会不同程度地影响销售效果。最后，实施正式评估，企业在获得足够的资料，确立科学的标准之后，就可以正式评估。

评估有两种方式：①将各个销售人员的绩效进行比较和排队。这种比较应当建立在各区域市场的销售潜力、工作量、竞争环境、企业促销组合等大致相同的基础上。否则，就会显得不太公平。同时比较的内容也应该是多方面的，销售额并非唯一的，销售人员的销售组合、费用及对净利润所做的贡献也要纳入比较的范围。②把推销人员目前的绩效同过去的绩效相比较。这种方式有利于衡量推销人员工作的改善状况。除了对推销人员的工作成绩进行评估外，在有条件的情况下，也应对推销人员的素质进行评估。素质评估包括对推销人员的知识、人格、工作态度、思想品质、敬业精神的评价。

相关链接

星巴克的人员推销

星巴克公司称员工为"合作伙伴"，认为他们是星巴克公司的核心所在，站在咖啡店吧台后面直接与每一位客户交流的"合作伙伴"，在为客户创造舒适、稳定和轻松的环境过程中，起着关键的作用，决定了咖啡店的氛围。为此，在伙伴招募上，星巴克一贯坚持雇用对咖啡怀有热情和激情的人。当然，星巴克也为"合作伙伴"提供实现梦想的平台，坚持把伙伴利益放在第一位，尊重他们对企业的贡献，这些都会促使他们进一步为客户带来一流水平的服务。

星巴克特别重视"合作伙伴"在提升客户关系中的作用，将本来用于广告的支出用于员工的福利和培训，使员工的流动性很小。每个"合作伙伴"都要接受培训，培训内容包括客户服务、零售基本技巧及咖啡知识等。"合作伙伴"还要预测客户的需求，并在解释不同的咖啡风味时，与客户进行目光交流，员工如同咖啡迷一般，可以对客户详细解说每一种咖啡产品的独特风味。

9.3 广告策略概述

关键词语

广告 告知性广告 劝说性广告 提示性广告 广告效果

"商品如果不做广告，就好像一个少女在黑暗中向你暗送秋波。"西方流行的这句名言，充分表现了广告在营销中的独特地位。

9.3.1 广告的含义

"广告"一词来源于拉丁语"Adventure"，有"注意""诱导"的意思，英文为"Advertising"，含义为"引起别人注意，通知别人某件事"。按汉语理解，就是"广而告之"的意思，即广泛地告知公众某种事物的宣传活动。经济广告也称商业广告，是为了传播有关企业或产品的经济信息，这类广告主要是宣传企业、产品、劳务、观念等；非经济广告是除经济广告外的各种广告，如招聘、寻物、征婚启事、各种公告等。狭义的广告则专指经济广告，在市场营销学中所讲的广告就是指经济广告。

广告是以促进销售为目的，付给特定的媒体一定的费用，让其传播商品或劳务等有关经济信息的大众传播活动。

9.3.2　广告的功能

在当代社会，广告既是一种重要的促销手段，又是一种重要的文化现象，一个企业如果不善于做广告，别人根本就不会知道企业的产品。广告对企业、客户和社会都具有重要作用。

1. 广告对企业的功能

广告对于企业而言，具有传播信息，沟通产销，降低成本，促进销售，塑造形象等功能。

2. 广告对客户的功能

（1）指导消费。客户获取商品信息的来源主要有 4 种，即商业来源、公共来源、人际来源和个人来源。广告是客户最重要的商业来源。在现代社会，面对琳琅满目的商品，如果离开了广告，客户将无所适从。

（2）刺激需求。广告的一个重要功能就是刺激客户的购买欲望，促使客户对商品产生强烈的购买冲动。广告刺激的需求包括初级需求（Primary Need）和选择性需求（Selective Need）。所谓初级需求是通过广告宣传，促使客户产生对某类商品的需求，如对电脑、汽车等的需求；选择性需求是通过广告宣传，促使客户产生对特定品牌商品的需求，如联想电脑、红旗汽车等，引导客户认牌购买。

（3）培养消费观念。广告能够引导消费潮流，可以促使客户树立科学的消费观念。

3. 广告对社会的功能

（1）美化环境，丰富生活。路牌广告、POP 广告、霓虹灯广告等可以美化城市的形象，使都市的夜晚变得星光灿烂、绚丽多姿。因此，广告也称现代城市的脸。优美的广告歌曲、绚丽的广告画面、精彩的广告词语，无不给人以艺术的享受。

（2）影响意识形态，改变道德观念。曾经有人调查过，一个美国人从出生到 18 岁，在电视中看到的广告达 1 800 多个小时，相当于一个短期大学所用的学时。由此可见，广告对社会的价值观念、文化传承都具有非常重要的影响。

9.3.3　广告策略的步骤

尽管人们对广告在促销中的作用仍然存在争议，但我国的企业家对是否做广告表现得非常无奈，发出"不做广告是等死，做广告是找死"的感叹。但在市场上，我国企业对广告却始终情有独钟。这从中央电视台黄金时段的广告招标金额每年都在节节攀升，就可见一斑。

企业的广告决策，一般包括 5 个重要的步骤，简称"5M"。

1. 确定广告目标（Mission）

企业广告决策的第一步是确定广告目标。广告目标是企业通过广告活动要达到的目的，其实质就是要在特定的时间，对特定的目标受众，完成特定内容的信息传播，并获得目标受众的预期反应。

根据产品生命周期不同阶段中广告的作用和目标的不同，一般可以把广告的目标大致分为告知、劝说和提示三大类。产品生命周期下的广告类型如表 9-2 所示。

表 9-2　产品生命周期下的广告类型

广 告 类 型	含　义	广 告 作 用
告知性广告	向市场推销新产品，介绍产品的新用途和新功能，宣传产品的价格变动，推广企业新增的服务，以及新企业开张	促使客户产生初始需求
劝说性广告	劝说客户购买自己的产品，鼓励竞争对手的客户转向自己，改变客户对产品属性的认识，以及使客户有心理准备，乐于接受人员推销等	促使客户对本企业的产品产生"偏好"
提示性广告	产品的成熟期和衰退期使用的主要广告形式	提示客户购买

2. 确定广告预算（Money）

广告目标确定后，企业必须确定广告预算。对于企业而言，广告预算是否合理是一个至关重要的问题。确定广告预算的方法主要有 4 种，即量力支出法、销售额百分比法、目标任务法和竞争对等法。但企业在确定广告预算时，必须充分考虑以下因素。

（1）产品生命周期。产品在导入期和成长期前期的广告预算一般应该较高，在成熟期和衰退期的广告预算一般较低。

（2）市场占有率的高低。市场占有率越高，广告预算的绝对额就越高，面向广大客户的产品的人均广告费用却比较低；反之，市场占有率越低的产品，广告预算的绝对额也较低，但人均广告费并不低。

（3）竞争的激烈程度。广告预算的多少与竞争激烈程度的强弱成正比。

（4）广告频率的高低。广告频率的高低与广告预算的多少成正比。

（5）产品的差异性。高度同质性的产品，客户不管购买哪家企业生产的都一样，广告的效果不明显，广告预算低；高度差异性的产品，因为具有一定的垄断性，不做广告也会取得较好的销售效果。而具有一定的差异性，但这种差异又不足以达到垄断地位的产品，因为市场竞争激烈，广告预算反而应该比较多。

3. 确定广告信息（Message）

广告的效果并不主要取决于企业投入的广告经费，关键在于广告的主题和创意。广告主题决定广告表现的内容，广告创意决定广告表现的形式和风格。只有广告的内容能够迎合目标受众的需求，广告表现具有独特性，广告才能引人注意，并给目标受众带来美好的联想，进而促进销售。

广告的信息决策一般包括如下 3 个步骤。

（1）确定广告的主题。广告主题是广告所要表达的中心思想，应显示产品的主要优点和用途以吸引客户。对于同一类商品，可以从不同的角度，提炼不同的广告主题，以满足不同客户的需要和同一客户的不同需要。

（2）广告信息的评估与选择。一个好的广告总是集中于一个中心的促销主题，而不必涉及太多的产品信息。"农夫山泉有点甜"这则广告，就以异常简洁的信息，在受众中留下了深刻的印象。如果广告信息过多过杂，客户往往不知所云。

（3）信息的表达。广告信息的效果不仅取决于"说什么"，更在于"怎么说"，即广告信息的表达。广告表现的手段包括语言手段和非语言手段。

语言手段在广告中的作用是其他任何手段所不及的，因为语言可以准确、简练、完整、扼要地传达广告信息。如铁达时手表的"不在乎天长地久，只在乎曾经拥有"、统一润滑油的"多一份润滑，少一份摩擦"、中国移动通信公司的"我的地盘听我的"等，既简明扼要，又朗朗上口，都取得了意想不到的效果。

非语言手段就是语言以外的、可以传递信息的一切手段，主要包括构图、色彩、音响等。任何一个广告信息都可以用不同的表现风格加以表现，例如，生活片段，表现人们在日常生活中，正在满意地使用某产品；生活方式，借助广告形象强调产品如何适应人们的某种生活方式；音乐，包括背景音乐和广告歌曲；幻想，针对本产品或其用途，设计出一种幻想意境；气氛，为产品制造可以引起某种联想的氛围，给人以暗示；人格化，创造一个人物或拟人化的形象，代表或象征某产品；专门技术，表现企业在生产某产品过程中的技术和专长；科学证据，借助科学研究成果或调查证明，表现产品的优越之处；旁证，由值得信赖的权威人士推荐或普通用户的"现身说法"，以证明产品的功能和用途。

4. 选择广告媒体（Media）

广告表现的结果就是广告作品。广告作品只有通过恰当的广告媒体投放，才能实现广告传播的目标。广播、电视、报纸和杂志是传统的四大大众传播媒体，互联网称为第五大大众媒体。除大众传播媒体外，还有招牌、墙体等户外媒体，车身、车站、地铁等交通媒体，信函、传单等直接媒体，等等，种类众多。

广告媒体的选择，主要依据下列因素进行。

（1）广告产品的特征。一般生产资料适合选择专业性的报纸、杂志、产品说明书；而生活资料则适合选择生动形象、感染力强的电视媒体和网络媒体，及印刷精美的彩色杂志等媒体。

（2）目标市场的特征。全国性市场适合选择全国性媒体，区域性市场适合选择区域性媒体。

（3）广告目标。以扩大市场销售额为目的的广告应选择时效性快、表现性强、针对性强的媒体；树立形象的广告则适合选择覆盖面广、有效期长的媒体。

（4）广告信息的特征。情感诉求的广告适合选择广播、网络、电视媒体等有声的媒体；理性诉求的广告适合选择报纸、杂志等印刷类媒体。

（5）竞争对手的媒体使用情况。一般情况下，应尽可能避免与竞争对手选择同一种媒体，特别是同种媒体的同一时段或同一版面。如果两个竞争者的广告登在同一种报纸的同一版面上，或者在电视的同一时段投放，效果就可能大打折扣。

（6）广告媒体的特征。各类广告媒体都有各自的广告适应性，如电视、互联网的优势是生动形象，时效性强，多手段传播，但不易保存，费用高；报纸价格便宜，易保存，但不生动等。选择广告媒体一定要对各类媒体的广告属性进行充分的把握。

（7）国家广告法规。国家广告相关法规中关于广告媒体的规定是选择广告媒体的重要依据。

5. 评估广告效果（Measurement）

广告的效果主要体现在3个方面，即广告的传播效果、广告的促销效果和广告的社会效果。广告的传播效果是前提和基础，广告的销售效果是广告效果的核心和关键，企业的广告活动也不能忽视对社会风气和价值观念的影响。

（1）广告传播效果的评估。主要评估广告是否将信息有效地传递给目标受众。这种评估传播前和传播后都应进行。传播前，既可采用专家意见综合法，由专家对广告作品进行评定，也可以采用客户评判法，聘请客户对广告作品从吸引力、易读性、好感度、认知力、感染力和号召力等方面进行评分。传播后，可再邀请一些目标客户，向他们了解对广告的阅读率或视听率和对广告的回忆状况等。

（2）广告促销效果的评估。促销效果是广告的核心效果。广告的促销效果，主要测定广告所引起的产品销售额及利润的变化状况。测定广告的促销效果，一般可以采用比较的方法。在其他影响销售的因素一定的情况下，比较广告前后销售额的变化；或者其他条件基本相同的甲和乙两个地区，在甲地做广告而在乙地不做广告，然后比较销售额的差别，就能以此判断广告的促销效果等。

（3）广告的社会效果的评估。主要评定广告的合法性，以及广告对社会文化价值观念的影响。一般可以通过专家意见法和客户评判法进行。

🔍 营销视野

地铁广告成功的要素

1. 内容即广告

随着移动互联网的发展，用户依靠手机社交应用，就可以快速建立起前所未有的庞大社交网络，集中到社交网络里。传统的商业广告仅仅能单向传达产品信息，而在互联网时代，无论是线上，还是线下的广告，都开始重视用户的参与感，体现用户的意志。一直以来，户外广告十分注重广告的技术手段，而地铁广告将重点放在用户体验上，并将用户体验具体化为一个个适合不同场景、针对不同目标受众、具有故事性和观赏性的内容。地铁的广告是一种全新的内容型广告，广告本身即内容，内容本身即广告，可使受众产生共鸣，并且愿意参与其中。

2. 借力地铁引爆话题关注

地铁本身是人流量相对集中和密集的城市基础运输设施，自带高曝光性和话题性。由于地铁媒体与移动互联网之间的天然互补性，因此，地铁广告案例与移动互联网，尤其是社交媒体的结合越来越密切，大量的地铁广告案例成为社交媒体上的热门话题。国内跨境电商曾包下北京东单站北换乘通道，打出长度超过百米的广告，利用线下引流直接促成线上的购买率。

3. 使用视觉冲击

地铁聒噪的环境使得地铁中很少出现有声广告，大部分地铁广告都是以画面和文字吸引人。在地铁环境中，广告设计和创意常常利用某些位置，营造具有冲击力的广告效果，让人们感受到足够强烈的刺激，从而加深印象，提升记忆效果。最常见的是利用地铁走道、站台及车厢，通过色彩丰富的画面、3D 效果图，甚至是实物的方式，营造出强烈的视觉冲击力。

2017 年情人节，在北京西单地铁站里，优酷为其热播剧《三生三世十里桃花》，营造了一个桃花主题的过道，并通过抽桃花签和领鲜花礼品等活动，吸引人们的关注。地铁作为一种传统的户外媒体，大多数人走路时只是匆匆一瞥，因此，地铁广告需要强烈的直接信息，才可能被用户捕捉到。流量与关注度是品牌投放广告的重要参照点，单一的传播渠道已经很难产生效果，当品牌广告的触角开始伸展到生活的一隅时，品牌必须用创意打动用户，同时品牌创意也是品牌核心的外在体现。

9.4 营业推广策略

关键词语

营业推广　营业推广策略

9.4.1 营业推广策略的概念

营业推广策略是企业选用各种短期诱导、鼓励购买以销售企业产品或服务的促销活动。营业推广策略通常以两个有区别的市场为目标。消费者营业推广策略以最终消费者为目标，贸易营业推广策略以批发商和零售商这样的营销渠道成员为目标。

营业推广策略通常具有以下 3 个特点。

1. 营业推广策略促销效果显著

营业推广策略的方式多种多样，一般而言，只要合理，都能收到显著的效果，而不像广告与公共关系那样需要一个较长的时间才能见效。因此，营业推广策略适合在一定时期、一定任务的短期性的促销活动中使用。

2. 营业推广策略是一种辅助性促销方式

人员推销、广告和公共关系都是常规性的促销方式，而多数营业推广策略则是非正规性和非经常性的，只能是它们的补充方式。虽能在短期内取得明显的效果，但它一般不能单独使用，常常配合其他促销方式使用，才能更好地发挥其作用。

3. 大量使用营业推广策略，会降低品牌忠诚度

采用营业推广策略方式促销，似乎能打破用户需求动机的衰变和购买行为的惰性。

营业推广策略的一些做法也常使客户认为卖者急于抛售，若频繁使用或使用不当，往往会引起客户对产品质量、价格产生怀疑，降低品牌忠诚度，增加客户对价格的敏感性，淡化品牌质量概念，偏重短期行为。因此，企业在开展营业推广策略活动时，要注意选择恰当的方式和时机。

9.4.2 营业推广策略的环节

企业在动用营业推广策略时，一般要经过"确定促销目标、选择营业推广策略工具、策划营业推广策略方案、测试营业推广策略方案、实施和控制营业推广策略方案、评价营业推广策略结果"等几个环节。

1. 确定促销目标

营业推广策略的具体目标一定要根据目标市场类型的变化而变化。对于用户而言，目标包括鼓励用户更多地使用商品和促进其大批量购买，争取未使用者的试用，吸引竞争者品牌的使用者；对于中间商而言，目标包括吸引中间商经营新的商品品目和维持较高水平的存货，鼓励他们购买过季商品，鼓励贮存相关品目，抵消竞争性的促销影响，建立中间商的品牌忠诚和获得进入新的网点的机会；对于推销人员而言，目标包括鼓励他们支持一种新产品或新型号，激励他们寻找更多的潜在客户，刺激他们推销过季商品。

2. 选择营业推广策略工具

有许多不同营业推广策略工具，各有其特点和适用范围。选择营业推广策略工具时，必须考虑市场类型、营业推广策略目标、竞争情况，以及每一种营业推广策略工具的成本效益等各种因素。

下面仅从市场类型和营业推广策略目标的角度进行分析。

（1）用于消费者市场的营业推广策略工具。如果营业推广策略目标是抵制竞争者的促销，则可设计一组降价的产品组合，以取得快速的防御性反应。如果企业产品有明显的竞争优势，目标在于吸引用户，则可以赠送样品，采用邮寄附在印刷广告中、在商店散发、挨户赠送等形式。营业推广形式如表9-3所示。

表9-3 营业推广形式

形　　式	说　　明
样品	免费提供给用户或供其使用的产品
优惠券	通过邮寄或附在其他产品或广告中，也可刊登在杂志或报纸广告上，送给用户的一种购货券，持有者可以按优惠价购买某种特定产品
特价包	向用户提供低于正常价格销售商品的一种方法，其做法是在商品包装或标签上加以附带说明
赠品（礼品）	以较低的代价或免费向用户提供某一物品，以刺激其购买某一特定产品。第一种是包装赠品，即将赠品附在产品内（包装内附赠品），或附在包装上面（包装上附赠品）；第二种是免费邮寄赠品，即用户交还购物证据就可以获得一份邮寄赠品；第三种是自我清偿性赠品，即以低于一般零售价的价格向需要此种商品的用户出售商品

续表

形　式	说　明
交易印花	用户在购买某一种商品时，企业根据其购买额赠送一定数量的印花。当用户手中的印花累积到一定的数量时，可到指定地点换取现金或实物。这种方法可以吸引客户长期购买本企业的产品
现场陈列、表演和展销	时装表演、当场免费品尝、名优产品展销等，可以增进客户对产品的了解
消费信贷	通过赊销等方式向用户推销产品。采用这种方式，用户不用支付现金即可购买商品。消费信贷的形式有分期付款、信用卡等
产品保证	指对产品的质量做出某种保证或者对购买后的使用、维修做出某种承诺
现金折款（退款）	现金折款是在购物完毕后提供减价。用户购物后将一张指定的"购物证明"寄给制造商，制造商用邮寄的方式"退还"部分购物款项
联合促销	两个或两个以上的品牌或公司在优惠券、付现金折款和竞赛中进行合作，以扩大它们的影响力

（2）企业用于中间商的营业推广策略工具。

① 交易折扣。企业可以规定，只要在一定时期内购买了本企业的某种商品，就可以得到一定金额的折扣，购买量越大，折扣越多。

② 津贴。当中间商出资为本企业产品做广告，或在店堂陈列展出本企业产品时，企业均给中间商一定的财务资助。

③ 代销。其目的是减少中间商的经营风险，使其愿意为企业销售产品。

④ 销售竞赛。这种方式可在中间商或企业推销人员中展开，竞赛中的成绩优秀者，企业给予一定的奖励，如奖金、奖品、旅游等。

（3）企业用于推销人员的营业推广策略工具。

推销人员经常要将许多不同品牌的商品，推销给消费者使用，因此，企业常运用销售竞赛、销售红利、奖品等营业推广策略工具，直接刺激推销人员。

3．策划营业推广策略方案

企业市场营销人员不仅要选择适当的营业推广策略工具，而且还要做出一些附加的决策，以制定和阐明一个完整的促销方案。

（1）诱因的大小。市场营销人员必须确定使企业成本效益最佳的诱因规模。要想取得促销的成功，一定规模的最低限度诱因是必需的。假设销售反应会随着诱因的大小而增减，则一张减价 15 元的折价券比减价 5 元的折价券能带来更多的用户，但不能因此而确定前者的反应为后者的 3 倍。事实上，销售反应函数曲线一般都呈 S 形，即一定的最小诱因规模才能使促销活动开始引起足够的重视。当超过一定点时，较大的诱因规模以递减率的形式增加销售反应。通过考察销售和成本增加的相对比率，市场营销人员可以确定最佳诱因规模。

（2）参与者的条件。例如，特价包是提供给每一个人，还是仅给予那些购买量较大的人？抽奖可能限定在某一范围内，而不允许企业职员的家属和某一年龄以下的人参加，通过确定参与者的条件，卖主可以有选择地排除那些不可能成为商品固定使用者的人。当然，应该看到，如果条件过于严格，往往导致只有部分品牌忠诚者或喜好优待的用户才会参与，而将其他用户排除在外。

（3）促销媒体的分配。市场营销人员还必须决定如何将促销方案向目标市场贯彻。假设在促销一张减价 15 元的折价券时，则至少有 4 种途径可使客户获得折价券：一是放在包装内；二是在商店里分发；三是邮寄；四是附在广告媒体上。每一种途径的送达率和成本都不相同。例如，第一种途径主要用于送达经常使用者；而第二种途径虽然成本费用较高，却可送达非本品牌的使用者。

（4）促销时间的长短。市场营销人员还要决定营业推广策略时间的长短。如果时间太短，就会使有希望的潜在用户来不及购买而降低推广效果；如果时间过长，则会给用户造成变相减价的印象而失去吸引力，甚至对产品质量产生怀疑。

（5）促销时机的选择。现代企业的品牌经理通常要根据销售部门的要求，安排营业推广策略的时机和日程。而日程安排又必须由地区市场营销管理人员，根据整个地区的市场营销战略进行研究和确定。此外，促销时机和日程的安排，还要注意使生产、分销、推销的时机和日程协调一致。

（6）确定促销总预算。促销总预算可以通过两种方式拟定，一种是根据所选用的各种促销方法估算总费用；另一种是比例法，按经验比例确定各种商品营业推广策略预算占总预算的百分比。

4. 测试营业推广策略方案

为了保证大规模营业推广策略的安全性和有效性，对已经拟订的方案进行测试是必要的。测试的内容主要有，刺激力度对用户的效力、客户的反应、所选用工具的适当预算能否满足需要及实施的途径等。当发现不适当的部分，可及时做出调整。这种测试，被企业营销活动的实践证明是十分重要的。

5. 实施和控制营业推广策略方案

营销经理必须对每一项促销工作确定实施和控制计划。实施计划必须包括前置时间和销售延续时间，前置时间是开始实施这种方案前所必需的准备时间；销售延续时间指从开始实施优待办法起，到大约 95% 采取此优待办法的商品已经到用户手里为止，这段时间可能是一个月以至几个月，这取决于实施这一办法持续时间的长短。

6. 评价营业推广策略结果

促销结果的评价是极其重要的。制造商可用 3 种方法进行评价：销售数据；消费者调查；试验。

9.5 公共关系

🔖 关键词语

公共关系　危机公关　战略性公关　策略性公关　公共关系评估

9.5.1　公共关系的要素及特征

从营销的角度讲，公共关系是企业利用各种传播手段，沟通内外部关系，塑造良好形象，为企业的生存和发展创造良好环境的经营管理艺术。

1. 公共关系的要素

公共关系的构成要素分别是社会组织、传播和公众，他们分别作为公共关系的主体、中介和客体相互依存。

社会组织是公共关系的主体，是执行一定社会职能、实现特定的社会目标，构成一个独立单位的社会群体。在营销中，公共关系的主体就是企业，公众是公共关系的客体。公众是面临相同问题并对组织的生存和发展有着现实或潜在利益关系和影响力的个体、群体和社会组织的总和。社会组织与公众之间需要传播和沟通，传播是社会组织利用各种媒体，将信息或观点有计划地对公众进行交流的沟通过程。社会组织开展公关活动的过程，实际上就是传播沟通过程。

因此，企业在进行营销活动时，公共关系的处理既可能起到画龙点睛的作用，也可能因为营销手段或公共关系处理不恰当，反而形成公关危机。

2. 公共关系的特征

公共关系作为一种促销手段，与前述其他手段相比，具有如下几个特点。

（1）注重长期效应。公共关系是企业通过公关活动树立良好的社会形象，从而创造良好的社会环境。这是一个长期的过程，良好的企业形象能为企业的经营和发展带来长期的促进效应。

（2）注重双向沟通。在公关活动中，企业一方面要把本身的信息向公众进行传播和解释，同时也要把公众的信息向企业进行传播和解释，使企业和公众在双向传播中形成和谐的关系。

（3）可信度较高。相对而言，大多数人认为公关报道比较客观，比企业的广告更加可信。

（4）具有戏剧性。经过特别策划的公关事件，容易成为公众关注的焦点，可使企业和产品戏剧化，引人入胜。

9.5.2　公共关系实施的步骤

1. 确定公关目标

进行公共关系活动要有明确的目标，目标的确定是公共关系活动取得良好效果的前提条件，企业的公关目标因企业面临的环境和任务的不同而不同。一般而言，企业的公关目标主要有以下几类：①新产品、新技术开发之中，要让公众有足够的了解；②开辟新市场之前，要在新市场所在地的公众中宣传组织的声誉；③转产其他产品时，要树立组织新形象，使之与新产品相适应；④参加社会公益活动，增加公众对组织的了解和好感；⑤开展社区公关，与组织所在地的公众沟通；⑥本组织的产品或服务在社会上造成不良影响后，进行公共关系活动以挽回影响；⑦创造一个良好的消费环境，在公众中普及同本组织有关的产品或服务的消费方式；等等。

2. 确定公关对象

公关对象的选择就是公众的选择。公关的对象决定于公关目标，不同的公关目标决定了公关传播对象的侧重点的不同。如果公关目标是提高用户对本企业的信任度，毫无疑问，公关活动应该重点根据用户的权利和利益要求进行。如果企业与社区关系出现摩擦，公关活动就应该主要针对社区公众进行。选择公关对象要注意两点：①侧重点是相对的。企业在针对某类对象进行公关活动时，不能忽视与其他公众的沟通；②在某些时候（如企业出现重大危机等），企业必须加强与各类公关对象的沟通，以赢得各方面的理解和支持。

3. 选择公共关系的方式

公共关系的方式是公共关系工作的方法系统。在不同的公关状态和公关目标下，企业必须选择不同的公关模式，以便有效地实现公共关系目标。企业的公关方式主要有以下两类。

（1）战略性公关方式。下列 5 种公关方式，主要针对企业面临的不同环境和公关的不同任务，从整体上影响企业形象，属于战略性公关。

① 建设性公关，主要适用于企业初创时期或新产品、新服务首次推出之时，主要功能是扩大知名度，树立良好的第一印象。

② 维系性公关，适用于企业稳定发展之际，用于巩固良好企业形象的公关模式。

③ 进攻性公关。企业与环境发生摩擦冲突时，所采用的一种公关模式，主要特点是主动。

④ 防御性公关。企业为防止自身公共关系失调而采取的一种公关模式，适用于企业与外部环境出现了不协调或摩擦苗头的时候，主要特点是防御与引导相结合。

⑤ 矫正性公关。企业遇到风险时采用的一种公关模式，适用于企业公共关系严重失调，令企业形象严重受损的时候，主要特点是及时。

（2）策略性公关方式。下列 5 种公关方式，属于公共关系的业务类型，主要是公共关系的策略技巧，属于策略性公关。

① 宣传性公关，指运用大众传播媒介和内部沟通方式开展宣传工作，树立良好企业形象的公共关系模式，分为内部宣传和外部宣传。

② 交际性公关，指通过人际交往开展公共关系的模式。目的是通过人与人的直接接触，进行感情上的联络，其方式是开展团体交际和个人交往。

③ 服务性公关，指以提供优质服务为主要手段的公共关系活动模式。目的是以实际行动获得社会公众的了解和好评，这种方式最显著的特征在于实际的行动。

④ 社会性公关，指利用举办各种社会性、公益性、赞助性活动开展公关，带有战略性特点，着眼于整体形象和长远利益。其方式有 3 种：一是以企业本身为中心开展的活动，如周年纪念等；二是以赞助社会福利事业为中心开展的活动；三是资助大众传播媒

介举办的各种活动。

⑤ 征询性公关，指以提供信息服务为主的公关模式，如市场调查、咨询业务、设立监督电话等。

4．实施公关方案

实施公共关系方案的过程，就是把公关方案确定的内容变为现实的过程，是企业利用各种方式与各类公众进行沟通的过程。实施公关方案是企业公关活动的关键环节，再好的公关方案，如果没有实施，就只能是镜中花水中月，没有任何价值。实施公关方案，需要做好以下几方面的工作。

（1）做好实施前的准备。任何公共关系活动实施之前，都要做好充分的准备，这是保证公共关系实施成功的关键。公关准备工作主要包括公关实施人员的培训、公关实施的资源配备等方面。

（2）消除沟通障碍，提高沟通的有效性。公关传播中存在着方案本身的目标障碍，实施过程中语言、风俗习惯、观念和信仰的差异，以及传播时机不当、组织机构臃肿等多方面形成的沟通障碍和突发事件的干扰等影响因素。消除不良影响因素是提高沟通效果的重要条件。

（3）加强公关实施的控制。企业的公关实施如果没有有效的控制，就会产生偏差，从而影响到公关目标的实现。公关实施中的控制主要包括对人力、物力、财力、时机、进程、质量、阶段性目标及突发事件等方面的控制。公关实施中的控制一般包括制定控制标准、衡量实际绩效、将实际绩效与既定标准进行比较和采取纠偏措施 4 个环节。

5．评估公关效果

公共关系评估是根据特定的标准，对公共关系计划、实施及效果进行衡量、检查、评价和估计，以判断其成效。需要说明的是，公共关系评估并不是在公关实施后，才评估公关效果，而是贯穿于整个公关活动之中。

公共关系评估的内容包括：①公共关系程序的评估，即对公共关系的调研过程、公关计划的制定过程和公关实施过程的合理性和效益性做出客观的评价。②专项公共关系活动的评估，主要包括对企业日常公共关系活动效果的评估、企业单项公共关系活动（如联谊活动、庆典活动等）效果的评估、企业年度公共关系活动效果的评估等方面。③公共关系状态的评估。企业的公共关系状态包括舆情状态和关系状态两个方面。企业需要从企业内部和企业外部两个角度，对企业的舆情状态和关系状态两个方面进行评估。

本章小结

促销是企业营销活动中的重要组成部分，通过促销可以传递和沟通销售信息，可以诱导和刺激客户的需要，可以强化企业优势，提高企业声誉，稳定和巩固市场销售。企业促销的主要内容有广告与宣传、人员推销、营销推广、公共关系。

广告与宣传是广泛地告知公众某种事物的一种宣传活动。人员推销是企业利用人员，在一定的环境下，运用一定的技术和手段，说服用户接受产品或劳务，实现满足客户需求并促进产品销售双重目的的活动过程。营销推广指在目标市场中，为刺激客户近期需求而采取的、能够对目标客户快速产生激励作用，以快速促进营业额提高的促销措施。营销推广有多种形式，有显著的促销效果，但是只能作为促销的辅助形式。公共关系是企业在营销活动中，通过一定的方法和手段，正确处理与社会公众的关系，以获取公众的信任和支持，树立企业的良好形象，从而促进产品销售的一种传播活动。

课后拓展

公关和广告都有着对方不能代替的优势，也有着各自的缺点。公关的本质在于控制社会舆论，使社会舆论朝着有利于企业（品牌）形象的方向制造宣传效应，缺点就是到达率有所局限。广告的本质在于通过简单明了的方式，宣扬企业及产品的信息，缺点就在于可信度日趋下降。营销的成功推进在于公关与包括广告在内的其他促销手段的有机整合。通过互相之间密切地配合，发挥各自的优势与长处，利用多种手段、宣传方式、立体地对目标客户进行追踪，使信息与目标客户之间得到无缝结合，目标客户对信息传播有效且充分地加以吸收。

课后实训

实训背景与说明：王伟创业经营的优选果蔬零售店在同学们的助力下，已经持续经营了半年，适逢"五一"小长假，王伟打算开展一次结合长假的促销活动。他希望同学们再次给他提供帮助，帮他设计合理的促销方案、促销活动等详细内容。

创业初期的创业者与营销工作者都应该清楚，用户对于不同节日的促销都有各自的偏好，那么企业可以通过促销的多种手段，让用户参与感受企业文化、企业产品、企业服务，增加与企业之间的情感连接，为后续企业实现向消费者传递产品、获得收益的想法做准备。

实训考核重点：通过本次实训，希望同学们能够对促销的多种手段及形式全面掌握，并通过帮助王伟解决他的诉求，挖掘企业在实际促销过程中，会面临哪些突发事件的发生，如何做好应对等，这都将为日后学生从事营销工作打下良好的基础。

实训内容：（1）帮助王伟设计一份关于"五一"小长假的门店促销方案（要求方案涉及内容包含人员推销、营业推广、广告促销）；

（2）王伟想和学院路一家幼儿园展开线下合作，以推广其小店的整体形象，请你帮助他从公共关系的角度思考，这个活动应该如何进行？并帮助他制定一个可行性方案。

实训要求：以上内容完成后，以书面形式提交汇总，并做小组汇报。然后在教师指导下进行小组互评，再由教师进行总结点评。

第10章 市场营销组织与管理

导入案例

零售企业转型 王府井再创辉煌

王府井的前身是北京市百货大楼，成立于1955年。经过多年发展，王府井解决了跨区域发展和百货业态连锁经营的问题，由区域性百货店发展为全国性的知名百货公司。截至2017年6月末，王府井拥有53家门店，涉及华北、华中、华南、华东、西南、西北、东北七大经济区域，19个省、市、自治区，29个城市，形成了处于不同发展阶段的门店梯次，业务涵盖了百货、购物中心、奥特莱斯等多种零售业态组合。

在整体的行业大背景下，王府井不可避免地受到冲击。从经营角度看，在经营理念上，王府井经营理念滞后于消费者变化，习惯以商品为中心，缺乏对消费者的深刻研究；在经营模式上，核心经营能力弱化，同质化现象严重，服务水平难以提升；在产品和消费上，定位过高，一味地追求大品牌、高定位，商品价格逐年上涨，缺乏区分度和可行性，单纯消费依赖明显；在营销策略上，手段单一，过分依赖价格手段，互动体验差，对互联网的认知有所滞后。

王府井真正意义上的战略转型始于2013年，其转型的核心是立足实体零售，构建互联网条件下新商业模式，提升商品经营和顾客经营。转型可概括为以下几个方面。

（1）引入互联网经营，拓展线上经营，推行全渠道发展。王府井通过自媒体、网上服务平台等多种技术手段，搭建网络化客服体系和营销体系，并且依托网上商城，全面拓展互联网新渠道。此外，王府井逐渐加快O2O项目的建设，通过成立全渠道中心，在组织机构上正式确立O2O战略。在全渠道建设方面，王府井已搭建了实体店与线上众多平台联动的销售网络和服务体系，还通过与腾讯、百度、大众点评、淘宝、天猫商城等平台合作，开展基于位置的互联网LBS引流，为其实体门店导入客流。

（2）重新进行产品定位和分级，推行自有品牌。王府井加强了对消费受众的分析与考察，由过于追求高奢品牌，转向根据不同消费人群定位产品档位，由过度依赖单纯消费逐步转向引导中产阶级群体消费。此外，随着联营模式弊端的显现，王府井全力打造自有品牌。2014年1月，王府井的第一款自主品牌FIRST WERT在北京开柜上线。

（3）实施多业态发展战略。从 2013 年开始，王府井开始了"去百货化"，重点推动购物中心和奥特莱斯业态的发展。王府井的控股股东收购了中国春天百货集团有限公司（以下简称"春天百货"）39.53%股权以发展奥特莱斯业务。此外，王府井还与恒大合资成立购物中心管理公司与商业物业地产公司，与京东合作发展金融服务业务。

分析：事实上，不只王府井急于转型，全国的传统零售企业都在试图摆脱困境，目前多数企业均处于探索阶段。但是，不能因为暂时未有成果显现，就拒绝尝试转型，或坐等复制其他企业的转型道路。

思考：（1）王府井做整体企业结构调整的主要原因是什么？

（2）在"互联网+"时代背景下，你认为王府井还应如何与时俱进地改变？

学习目标

通过本章内容的学习，学生应能掌握市场营销组织设置的一般原则，分析市场营销执行中存在的问题；能够学会设置市场营销机构；能够说明市场营销执行中的问题的处理对策；能够了解市场营销组织的管理。

10.1　市场营销组织

关键词语

市场营销组织　简单推销部门　管理幅度

10.1.1　市场营销组织的演变过程

市场营销组织是为了实现企业目标，而设置的制定和实施市场营销计划的职能部门。在不同的企业，市场营销组织往往有不同的称谓。在许多企业，市场营销组织也常常不只是一个机构或科室。

现代企业的市场营销部门，是随着市场营销观念的发展和长期演变而形成的产物。在市场经济发达的西方国家，随着企业经营思想的发展和企业自身的成长，市场营销组织大体经历了以下 5 种典型形式。

1. 简单的推销部门

20 世纪 30 年代以前，西方国家企业市场营销的指导思想基本是生产观念，其内部的市场营销组织大都属于这种形式。企业大多都是从财务、生产、推销和会计 4 个基本职能部门发展起来的。

2. 具有辅助性职能的推销部门

20 世纪 30 年代以后，市场竞争日趋激烈，大多数企业开始以推销观念为指导思想，进行一些经常性的市场营销调研、广告和其他促销活动。这些工作逐渐演变成为推销部门的专门职能，当这些工作在量上达到一定程度时，许多企业开始设立市场营销主管的职位，全盘扶持这些工作。

3. 独立的营销部门

随着企业规模和企业范围的进一步扩大，原来作为辅助性职能的市场营销工作的重要性日益增强，包括市场营销调研、新产品开发、促销和客户服务等，市场营销成为一个相对独立的职能。作为市场营销主管的市场营销副总经理与负责推销工作的副总经理一样，直接由总经理领导，说明了推销和市场营销成为平行的职能。在具体的工作上，两个职能及其部门之间还需要密切配合。

185

4. 现代营销部门

虽然推销和市场营销两个职能及其机构之间，需要互相协调和密切配合，但是两者很容易形成一种敌对和互不信任的关系。推销副总经理看重眼前销售量的大小，难免趋向于短期行为；市场营销副总经理着眼于长期效果，自然侧重于安排适当的计划和制定市场营销战略，以满足市场的长期需求。

解决推销部门和市场营销部门之间矛盾和冲突的过程，形成了现代市场营销组织形式的基础，市场营销组织的形式，开始发展到由市场营销副总经理全面负责、管理下辖所有市场营销职能机构和推销部门的阶段。

5. 现代营销企业

仅仅有上述现代市场营销部门的企业，并不一定就是现代市场营销企业。一个企业是否能成为现代市场营销企业，取决于所有的管理人员，甚至每一位员工对待市场营销职能的态度。

10.1.2 市场营销部门的组织类型

现代企业的市场营销部门有各种组织形式，但不论采取何种形式，都必须体现"以顾客为中心"的指导思想，这样才能使其发挥应有的作用。

1. 地区型营销组织

业务涉及全国甚至更大范围的企业，因为不同区域之间存在明显的地理差异性，所以会对企业的营销策略产生不同的需要，企业可以选择考虑采用地区型营销组织形式。按照地理区域组织管理销售人员（见图 10-1）。例如，在销售部门设有全国营销副总经理，下设华东、华南、华北、西北、西南、东北等大区市场经理；每个大区市场经理可以按照相关职能进行细化，所管辖下属人员的数目即"管理幅度"逐级增加。当然，如果销售任务艰巨、复杂，销售人员的工资成本太高，而他们的工作成效又对利润影响重大，此时管理幅度可以适当缩小。

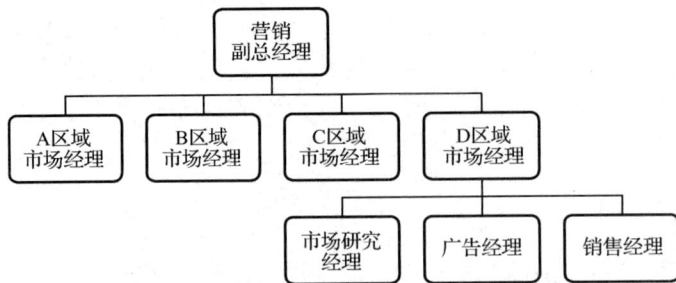

图 10-1 地区型营销组织

2. 职能型营销组织

职能型营销组织是最常见的市场营销组织形式（见图 10-2）。在市场营销副总经理的领导下，该组织把销售职能作为市场营销的重点，广告、产品管理、研发设计等职能处于次要位置。当企业只有一种或几种产品，或者企业的市场营销方式大体相同、规模较小、市场地域范围集中时，按照市场营销职能设置组织机构是比较有效的。

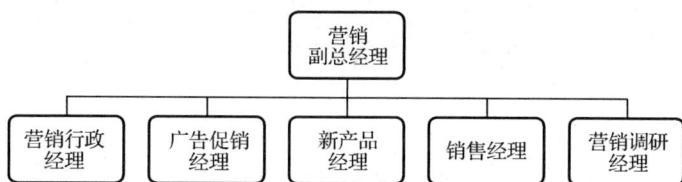

图 10-2　职能型营销组织

职能型营销组织的主要优点是行政管理简单、方便。但是，随着产品的增多和市场的扩大，这种组织形式会逐渐失去其有效性，原因在于两点：①在这种组织形式中，没有一个人对一种产品或一个市场全盘负责，因而可能缺少按产品或市场制订的完整计划，使得有些产品或市场被忽略；②各个职能科室之间为了争取更多的预算和得到比其他部门更高的地位，相互之间进行竞争，市场营销副总经理可能经常处于调解纠纷的烦恼之中。

3. 产品（品牌）型营销组织

生产多种产品或拥有多个品牌的企业，往往按产品或品牌建立市场营销组织。通常是在一名总产品（品牌）经理的领导下，按每类产品（品牌）分设一名经理；再按每种具体品种设一名经理，分层管理（见图 10-3）。一个企业如果经营的各种产品差别很大，产品的数量有很多，超过了职能型组织所能控制的范围，此时就适合建立产品（品牌）型营销组织。

这种组织形式的优点有 4 个：①便于统一协调产品（品牌）经理负责的特定产品（品牌）的市场营销组合战略；②能够及时反映特定产品（品牌）在市场上发生的问题；③产品（品牌）经理各自负责所管辖的产品（品牌），可以保证每一种产品（品牌）即使目前不太出色，但也不会被忽视；④有助于培养人才，产品（品牌）管理涉及企业经营、市场营销的方方面面，是锻炼年轻管理人员的最佳场所。

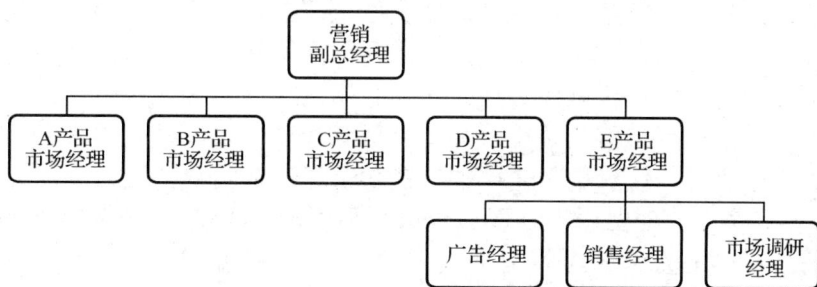

图 10-3　产品（品牌）型营销组织

这种组织形式的不足之处有 3 点：①会造成一些矛盾冲突。由于产品（品牌）经理权力有限，不得不依赖同广告、推销、制造部门之间的合作，这些部门又可能将其视为"底层的协调者"而不予重视；②产品（品牌）经理容易成为自己负责的特定产品（品牌）

的专家，但是不一定熟悉其他方面（如广告、促销等）的业务，因而可能在其他方面成不了专家，影响其综合协调能力；③建立和使用产品管理系统的成本，往往比预期的费用要高。产品管理人员的增加导致人工成本增加，企业要继续增加促销、调研、信息系统和其他方面专家，必然要承担大量的间接管理费用。要解决这些问题，企业就应对产品（品牌）经理的职责同职能管理人员之间的分工与合作做出明确、恰当的安排。

4．市场型营销组织

如果市场能够按照客户特有的购买习惯和偏好进行细分，也可以建立市场型营销组织。同产品（品牌）型营销组织相似，由一个总市场经理管辖若干细分市场经理，各个市场经理负责制定自己所辖市场的年度销售利润计划和长期销售利润计划（见图10-4）。这种组织形式的主要优点是企业可以围绕特定用户的需要，开展一体化的市场营销活动，而不是把重点放在彼此隔离的产品或地区上。在市场经济发达国家，许多企业都是按照市场型结构建立市场营销组织的。

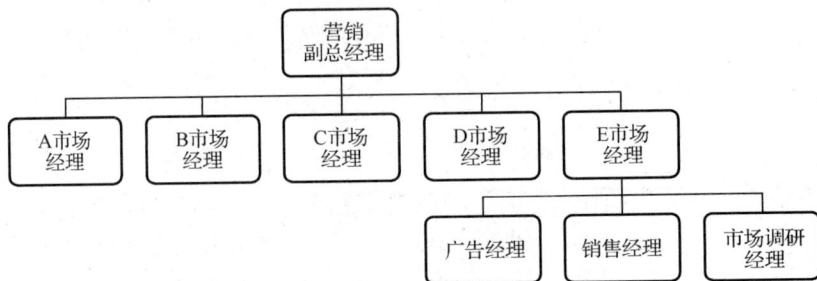

图10-4　市场型营销组织

5．产品（市场）型营销组织

面向不同市场生产多种产品的企业，在确定市场营销组织机构时，经常会面临两难的抉择，那就是究竟采用产品（品牌）型营销组织，还是采用市场型营销组织？或者能否吸收两种组织形式的优点，摒弃它们的不足之处？所以，有的企业会建立一种既有产品（品牌）经理，又有市场经理的矩阵组织，以求解决这个难题。但是，矩阵组织的管理费用高，容易产生内部冲突，由此又产生了新的两难抉择：一是如何组织销售力量，即究竟是按每种产品组织销售队伍，还是按各个市场组织销售队伍？或者销售力量不实行专业化？二是由谁负责定价，是由产品（品牌）经理负责，还是由市场经理负责？

绝大多数企业认为，只有相当重要的产品和市场，才需要同时设立产品经理和市场经理。也有企业认为，管理费用高和潜在矛盾并不可怕，这种组织形式能够带来的效益，远远高于需要为它付出的代价。

10.1.3　市场营销组织设置的原则

企业种类很多，它们不可能也不应该全都按一种模式设置市场营销机构。既然都是企业，其建立市场营销组织总会有一些相同的要求，也总会遵循一些共同的原则。

1. 整体协调和主导性原则

协调是管理的主要职能之一。设置市场营销机构需要遵循的整体协调和主导性原则，可以从以下 3 个方面加以认识。

（1）设置的市场营销机构能够对企业与外部环境，尤其是企业与市场、客户之间关系的协调发挥积极作用。在企业经营过程中，市场营销部门依据市场需求引导企业活动，重点解决营销费用如何才能与目标客户相适应，以及产品如何才能通过市场顺利交换的问题。市场营销机构通过识别、确认和评估市场上存在的需要和欲望，选择和决定企业能够最好地为之服务的市场或客户群体，以进行目标市场决策，从而为整个企业明确努力的方向。

（2）设置的市场营销机构能够与企业内部的其他机构相互协调，并能协调各个部门之间的关系。生产职能的一般任务是负责设备、原材料的采购及供应，形成和发展生产能力，管理作业流程，控制质量水准，按照企业经营的要求完成生产任务。

（3）市场营销部门内部的人员结构及层次设置也要相互协调，以充分发挥市场营销机构自身的整体效应。只有做到从自身到企业内部，再到企业外部的协调一致，市场营销机构的设置才可以说是成功的。

2. 有效性原则

效率指一个组织在一定时间内，可以完成的工作量。效率是衡量一个组织水平的重要标准。一个组织的效率高，足以说明它内部机构合理、完善，并能顺利地生存和发展。在企业内部，各个部门的效率表现在能否在必要的时间里，完成规定的各项任务；能否以最小的工作量，换取最大的成果；能否很好地吸取过去的经验教训，并在业务上不断有所创新；能否维持机构内部的协调，并能及时适应外部环境与条件的变换。企业要实现工作的高效率，就必须具备如下一些基本条件。

（1）善于用人，各司其职。市场营销管理任务繁杂、涉及面广，对人员的素质要求也是不同的。各级市场营销管理人员应当善于发现下属的优点，以发挥每一个人的专长。善于用人还包括善于发挥领导者自己的作用，也就是能够牢记职责，不把精力消耗在不应干预的领域。对一个部门而言，领导者精力的浪费就是最大的浪费。

（2）市场营销部门要有与完成自身任务相一致的权力，包括人权、物权、财权、发言权和处理事务权。如果责、权、利不能有机结合，相关人员就无法工作，更谈不上效率。

（3）市场营销组织要有畅通的内部沟通和外部信息渠道。如果信息等于零，管理就等于死亡。如果没有信息的通畅，市场营销管理就难有任何真正的效率。

10.2　市场营销执行

🔊 关键词语

市场营销执行　企业文化　报酬制度　人力资源

10.2.1　市场营销执行过程

1．制定行动方案

为了有效地实施市场营销战略，企业必须制定详细的行动方案，这个方案应该明确市场营销战略实施的关键性决策和任务，并将执行这些决策和任务的责任落实到个人或小组。另外，方案还应包含具体时间表，以明确行动的确切时间。

2．建立组织机构

企业的正式组织在市场营销执行过程中，起着决定性的作用。组织将战略实施的任务分配给具体的部门和人员，规定明确的职权界限和信息沟通渠道，协调企业内部的各项决策和行动。具有不同战略的企业，需要建立不同的组织机构，即组织机构必须同企业战略相一致，同企业本身的特点和环境相适应。组织机构具有两大职能：一是提供明确的分工，将全部工作分成几个部分，再将它们分配给各有关部门和人员；二是发挥协调作用，通过正式的组织联系沟通网络，协调各部门和人员的行动。

3．制定决策和报酬制度

为实施市场营销战略，企业还必须制定相应的决策和报酬制度，这些制度直接关系到战略实施的成败。企业对管理人员工作的评估和报酬制度，如果以短期的经营利润为标准，则管理人员的行为必定趋于短期化，他们就不会有为实现长期战略目标而努力的积极性。

4．开发人力资源

市场营销战略最终是由企业内部的工作人员执行的，所以人力资源的开发至关重要，这涉及人员的考核、选拔、安置、培训和激励等问题。在考核选拔管理人员时，要注意将适当的工作分配给适当的人，以期人尽其才；为了激励员工的积极性，必须建立完善的工资、福利和奖惩制度。

企业还必须合理确定行政管理人员、业务管理人员和一线工人之间的比例。许多美国企业已经削减了公司一级的行政管理人员，目的是减少管理费用和提高工作效率。不同的战略要求具有不同性格和能力的管理者,如拓展型战略要求具有创业和冒险精神的、有魄力的人员去完成；维持型战略要求管理人员具备组织和管理方面的才能；而紧缩型战略则需要寻找精打细算的管理者执行。

5．建设企业文化

企业文化是一个企业内部全体人员共同持有和遵循的价值标准、基本信念和行为准则，对企业经营思想和领导风格、职工的工作态度和作风，均起着决定性的作用。企业文化包括企业环境、价值观念、模范人物、仪式、文化网 5 个要素。企业环境是形成企业文化的外界条件，包括一个国家、民族的传统文化，也包括政府的经济政策及资源、运输、竞争等环境因素。

企业文化是在企业成长过程中，逐渐形成的共同价值标准和基本信念。这些标准和信念是通过模范人物塑造和体现的，是通过正式和非正式组织加以树立、强化和传播的。企业文化体现了集体责任感和集体荣誉感，甚至关系到职工人生观及其所追求的最高目标，能够起到把全体员工团结在一起的黏合剂的作用。因此，塑造和强化企业文化是执行企业战略不容忽视的一环。

6. 协调市场营销战略实施系统各要素之间的关系

为了有效地实施市场营销战略，企业的行动方案、组织机构、决策和报酬制度、人力资源开发、企业文化和管理风格这 5 个要素必须协调一致、相互配合。

营销视野

如何使销售人员完成销售任务

以达到既定结果为目标，采取必要的激励措施，鼓励销售人员努力向公司的营销目标而奋斗，营造一种有利于计划实施和执行的公司文化和工作环境，建立公司的市场信息系统和信息交流反馈系统，使所有的销售人员都能始终如一并且有效地完成他们的任务。

10.2.2　市场营销执行技能

为了有效地执行市场营销方案，企业的每个层次（职能、方案、政策等）都必须善于运用以下 4 种技能。

1. 配置技能

配置技能指市场营销经理在职能、政策和方案 3 个层次上，合理地配置时间、资金和人员的能力。

2. 调控技能

调控技能包括建立和管理一个对市场营销活动效果进行追踪的控制系统，包括 4 种类型，即年度计划控制、利润控制、效率控制和战略控制。

3. 组织技能

组织技能常用在发展有效工作的组织中，理解正式和非正式的市场营销组织，对于开展有效的市场营销执行活动是非常重要的。

4. 互动技能

互动技能指影响他人把事情办好的能力。市场营销人员不仅要有能力推动本企业的人员，有效地执行理想的战略，还必须能推动企业外的人或企业（如市场调查公司、广告公司、经销商、批发商、代理商等），实施理想的战略，即令它们的目标与本企业的目标相同。

10.3　市场营销控制

关键词语

市场营销控制　盈利能力控制　效率控制　市场营销审计

10.3.1　市场营销控制的含义

市场营销控制指衡量和评估营销策略与计划的成果，及采取纠正措施，以确定营销目标的完成，即市场营销经理经常检查市场营销计划的执行情况，看看计划与实际是否一致。如果不一致或没有完成计划，还要找出原因所在，并采取适当措施和正确行动，以保证市场营销计划的完成。

📎 相关链接

营销绩效指标

营销绩效指标是市场导向管理的核心，因为它们告诉我们某产品或业务在市场中的表现如何。营销绩效指标为营销绩效提供了度量方法，如客户满意、客户保留和客户忠诚；同时，营销绩效指标与盈利能力相关。

营销绩效指标分为 4 类：①市场指标，用于测量市场的当前绩效和利润影响。例如，某产品或业务的相对市场份额就是将其市场份额与 3 个最强竞争对手相对比的市场绩效指标；②客户指标，指一项业务或产品与客户相关的绩效情况；③竞争指标，用于反映一项业务或产品在产品绩效、服务质量、品牌形象、采购成本和客户价值等方面，与竞争对手比较的情况；④营销盈利性指标，指营销投资回报率（营销 ROI），是一个关键的营销盈利性指标，主要用于评估营销和销售费用对利润的影响。

10.3.2　市场营销控制的流程

市场营销控制是根据营销计划的要求，制定衡量营销绩效的标准，然后把实际的营销工作结果与预订标准相比较，以确定营销活动中出现的偏差及其严重程度；在此基础上，有针对性地采取必要的纠正措施，以确保营销资源的有效利用和营销目标的圆满完成。

市场营销控制一般包括 8 个基本环节的工作，这些基本环节构成了市场营销控制流程，如图 10-5 所示。

确定控制对象	制定衡量标准	选择控制重点	制定控制标准	衡量营销绩效	找出偏差及其程度	分析偏差原因	采取改进措施

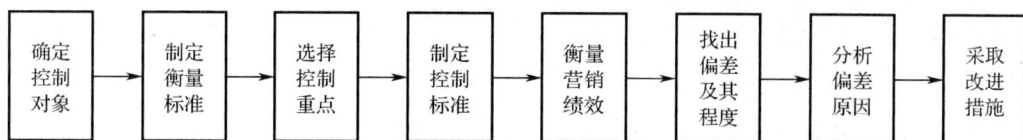

图 10-5　市场营销控制流程

1. 确定控制对象

确定控制对象即确定对哪些营销活动进行控制。最常见的营销控制对象包括销售收入、销售成本和销售利润 3 个方面。其他如市场调查的效果、新产品开发、销售人员的工作效率、广告效果等营销活动，也应通过控制加以评价。企业可以根据实际情况，对控制对象加以选择。

在确定控制对象的同时，还应确定控制的量，即控制频率。因为不同的控制对象，对企业营销成功的重要作用不同，应该有不同的控制频率。

2. 制定衡量标准

一般情况下，企业的营销目标可以作为营销控制的衡量标准，如销售额指标、销售增长率、利润率、市场占有率等。当进行营销过程控制时，问题就比较复杂，需要建立一套相关的标准。例如，将一个长期目标转化为各个时期的阶段目标，将战略目标分解为各个战术目标等。由于各企业的具体情况不同，且营销目标不同，所以，营销控制的衡量标准也会各不相同。

3. 选择控制重点

企业没有能力，也没有必要对营销组织的所有成员、营销活动和营销计划实施的环节都进行控制，而必须在影响企业营销成果的众多因素中，选择若干关键环节或关键活动，作为重点控制对象。

4. 制定控制标准

控制标准是对衡量标准定量化，即以某种衡量尺度，表示控制对象的预期活动范围或可接受的活动范围。例如，规定每个推销员每年必须增加 30 名新客户，规定推销员每次访问客户的费用标准等。企业制定的营销控制标准一般应允许有一定的浮动范围，不可绝对化。同时应注意因地制宜、因时制宜、因人而异。例如，在制定推销员的绩效标准时，要充分考虑个人之间的差别，主要包括各个推销员的具体产品、所推销产品的广告强度、所负责区域的市场条件和发展潜力、所在区域的竞争状况，及本企业产品在该市场的地位。

5. 衡量营销绩效

衡量营销工作成效应以预先制定的标准为依据，如要评价员工的工作热情，可以考核他们提供有关营销创新和市场开拓合理化建议的次数；如要评价他们的工作效率，可以计量他们提供的市场和客户的数量与质量；如要分析企业的盈利程度，可以统计和分析企业的利润额及其与资金、成本或销售额的相对百分比；如要衡量推销人员的工作绩效，可以检查他们的销售额是否比上年或平均水平高出一定的数量等。

6. 找出偏差及其程度

找出偏差及其程度指把预先制定的衡量标准和控制标准，与实际结果进行比较，找出偏差，把握好偏差程度。检查的方法有很多种，如直接观察法、统计法、访问法、问卷调查法等，可根据实际需要选择。企业营销信息系统提供的各种信息，也可以用作检查对照的依据。

7. 分析偏差原因

营销执行结果与营销计划发生偏差的情况是经常出现的，原因有两种，一种是实施过程中的问题，这种偏差较容易分析；另一种是营销计划本身的问题。而这两种原因通常是交织在一起的，加大了问题的复杂性，致使分析偏差原因成为营销控制的一个难点。要想确定产生偏差的原因，就必须深入了解情况，占有尽可能多的相关资料，从中找出问题的症结。例如，营销部门没有完成营销计划，可能只是由于某种产品的亏损，导致影响了整个部门的盈利；推销效率不高的原因可能是推销员的组织机构不尽合理。

8. 采取改进措施

针对存在的问题，应提出相应的改进措施。提高工作效率是营销控制的最后一个步骤，包括采取改进措施并抓紧时间。改进方法有 2 种：一是企业在制定营销计划的同时，提出了应急措施，在实施过程中，一旦发生偏差可以及时补救；二是企业事先没有制定措施，而是在发生偏差后，根据实际情况，迅速制定补救措施并加以改进。

10.3.3　市场营销控制的方法

市场营销控制的方法有很多种，但归纳起来，主要包括 4 个方面的内容，即年度计划控制、盈利能力控制、效率控制和战略控制。

1. 年度计划控制

任何企业都要制定年度计划，但年度市场营销计划的执行能否取得理想的成效，还需要看营销控制工作进行得如何。年度计划控制指企业在本年度内采取控制步骤，检查实际绩效与计划之间是否存在偏差，并采取改进措施，以确保市场营销计划的实现与完成。许多企业每年都制定相当周密的计划，但执行的结果却往往与之有一定的差距。

年度计划控制的内容包括销售分析、市场占有率分析、市场营销费用率分析、财务分析、客户态度追踪。

（1）销售分析。销售分析是衡量并评估实际销售额与计划销售额之间的差距。销售分析包括销售差距分析和地区销量分析。

（2）市场占有率分析。企业的销售绩效并没有反映出相对于竞争者的企业经营状况如何。市场占有率分析有如下几种方法：①全部市场占有率，这种度量方法以企业的销售额占全行业销售额的百分比表示；②可达市场占有率，以其销售额占企业所服务市场的百分比表示；③相对市场份额（相对于 3 个最大竞争者），这种相对占有率以企业销售额对最大的 3 个竞争者的销售额总和的百分比表示，指相对于市场领先竞争者的相对市场占有率，这种相对占有率以企业销售额相对市场领先竞争者的销售额的百分比表示。

（3）市场营销费用率分析。年度计划控制要确保企业在达到销售计划指标时，市场营销费用没有超支。因此，企业需要对各项费用率加以分析，并将其控制在一定的限度内。如果费用率的变化不大，处在安全范围之内，则可以不采取任何措施；如果变化幅度过大，上升速度过快，接近或超出上限，则必须采取有效措施。

（4）财务分析。市场营销管理人员应就不同的费用对销售额的比率和其他比率进行全面的财务分析，以决定企业如何展开活动，以及在何处展开活动并获得利润。尤其是要利用财务分析，判别影响企业资本净值收益率的各种因素。

（5）客户态度追踪。企业通过建立一套系统，追踪其客户、经销商及其他市场营销系统参与者的态度。如果发现客户对本企业及其产品的态度发生了变化，企业管理者就能较早地采取行动，争取主动解决问题。

2. 盈利能力控制

除年度计划控制外，企业还需要运用盈利能力控制测定不同产品、不同销售区域、不同客户群体、不同渠道及不同订货规模的盈利能力。由盈利能力控制所获取的信息，有助于管理人员决定各种产品或市场营销活动是应该扩展、减少，还是应该取消。

为了评估和控制市场营销活动，国外有的企业专门设置了"市场营销控制员"的岗位。他们一般都在财务管理和市场营销方面，受过良好的专业训练，能够担负复杂的财务分析和制定市场营销预算的工作。

3. 效率控制

假如盈利能力分析显示企业在某一产品、地区或市场所得的利润很差，那么，接下来的问题便是：是否有高效率的方式，可以管理销售人员、广告、销售促进及分销？

（1）销售人员效率。企业各地区的销售经理要记录本地区内销售人员效率的几项主要指标，并对其进行分析，以确定销售人员的工作效率。这些指标包括：每个销售人员每天平均的销售访问次数；每次会面的平均访问时间；每次销售访问的平均收益；每次销售访问的平均成本；每次访问的招待成本；订单数与每百次销售访问的百分比；每个期间新增加的客户数；每个期间流失的客户数；销售成本对总销售额的百分比。

通过以上分析，企业可以发现一些非常重要的问题。例如，销售代表每天访问的次数是否太少？每次访问花费的时间是否太多？是否在招待费上花费太大？每百次访问中是否签订了足够的订单？是否增加了足够的新客户并且留住了原有的客户？等等。当企业开始重视销售人员效率的改善后，企业的工作通常会取得很多实质性的进展。

（2）广告效率。广告效率的高低可以通过以下几项指标来衡量：媒体类型、各家媒体工具接触每千名购买者所花费的广告成本；客户对各家媒体工具注意、联想和阅读的百分比；客户对广告内容和效果的意见；广告前后客户对产品态度的衡量；受广告刺激而引起的询问次数。

企业高层管理人员可以采取若干措施，以改进广告效率，包括进行更加有效的产品定位，确定明确的广告目标，利用电脑指导广告媒体的选择，寻找较佳的媒体，以及进行广告后的效果测定等。

（3）促销效率。为了改善销售促进的效率，企业管理阶层应该对每项销售促进的成本及其对销售的影响做好记录，主要做好如下统计工作：由于优惠而销售的百分比；每项销售额的陈列成本；赠券收回的百分比；因示范而引起询问的次数。

4．战略控制

战略控制的目的是确保企业的目标、政策、战略和措施与市场营销环境相适应。由于企业处在复杂多变的市场和环境中，以往的目标和战略往往容易落伍、过时，因此，企业有必要通过"市场营销审计"这一工具，定期地、批判性地重新评估企业的战略、计划及其执行情况。

企业的市场营销战略和计划制定以后，如何使之变为现实，是企业营销成败的关键。这就要求企业设置与市场营销战略和计划的实施相适应的组织机构与体系，合理地安排和调配企业的各种资源，以保证计划的顺利实施。在市场营销计划实施的过程中，为了保证组织活动的过程和实际绩效与计划内容相一致，企业的管理者必须对营销计划的实施进行控制。控制是组织在动态的环境中，为保证既定目标的实现而采取的检查和纠偏活动或过程。

10.3.4　市场营销的战略控制

营销计划转化为营销业绩的关键因素是计划的执行。再好的营销战略或战术计划，如果不在计划的执行或实施中加强管理，效果也会大打折扣。营销实施涉及相互联系的4项内容，即成功实施营销计划的4个保障。

1．制定行动方案

行动方案须明确计划的关键性环境、措施和任务，责任分配到个人或团队，还应包含具体时间表。

2．调整组织机构

在实施过程中，组织机构起着决定性的作用，把任务分配给具体的部门和人员，并规定明确的职权界限和信息沟通路线，以协调内部各项决策和行动。组织机构应与计划的任务一致，同企业自身的特点、环境相适应，即必须根据企业战略、营销计划的需要，适时改变并完善组织机构。

3．形成规章制度

为了保证计划能够落在实处，必须制定相应的规章制度。在这些规章制度中，明确与计划有关的各个环节、岗位，人员的责、权、利，各种要求及衡量、奖惩条件。

4. 协调各种关系

为了有效实施营销战略和计划，行动方案、组织机构、规章制度等因素必须协调一致，相互配合。

市场营销环境变化很快，往往会导致企业制定的目标、策略、方案失去作用。因此，在企业市场营销战略实施过程中，必然会出现战略控制问题。战略控制指市场营销经理采取一系列行动，使实际市场营销工作与原规划尽可能一致，在控制过程中，通过多次评审和信息反馈，对战略不断进行修正。

各个企业都有财务会计审核，在一定期间，客观地对审核的财务资料或事项进行考察、询问、检查、分析，最后根据所获得的数据，按照专业标准进行判断，进而得出结论，并提出报告。这种财务会计的控制制度有一套标准的理论、做法。但是，市场营销审计尚未建立一套规范的控制系统，有些企业往往只是在遇到危急情况时才进行，其目的是解决一些临时性的问题。目前，国外越来越多的企业已经运用了市场营销审计进行战略控制。

课后拓展

组建市场营销组织机构的方法和思路

市场营销的组织模式经历了一个变化的过程。起初，企业在开展销售活动时，只是随便抽调一定数量的人员组成一个机构，单纯地去执行某项特殊的销售任务。而现代市场营销组织则日趋复杂，概括起来，大致有以下几种模式：职能组织模式、地区组织模式、产品管理组织模式、市场管理组织模式、矩阵管理组织模式。

本章小结

本章分析了市场营销组织的内涵，市场营销组织是企业内部涉及市场营销活动的各个职位及其机构。在理解概念时，应该注意的是，并非所有的市场活动都发生在统一组织岗位，不同企业对其经营管理活动的规划也是不同的。市场营销组织的目标大体有 3 个方面：①对市场需求做出快速反应；②使市场营销效率最大化；③代表并维护消费者利益。市场营销执行过程的主要步骤包括制定行动方案、建立组织机构、设计决策和报酬制度、开发人力资源、建设企业文化和管理风格。市场营销战略实施系统各要素之间关系的处理，是实现市场营销战略目标的关键。

课后实训

实训背景与说明：王伟的优选果蔬零售店在同学们的助力下，经营得越来越好，他最近又有了新的想法。他发现在很多去他小店购买果蔬的顾客中，有一部分是年轻白领，下班后时间并不充裕，但是对饮食的营养搭配要求还较高，他想能不能举办一个"一篮子帮你选"的活动，也就是不用自己挑选，直接帮助大家搭配好。一篮子中包含蔬菜两种、水果两种。这样既可以节省年轻白领挑选商品的时间，又解决了年轻白领每天不知道做点什么晚饭的苦恼，他认为是一举多得。于是，他再次求助大家，帮他制定一份关于"一篮子帮你选"的市场营销计划。

实训考核重点：在企业的营销活动中，做好营销工作不仅要了解营销的手段、组合，还需要了解市场营销的计划的制订、年度计划的编制、利润的核算，这些都是作为营销人员必须掌握的技能。

实训内容：请针对王伟的想法，通过收集资料，帮助他制订市场营销计划。

实训要求：以上内容完成后，以书面形式提交汇总，并做小组汇报。然后在教师指导下，进行小组互评，再由教师进行总结点评。

第11章 市场营销策划

导入案例

《中国好声音》的成功

2012年,《中国好声音》节目的收视率超过了2005年鼎盛时期的《超级女生》的收视率,把喜爱音乐的观众的注意力又重新拉回到音乐产业中来,乃至于有人说音乐产业终于又看到希望了!该节目为什么能够这样红?背后的根源到底是什么呢?

首先是经济需求。社会的浮躁、贫富的差距让一些人患有"成功饥渴症",他们痴迷于名气、渴望一夜成名,希望能够通过非常规手段,瞬间实现草根变大腕、丑小鸭变白天鹅的美梦,从而改变自己的命运和社会地位。

其次是娱乐需求。电视台节目长期同质化,缺乏娱乐内容和娱乐形式的创新,市场上需要一个有新意的产品,以打破现有的格局。

最后是心理需求。该节目满足了人们看热闹的"窥视"心理、短暂脱离现实的"逃避"心理。与其说该节目是一档音乐节目,还不如说其是心理节目。

该节目的成功营销手段,有哪些值得企业借鉴和学习的地方呢?

该节目在内容、形式、人物、设备、运营、团队等方面均有出彩之处。在内容方面,追求音乐梦想、执着拼搏的精神和用心歌唱的理念,给更多追逐梦想的年轻人注入了"正能量";在形式方面,"椅子"的漂亮转身和"擂台飙歌"的刺激都很好地吸引了大众的眼球;在人物方面,从四大导师到实力惊人的学员们,再到专业的伴奏乐队,顶级阵容联袂是观众最乐于看到的;在设备方面,现场四把导师座椅直接从英国空运过来,总价高达320万元,而现场顶级的音控设备、录音设备、环绕全场的巨型LED屏等也都造价不菲,这些硬件设备也是成就高品质节目的基础;在运营方面,从前台到后台、从制作到传播,形成了制作方、播出方、导师、学员们甚至主持人都共同受益的局面。制作方自然赚得盆满钵满,浙江卫视的收视率也一举登顶;在团队方面,从策划人—制作人—导师—选手,大家同心协力,都是好演员,充分发挥了"传、帮、带"的精神,将导师和选手绑定,制造热点,再炒作每个学员"精彩"的故事,使其成为大街小巷、茶余饭后的议论热点。

到 2020 年,该节目已经成功举办了 7 年,收视反响和冠名赞助所带来的收益巨大。通过该节目,不仅走出了很多具有时代代表性的素人,同时,也使得很多沉寂多年的明星,再次回到大众的视野中。

分析:《中国好声音》成功的原因主要是形式上具有公平性、内容上具有大众性、人员上体现了专业性、视觉上体现了高标准。

思考: 通过对《中国好声音》节目成功的分析,思考《青春有你》《创造 101》等时下流行的综艺选秀节目,他们在营销领域的成功,除和《中国好声音》有相似之处外,还有哪些不同之处?

学习目标

通过本章内容的学习，学生应能理解市场营销、策划和市场营销策划的含义，了解市场营销策划所包含的内容，掌握市场营销策划的基本原则，掌握市场营销策划的基本方法；能辨别一个企业的核心竞争能力；能掌握市场潜量预测的基本方法；能够按照市场营销策划的程序开展活动。

11.1　市场营销策划概述

关键词语

市场营销策划　核心能力　个性化文化　营销策划流程

11.1.1　市场营销策划的基础

1. 市场营销策划基础

市场营销策划的基础是广泛、客观地占有信息资料，通过发现问题和分析问题，对这些信息做出准确的评价。

（1）广泛收集信息资料。与策划活动有关的信息资料包括如下 3 个方面。

① 与市场营销目标有关的信息。如目标市场的规模、特征，同类产品供求状况、结构及变化趋势，竞争对手的情况等。

② 对实现策划目标可能产生影响的环境信息。如政策法规的变化、宏观经济形势的变化、人文特征的变化及自然条件的变化。

③ 企业实力的相关信息。如企业的技术力量、资金、设备条件、管理能力、核心竞争力、企业文化等。

上述资料的收集，一方面，可使策划的营销方案更贴近实际，具有更大的可行性；另一方面，信息资料本身也能反映出一些可以利用的机会，使市场营销策划能产生多种新的创意。

（2）发现问题和分析问题。在实际工作中，人们之所以要进行市场营销策划活动，多半是遇到了问题，是为了解决问题而进行的。解决问题的前提是发现问题和分析问题。为了把企业存在的问题解决，就要围绕这些问题开展策划活动，才能使策划更具有针对性。

2. 市场营销策划的重点

市场营销策划的重点是系统性、逻辑性、艺术性地进行构思和设计。有人简单地把市场营销策划理解为市场营销活动阶段和流程的安排，这实际上并没有真正认识市场营销策划的内涵。市场营销策划具有如下 3 个特点。

（1）系统性。市场营销策划是一项系统工程，必须全面考虑影响市场营销目标实现的各种内在和外在因素及其相互关系，在策划中，对各种因素加以合理组合，以期达到最佳的效果。

（2）逻辑性。市场营销策划的逻辑性，表现为一个动态发展的过程，必须考虑通过一系列有机联系的活动达到最终的营销目标。

（3）艺术性。市场营销策划的艺术性，表现为策划应有其独特的创意和鲜明的特色。因为只有具有特色的营销活动，才能引人注意，给人留下比较深刻的印象，市场营销策划活动才容易取得成功。

3．营销策划的任务

市场营销策划的任务是为实现策划目标而制定最佳方案。在市场营销策划过程中，创意只是提出一种思路和想法，还需要转化为具体的市场营销策划方案。市场营销策划方案通常由一系列相互连贯的营销活动计划组合而成，同时，人员、经费、时间等均要注意安排和落实。

4．市场营销策划的定义

根据对以上市场营销策划3个要点的论述，人们很容易得出市场营销策划的定义，即市场营销策划是根据市场营销目标，在广泛收集相关信息资料、做出客观分析的基础上，通过构思，设计出最佳的市场营销方案的谋略活动。

营销是一项系统的、复杂的工作，企业要做好市场营销工作，仅仅抓住营销策划的4个要素还远远不够，还需要根据自身的情况，制定切实可行的方案。

11.1.2　市场营销策划的基本原则

市场营销策划本身是有客观规律的。在实践基础上，将其中的规律性进行概括、归纳，作为策划活动的准绳，便成为策划的原则。即市场营销策划的原则就是策划活动所应遵循的，有关市场营销客观规律的理性表现。遵循了这些原则，市场营销策划活动就能获得成功；相反，就有可能导致策划活动的失败。

1．企业效益与社会效应相统一

任何企业在进行市场营销策划时，都必须考虑企业的经济效益。同时，市场营销策划如果只顾自身利益、不顾社会利益，就不能满足社会对企业的要求，也会导致企业的利益得不到应有的保障。

2．满足市场需要和发挥企业优势相统一

满足市场需要是市场营销的中心任务，市场营销策划的基础是广泛拥有信息资料，发现潜在需求，并科学地组合营销策略，以满足这些市场的需求。同时，企业在从事策划活动时，还必须从实际出发，实事求是，使主观与客观相符合。

相关链接

江中集团调整定位　扩大填补市场空白

江中健胃消食片原本是一款胃药，但是经过咨询公司定位后，确立了新的定位思路"日常助消化用药"。该定位使江中集团一举摆脱了吗丁啉等强势产品的压制，在助消化药市场抢得了先机，并创造了 10 亿元销售额的神话。不久后，江中集团又推出了"儿童装"产品，再次补缺了助消化药市场。

3．个性化和可行性相统一

随着客户个性化需求的增长，人们再也不满足于几十万人穿一样的衬衣，拎同一款式皮包，喝同一种饮料……而是致力于追求个性化的商品和服务。与这种个性化需求趋势相适应，社会对市场营销策划的个性化需求也越来越强烈。但是，由于市场营销策划活动受多种因素制约，有些个性化的、具有新意的策划方案，却不一定可行。为此，在策划时，必须考虑个性化和可行性的统一。

11.1.3　市场营销策划的流程

营销策划的流程指企业营销策划工作，通常必须经过的基本步骤。营销策划应是科学、规范、系统的策划，其科学性、规范性、系统性主要通过完整、有序的流程来实现。市场营销策划的流程包括六大步骤，如图 11-1 所示。

1．明确营销策划问题

营销策划是目的性很强的思维活动，任何一个营销策划方案的产生，都是针对企业的某个经营问题或是某个特定的目标。因此，在开始策划前，必须明确策划主题，通常要经过挖掘主题、过滤主题、选择主题和确定主题 4 个阶段。

（1）挖掘主题。虽然策划者不会将所有可能的策划主题都纳入市场营销策划概述这一策划作业中，但从企业的营销问题中，挖掘出的策划主题却是越多越好，这有利于策划人更全面地认识企业的营销问题，抓住企业迫切需要解决的问题，以进行重点策划。

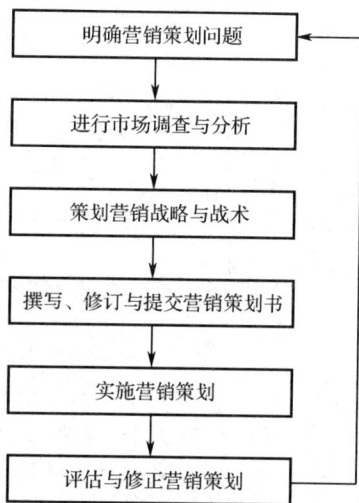

图 11-1　市场营销策划的流程

（2）过滤主题。在策划作业前，要尽可能明确有关这个策划对象的各种问题。例如，为什么某一对象被选为策划主题，解决这一策划主题有什么意义？它是企业面临的主要问题吗？问题的根源是什么？通过了解这些问题，策划人将过滤掉一些相对不重要的策划主题，专注于解决那些重要的问题。

（3）选择主题。策划人可以根据实际情况和委托人的意见，制定选择策划主题的工作流程及标准。在实际工作中，策划主题要经过策划人与委托人的充分沟通与交流才能得出。

（4）确定主题。为了保证策划主题与策划动机相吻合、与上级领导或委托者的意图相吻合，策划人在选定策划主题后，一定要征求上级领导或委托者的意见。只有当委托方与被委托方对策划主题达成共识后，才能进行下一步的工作。策划主题描述得越细越好，必要时，还可对时间、地区、营业额等细节进行具体描述。

2. 进行市场调查与分析

进行市场调查与分析的目的在于了解企业的营销环境，为企业的营销策划，提供真实可靠的信息。主要通过分析企业营销的内、外部环境和 SWOT，以确定企业所处行业面临的机会与威胁，以及如何提升企业自身优势，并摒弃与修正企业自身的劣势。

3. 策划营销战略与战术

企业营销战略策划主要包括设定营销目标和目标市场策划两个部分。

（1）设定营销目标。营销目标就是营销策划要实现的期望值。

（2）目标市场策划。目标市场策划是在市场调查与分析的基础上，根据企业的实际情况，对企业的市场进行细分，确定企业的目标市场，并为企业或产品进行市场定位。

企业营销战术策划指企业根据已经确定的营销目标和市场定位，对企业可以采用的各种营销手段，进行综合分析和整体优化，以求达到理想的效果。具体内容主要包括产品策划、价格策划、分销策划、促销策划等。这里需要强调如下两点。

第一，不能把企业的可控因素教条化，认为只有产品、价格、分销、促销 4 个因素，或只有这 4 个因素最重要。不同的企业或同一个企业，在不同的环境下，可以利用的可控因素是不同的。在进行企业营销战术策划时，策划者没有必要为自己设置一个框框，束缚住自己的手脚。

第二，企业的营销战略和战术策划可以是全面的（如一个企业整体的营销策划）；也可以是单项的（如一个企业的品牌策划或一个企业的一次会展策划）。不管是全面策划还是单项策划，策划的思路基本相同，且要考虑的战术要素也是相似的。

4. 撰写、修订与提交营销策划

营销策划书是表现和传递营销策划内容的载体，一方面，它是营销策划活动的主要成果；另一方面，它也是企业进行营销活动的行动计划。它具有几个作用：①帮助营销策划人员整理信息，全面、系统地思考企业面临的营销问题；②帮助营销策划人员针对企业内外部环境和企业营销问题，为企业提出解决问题的方法及依据；③帮助营销策划人员与企业决策者进行沟通；④帮助企业决策者判断营销方案的可行性；⑤帮助企业营销管理者更有效地进行营销管理活动。

5. 实施营销策划

企业的营销策划完成后，还要通过企业的营销管理部门组织实施策划。营销策划实施指营销策划方案在实施过程中的组织、指挥、控制与协调活动，是把营销策划方案转化为具体行动的过程。为此，企业营销管理部门必须根据策划的要求，分配企业的人、财、物等各种营销资源，处理好企业内外的各种关系，加强领导与激励，提高执行力，把营销策划的内容落到实处。营销策划方案的实施可以分为两个阶段，即模拟布局阶段和分工实施阶段。

（1）模拟布局阶段。营销策划方案在正式实施前，需要进行演练，模拟布局。此时，营销策划者必须根据已经拟妥的预算表与进度表，运用图像思考法，模拟出营销策划实施的步骤与进度。图像思考法是将未来可能的发展，一幕一幕地仔细在脑海中呈现出来，事先在脑子里进行预演。模拟布局可以预测营销策划方案实施的过程及进度，也可预测其实施后的效果。

（2）分工实施阶段。进入分工实施阶段，营销策划才真正从构思过渡到执行阶段。在这一阶段，营销管理者一方面要把各部门的任务详加分配、分头实施；另一方面要根据修正妥当的预算表与进度表，严密控制营销策划书的预算及进度。营销管理者要运用组织力量，组织、指挥与协调企业的各种力量，尽最大的努力，达到和完成策划书规定的营销目标和营销任务。

6. 评估与修正营销策划

营销策划的评估与修正主要包括项目考评、阶段考评、最终考评和反馈改进等内容。

（1）项目考评。营销策划的实施一般是分项目一步步进行的。因此，每一个项目完成后，都要对项目和整个营销策划方案进行回顾，以判断项目的完成情况，及时发现和解决问题。当项目完成不理想时，营销策划人员与营销管理者首先要找出原因，然后提出解决问题的对策，必要时还要对整个营销方案做出调整。

（2）阶段考评。阶段考评一般在一个标志性的项目完成以后进行。例如，一个企业分 3 个阶段进行营销渠道网络的建设。第一阶段，在本省布点；第二阶段，在周边省区布点；第三阶段，在全国各大区布点，其中又分了很多小的项目。当本省布点完成后（标志着第一阶段工作完成），营销策划人员与营销管理者需要对第一阶段的工作进行回顾和总结。这样做可以防止营销策划在实施过程中出现大的偏差。当然，阶段考评也可以按年度进行。

（3）最终考评。最终考评是对营销策划实施的结果进行分析，看营销策划的期望值与实际结果是否有差异。若发现较大的差异，必须进行一些重点研究，例如，分析差异产生的原因，找出实施过程中的问题和改进点，总结出对下次营销策划立案及实施时的教训、启示和创意等。一般而言，营销策划者应将营销策划实施结果的研究、分析制作成营销策划结案报告书，提供给上级或委托方，其中的要点是对预测与实际结果的差异进行分析。

（4）反馈改进。对于营销策划人员而言，营销策划方案实施得到结果后，并不表明策划的结束。在结果出来后，营销策划人员还必须对营销策划的经过和结果进行充分的分析、总结，从中总结出经验、问题和教训，并将其有效地反映在下一次营销策划中。

🔍 **营销视野**

合格的市场营销策划人员应达到的要求

（1）市场营销策划人员需要掌握综合知识和技能，主要包括经济学、行为科学、数学、统计学、心理学、社会学、生态学、商标学、广告学和法学等学科知识。

（2）市场营销策划人员必须有丰富的阅历和营销经验，对企业在营销各个环节的问题，能做出准确的判断。

（3）市场营销策划人员要有敏锐的洞察能力，能把握市场上存在的各种机会，并规避市场上存在的风险。

（4）市场营销策划人员要有系统思维能力，能灵活运用综合知识，解决复杂的问题。

（5）市场营销策划人员要有狂热的工作热情，把策划当成自己生命中的一部分，才能有强烈的动机和兴趣把工作做到极致。

11.2　市场营销策划创意

关键词语

营销策划　创意　创意思维　创造性技法

营销策划是根据企业营销的历史和现状预测未来的行为。营销策划是一种创新行为，要创新，就要把创意贯穿于营销的过程中，创意成功与否是营销策划能否出新的关键，在某种意义上，创意是营销策划的灵魂。

11.2.1　市场营销策划创意概述

1. 创意的特点与内涵

"创意"是在一些特殊的范围内使用的概念，适用于企业形象设计与策划、广告艺术创作、营销技巧，以及现代文化娱乐活动等。创意是人们在经济、文化活动中，产生的思想、点子、主意、想象等新的思维成果，或是一种创造新事物、新形象的思维方式和行为。前一层是名词性的应用，后一层是动词性的应用。例如，"有什么好创意呀？"这是名词性的应用，表明创意是点子、思想的含义；"要塑造好这个企业形象，我们要好好进行创意"。这里的创意显然是动词，指要进行创造性的思维，以想出好的点子来，指好的思维过程、思维行为所带来的结果。

创意是企业形象策划的生命。没有创意的策划，只能成为生硬地拼凑或无趣地模仿；而蕴含创意的策划，才是富有鲜活个性和持久影响力的策划，才是真正意义上的策划。

2. 创意在营销策划中的表现形式

营销策划及其实施的过程是企业与公众相互沟通的过程。公众印象、公众态度和公众舆论对企业形象起着重要的作用，创意是左右公众印象、公众态度和公众舆论的源泉。

创意直接影响公众对企业的印象。印象是客观事物在人们头脑中的折射，印象的好坏取决于企业形象的好坏，企业形象的好坏最初是由创意塑造的。只有好的创意才能塑造出良好的企业形象，才能在公众头脑中形成良好的印象。印象是公众对企业的初步认识，印象与形象可能一致，也可能不一致。在营销策划中，好的创意必然会起到 3 个作用：①顺应社会时尚，顺应民意动向，把公众舆论当作塑造良好企业形象的契机。②防微杜渐，防患于未然。设计创意能预先避免不利的公众舆论。一旦进入社会，即能以令人信赖、令人钦佩的形象出现。③准确的切入点和超前的先导效应，能以石破天惊之举制造新闻，能以先人一步的远见卓识，引导公众舆论，并能在企业成长过程中，化危机为提升企业形象的契机。

3. 创意在营销策划中的积极效应

在营销策划中，创意成功应该收到如下 3 种积极的效应。

（1）企业形象独树一帜。独树一帜是企业形象鲜明、富有特色、有魅力的表现，是企业实施差别化战略所追求的目标。成功的创意必须通过这一目标来体现，如肯德基、麦当劳的创意都产生了这样的积极效应。

（2）企业营销活动引人注目。引人注目是企业形象创意所追求的又一社会效果。引人注目必须依靠自身的特色，并在不知不觉的潜移默化中，让社会公众接受其形象，以及相关的理念、行为举措。引人注目是企业实力的扩张，也是企业个性的张扬和企业魅力的辐射。创意就是解决如何张扬、如何宣传的问题，只要收到引人注目的效果，创意就成功了。

（3）借冕播誉、名扬四海。营销策划还要在公共关系方面进行创意，即如何借助新闻媒介的力量，宣传企业及其产品，以达到提高企业声誉的目的。营销策划就是要依次提高企业的知名度、信任度和美誉度。企业借新闻媒介使自身的"三度"提高了，创意也就获得了成功。

创意既是思维的创新，也是行为的创新。创意本质上应该是丰富多彩、灵活多样、不受拘束的，不应该墨守某种成规和某种固定的模式。

11.2.2　创意思维的培养与开发

1. 创意开发的途径

创意开发是研究创意，从事企业形象策划活动的关键。创意开发的途径有如下几条。

（1）培养创意意识，克服惰性思维。人的创意意识有习惯性创意意识和强制性创意意识之分。习惯性创意意识是不需要主体意识的主动、特别的干预就能有效地支配人的创意活动的意识。这种创意意识一经形成，就具有稳定持续的特点，因此要从小培养。强制性的创意意识是创意意识的产生必须有主体意识的强制性干预而形成的创意意识。它受创意主体的目的支配，当创意活动的目的达到后，这种创意意识多归于沉灭。培养创意意识要从培养习惯性创意意识和强制性创意意识两个方面着手：一方面是习惯性创意意识的培养；另一方面是强制性创意意识的培养。

（2）突破思维定式，训练发散思维。思维定式是一种严重的创意障碍。思维定式的要害在于它总是不知不觉地把人们的思维规范到旧的逻辑上去，并确信这是唯一正确的选择，表现在生活中即循规蹈矩、墨守成规；准书为上、迷信权威；人云亦云、步人后尘；理性至上；谨小慎微、追求完美等。

突破思维定式的途径之一是要训练发散思维。发散思维指人们的思维不是沿着一个确定的方向展开，而是不受任何限制地向四面八方任意展开的一种思维方式。发散思维也称辐射思维，与收敛思维相对应。发散思维和收敛思维都是创意性思维的一部分。

发散思维的最大特点是其思维的流畅性、变通性和创新性。流畅性指从一个思路转向另一个思路的阻力很小，因而在单位时间内获得的思路很多。变通性指思路的种类变化灵活，因而易于获得种类繁多的设想。创新性则指新提出的想法是前人不曾有过的、新颖的思路。

2. 创新的技法

（1）创新的技法由易到难有以下 5 种（见图 11-2）。

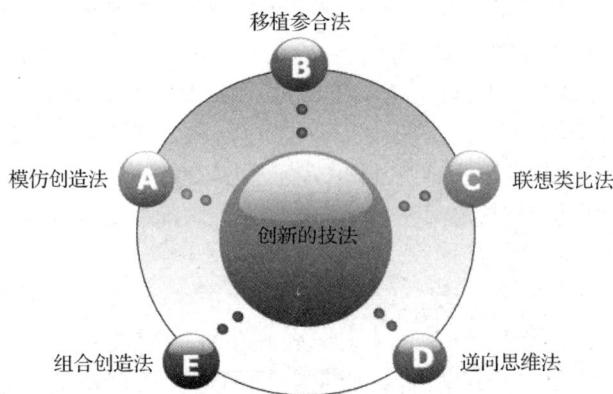

图 11-2　创新的技法

① 模仿创造法。模仿创造法是通过模拟仿制已知事物，构造未知事物的方法。模仿创造法是人类创造性思维常用的方法，当人们欲求构建未知事物的原理、结构和功能，却不知从何入手时，最便捷易行的方法就是对已知的类似事物进行模仿后再创造。模仿创造法又分为仿生法和仿形法。仿生法模仿的已知事物是人们熟知的某种生物，仿形法指仅仅模仿已知事物的形状。几乎所有创意者的行为最初都是从模仿创造法入手的。

模仿创造法不是抄袭、照搬，而是因时、因地、因物、因势而异采取最适合的创意。人们对已知事物的模仿只是借鉴，在此基础上做出适合未知事物的选择。模仿只是入门的钥匙，紧接着必须致力于创造。齐白石老人曾说过："学我者生，似我者死。"这句话一针见血地说明了模仿创造法不应生搬硬套，而要立足于创造。

📎 相关链接

模仿创造法的分类

模仿创造法的分类如表 11-1 所示。

表 11-1　模仿创造法的分类

类　型	含　义	实 例 说 明
原理性模仿创造	按照已知事物的运作原理，构建新事物的运作机制	计算机人工智能
形式性模仿创造	对已知事物的形状和物态进行模仿而形成新事物	深圳世界之窗、锦绣中华等微缩景观、军人的迷彩服

续表

类　型	含　义	实 例 说 明
结构性模仿创造	模仿已知事物的结构特点，创造新事物	决策树方法
功能性模仿创造	从某一事物的某种功能要求出发，模仿类似的已知事物	傻瓜相机、智能手机
仿生性模仿创造	人们以生物界事物的生存与发展的原理、形状、功能为参照物，进行仿生性模仿创造	飞机、潜水艇

　　② 移植参合法。移植参合法是将某一领域的原理、方法、技术或构思移植到另一领域而形成新事物的方法，是人们思维领域的一种嫁接现象。生物领域的嫁接或杂交可以产生新的物种，科技领域的移植、嫁接可以产生新的科技成果；同样，企业形象策划可以通过对不同领域、不同行业企业的某些方面进行移植、嫁接，从而形成新的企业形象，蕴含新的创意。

✐ 相关链接

移植参合法的分类

移植参合法的分类如表 11-2 所示。

表 11-2　移植参合法的分类

类　型	含　义	实 例 说 明
原理性移植	把思维原理、科学原理、技术原理、艺术原理移植到某一新领域的方法	连锁经营的形式
方法性移植	把某一领域的技术方法有意识地移植到另一领域，形成创造的方法	决策树法
功能性移植	把某一种技术或艺术所具有的独特功能，以某种形式移植到另一领域的方法	电影《蒙太奇》
结构性移植	把某一领域的独特结构移植到另一领域，形成具有新结构的事物的方法	隔音墙

　　③ 联想类比法。联想类比法是通过对已知事物的认知，联想到未知事物，并从已知事物的属性去推测未知事物也有类似属性的方法。例如，A 与 B 两个事物，A 具有 a、b、c 三个属性，B 有 a、b 两个属性，通过联想类比，可推断 B 或许也有与 A 类似的属性 c。

　　④ 逆向思维法。逆向思维法是当按常规思维去解决问题都不见效时，则反其道而行之进行逆向思维，以获得意想不到的效果的方法。

　　逆向思维与顺向思维往往交替进行，在交替使用这两种思维方法时，不断地变换解决问题的重点途径，这就要求人们用灵活、变通的思维并寻求最恰当的方法。此路不通，另谋他途，不死钻牛角尖，撞了南墙即刻回头。

　　⑤ 组合创造法。组合创造法是将多种因素通过建立某种关系组合在一起，从而形成组合优势的方法。组合创造法是现代生产经营活动中常用的方法，如计算机辅助设计系统是把工程绘图技术、几何造型技术、有限元计算方法及仿真技术组合在一起的结果；市场营销学是经营哲学、数学、经济学、行为学、社会学等众多学科元素组成的新型学

科；市场营销行为的实施则是产品、定价、分销渠道、促销等可控因素的组合；营销意识下的产品是核心产品、形式产品和延伸产品的组合。

组合的基本前提是各组成要素必须建立某种关系而成为整体。没有规则约束即为堆砌，有了规则约束才会形成新的事物。

企业商号和产品品牌的命名是由词来体现的，词是词素的组合，两个毫无关系的词素组成的词没有意义，只有两个在含义、平仄等方面建立关系组成的词，才能表情达意而又优美响亮，如长虹、海尔、方正、联想、太极、索尼、奔驰等。

组合同样可以是原理组合、结构组合、功能组合、材料组合、方法组合。不论什么组合，一是要考虑其前提条件能否组合；二是要考虑组合的结果是否优化，是否有更佳的效果。创意效果是应用以后对生产、销售、管理等各方面产生的影响与发挥的作用，是通过劳动消耗和劳动占用而获得的成果和效用。

创意效果按其内容划分，可分为经济效果、心理效果、社会效果。创意效果按产品市场生命周期划分，可分为导入期的创意效果、成长期的创意效果、成熟期的创意效果、衰退期的创意效果。

（2）创意技法训练。人类所创造的一切成果都是创造性思维的外现和物化。人们在某种欲望促使下，进行合理的创造性思维，必然导致创造的结果。因此，发明成果可以看成创意者的创造欲望加上创造性思维再加上创意技法，即发明成果=创造欲望+创造思维+创意技法。创造欲望可以激发人的创造力，创造思维是创造的基础，它使人思想活跃；而创意技法则是达到创造目的的途径和手段。

3. 创意的效果测定

创意效果按活动程序的测定划分，可分为事前测定的创意效果、事中测定的创意效果、事后测定的创意效果，如图 11-3 所示。

图 11-3 创意的效果测定

（1）创意效果测定原则。创意效果的测定应遵循一定的原则，如图 11-4 所示。

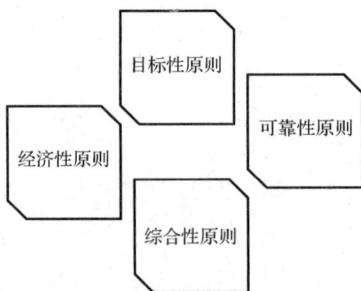

图 11-4 创意效果测定原则

① 目标性原则。在进行创意效果测定时，必须以创意目标为准则。事前测定主要考虑目标的可行性与可用性，如果创意目标根本不可能实现，或者即使能实现，也对企业毫无用处，这种创意应予否定；事中测定，即看其创意是否朝着既定目标前进，如果出现偏差，应及时纠正；事后测定，即看创意的效果是否达到了既定目标，达到了就是成功的，否则就是失败的。

② 可靠性原则，指保证测定方法和手段的可靠性及资料的可靠性。因此，对创意效果的测定应由有关专家进行，以避免非专家的误导和瞎指挥。

③ 综合性原则，指评价创意应综合考虑创意的经济效果、社会效果和心理效果，以及影响这些效果的各种相关因素，包括企业可控因素和社会不可控因素，以便准确地测定出创意的效果。

④ 经济性原则。企业是以营利为目的的组织，企业行为都应考虑经济性原则，进行创意效果测定也不例外。

（2）创意的经济效果测定。创意的经济效果事后测定可采用几个指标进行：①经济收益额，即创意后的经济收益较之创意前的收益的差额；②成本利润率，即企业利润额与所支出的创意成本之比；③经济收益率，即企业经营收入总额与创意支出成本之比。

（3）创意的社会效果测定。创意的社会效果指创意实施后对社会环境，包括法律规范、伦理道德、文化艺术、自然环境的影响，一般采取定性分析的方法。创意的社会效果如能运用某种实物佐证、图表说明、相关群体评价等方法会更有意义。

本章小结

本章分析了市场营销策划的含义，了解市场营销策划的基本原则。市场营销策划是企业在变化的市场环境中，为满足消费者需要和实现企业目标，综合运用各种市场营销手段。市场营销策划的流程是企业营销策划工作的必经步骤，分析营销策划的创意含义、特征，并充分运用各种创意训练，提升创意性思维能力。

营销策划过程是对企业整体或局部营销行为进行创造性谋划的过程，创意正是开启策划人的智慧，为企业设计鲜活个性和鲜明形象的关键活动。创意通过理论思维、正向思维与逆向思维、形象思维与抽象思维、联系思维与倾向思维等方式表现出来。创意既是思维过程，也是行为过程。创意有待开发，其开发途径按习惯性和强制性两种途径分别进行。创意有模仿创造法、移植参合法、联想类比法、逆向思维法、组合创造法等技巧。创意应讲究应用效果。创意效果的测定要坚持目标性、可靠性、综合性、经济性原则，创意的实用效果要从经济角度和社会角度进行测定。营销策划的创意要力求创新，力求收到良好的经济效果和社会效果。

课后拓展

旅游景区进行市场细分策划的步骤如下。

（1）确定旅游景区市场范围；

（2）分析旅游景区现有和潜在客户的不同需求；

（3）根据一定的细分标准，分析可能存在的细分市场；

（4）进一步分析每个景区细分市场的不同需求与购买行为等特点；

（5）分析测量各个旅游景区细分市场的规模和潜力。

课后实训

实训背景与说明：作为在校大学生创业的典型代表，王伟的小店得到了多方面的关注，近期，即将有一场"小微企业商品洽谈"的展会，王伟也收到了邀请函。他想在这个助力小微企业的展会上，对自己的小店从创业想法到发展至今制作一个系统性的宣传。王伟希望同学们能够帮助他，制作一份和展会宣传、小店推广有关的方案。

实训重点考核：本次实训重点考核同学们营销策划的能力。通过营销策划能够有效推广和宣传企业，很多企业在营销策划过程中不乏惊人的亮点。

实训内容：请和你的团队为王伟制作一个关于"小微企业商品洽谈"的策划宣传活动，结合实时环境，进行 SWOT 分析。

实训要求：以上内容完成后，以书面形式提交汇总，并做小组汇报。然后在教师指导下，进行小组互评，再由教师进行总结点评。

第12章 市场营销的新发展

导入案例

电影《拆弹专家2》的直播营销

2020年12月4日，刘德华和导演邱礼涛带着将于12月24日上映的电影《拆弹专家2》做客薇娅直播间，这也是刘德华和邱礼涛首次体验直播卖票。原先预定刘德华八点半出现在直播间，没想到刘德华比预定提前了3分钟就到达了现场，十分敬业。为了活跃现场气氛，刘德华唱起歌来，让网友们直呼："直播成了一场演唱会，值了！"

刘德华的到来，也给薇娅的直播间带来了一些小插曲。当刘德华还沉浸在"拆弹专家"的身份里和薇娅做"拆弹游戏"时，突然直播就出现了卡顿和黑屏。原来，在开始直播没多久，直播间人数一下子剧增到400多万人，服务器没能扛住那么大的人流量，瞬间崩了。直播间一瞬间也没有了信号，时间长达10分钟左右，直播间处于没声音、没人物的状态。然而，即使在黑屏期间，观看人数还在不断上涨，网友的弹幕也没闲着，调侃"刘德华刚刚剪的是网线吗？""'双十一'没挤爆，不想今天挤爆了"，弹幕眼花缭乱，相当热闹。在直播恢复正常后，为了回顾《拆弹专家2》精彩电影瞬间，两个人开始现场模仿经典剧情来，精彩的模仿让网友们过了把瘾。直播期间，《拆弹专家2》的票更是供不应求，瞬间秒卖50万张电影票。后来还不断加票，但依然卖光，直到直播结束，网友还在不断喊："加票！"这次直播，以66万张电影票的直播售卖，销售额超1 500万元创全网直播售票新纪录。

分析： 电影《拆弹专家2》的宣传采用了与众不同的方式，通过与带货直播一姐的合作，走进了薇娅直播间，使主演的粉丝与薇娅的粉丝进行有效的互动，在宣传电影的同时，也带动了电影票的售卖。

思考：（1）直播营销与传统营销相比，典型的优点是什么？

（2）直播营销与直播带货有什么区别？

通过本章内容的学习，学生应能了解随着互联网的发展，市场营销的新变化，能够了解市场营销的新形式，对直播营销、新媒体营销、社群营销有一定的了解与掌握。

12.1 新媒体营销

新媒体营销　新媒体营销方式　新媒体营销渠道　新媒体营销策略

12.1.1 新媒体营销的概念

当今社会已经进入了一个新媒体蓬勃发展的时代。相比传统媒体，越来越多的企业会选择利用新媒体进行营销活动，及维护与消费者之间的关系。

新媒体营销是利用新媒体平台进行的营销活动，主要包括（但不限于）利用门户网站、搜索引擎、微博、SNS、博客、播客、BBS、RSS、Wiki、手机、移动设备、App等进行营销活动。在 Web 5.0 带来巨大革新的时代，营销方式的变革更是层出不穷。在营销过程中，人们越来越注重体验性（Experience）、沟通性（Communication）、差异性（Variation）、创造性（Creativity）、关联性（Relation）。互联网进入了新媒体传播时代，使这一切变得可能。为了能更好地达到新媒体营销的效果，企业往往会利用多种不同的渠道进行整合营销，以形成一种立体式的营销氛围。

相关链接

常见新媒体平台

常见新媒体平台如表 12-1 所示。

表 12-1　常见新媒体平台

类　　型	举　　例
社交类	微信、微博
新闻资讯类	今日头条、网易新闻、腾讯新闻
视频娱乐	优酷、爱奇艺
垂直类 App	美团、58 同城、携程旅行、高德地图、哈啰出行

12.1.2 新媒体营销的特点

1. 参与性强

以往的营销方式都是硬性推广，尽管在推广前很多企业也会通过开展相关的调查活动，了解消费者的需要，但这种了解仅仅局限于营销活动前。

2．差异性大

传统营销就像一桌"大锅饭"，不管消费者喜欢，还是不喜欢，内容一般都是统一的，传播路径也是比较单一的。而在新媒体营销中，无论是门户网站上的按钮广告，还是搜索引擎中的关键词广告，或者精心制作的"病毒"视频、微电影广告，都比传统营销更具有针对性。

3．创造性提升

新媒体营销成功的关键要素就是创意，而新媒体本身则可以为创意提供一个广阔的施展平台。大数据营销、病毒营销、微信营销、微博营销、事件营销、微电影营销……随着新媒体的不断发展，新媒体营销的类型也在不断地扩展。在现实生活中，屡屡出现由新媒体创造的营销奇迹。例如，小米神话、直播间等，其成功都与新媒体密不可分。

12.1.3　新媒体营销的核心要素

1．内容

不少人认为在新媒体时代，技术与形式是排在第一位的，内容可以屈居其次。这种观点可能在新媒体刚刚出现、尚未有很多人涉及该领域的时候是有一定道理，但是随着越来越多的人掌握了新媒体的技术，对新媒体营销的认识越来越深入后，这种观点就无法站住脚了。技术可以帮助人们丰富形式，形式势必需要内容的支撑才能生存，即使形式再花哨，如果内容空洞无趣，结果也只会加速其死亡。技术的更新换代非常迅速，人们喜新厌旧的心理也是永恒的，当一个产品只有外在的形式吸引人，而无内在的实质打动人时，它在商场上很可能只是昙花一现。

2．渠道

从许多案例可以看出，当今的多屏营销已是大势所趋。除国际顶级的一线品牌外，其他品牌想凭单一渠道获得胜利基本是不太可能的，何况现在那些金字塔尖上的品牌都开始尝试走亲民路线。整合媒体实质上就是整合资源，如何将不同媒体的特性发挥到极致，并可以利用最小的成本实现最大的利润，是所有企业都必须认真思考的问题。新媒体的出现，为很多企业特别是中小企业带来了机遇，因为相较于高傲的传统媒体，它们的选择面更多。但是，有时候选择越多反而会让人们迷失方向。所以，仔细研究每种媒体的特点，不盲目跟风，结合自身产品的实际选择合适的渠道传播。

3．资金和创意

很多人认为新媒体的出现标志着自媒体时代的到来。而自媒体时代的到来，则意味着人人都可以成为传播者，人人都可以受到关注。事实上，新媒体的确给了许多平凡大众发声的机会，但是这并不意味着利用新媒体人人都可以成为成功的传播者。因为传播是需要资本的，其中资金资本就是传播得以顺利实现、并获得成功的重要保障。任何一种营销活动都是需要资金的。从"网站""微博""微信"的各种推广服务及各类"粉丝"服务不难看出，在这样一个眼球经济万分活跃的时代里，没有资金是万万不能的。当然资金的重要性并非要减弱创意的重要性。总之，不要相信在新媒体时代会出现从默默无闻到一夜成名的神话，因为在此神话背后一定隐藏着资本的推动和公关的力量。

4. 时机

商场如战场，时机很重要。企业在营销活动中，一定要懂得如何培养市场的敏锐度，抢占传播的先机。

5. 品牌与受众的感情纽带

现在的广告铺天盖地，商业活动的类型也五花八门，许多消费者早已对此深感疲惫，甚至十分厌恶。如何才能了解消费者的心理，直击消费者的真正需求，使其产生对产品或品牌的好感，便成了营销活动的重中之重。情感营销是把消费者个人情感差异和需求，作为企业品牌营销战略的情感营销核心，借助情感包装、情感促销、情感广告、情感口碑、情感设计等策略，实现企业的经营目标。

6. 跨界合作

如今，商家之间常常寻求跨界合作，称为异业联盟。异业联盟指产业之间并非是上、下游的垂直关系，而是双方具有共同行销、互惠目的的水平式合作关系。商家凭借彼此的品牌形象与名气，拉拢更多面向族群的客源，借此来创造双赢的市场利益。此外，双方还可以在数据管理平台（Data Management Platform，DMP）、需求方平台（Demand Side Platform，DSP）领域共同开展创新合作和探索，并进一步探索整合数字营销领域的创新模式，共同推进营销新产品与工具的应用实践，在基于位置的服务（Location Based Service，LBS）定位技术、移动搜索应用、互联网知识体系等方面共同打造行业领先数字营销创新案例。

7. 完美用户体验

用户体验这个词最早是由用户体验设计师唐纳德·诺曼提出和推广的。用户体验是用户在使用产品过程中，建立起来的一种纯主观的感受。用户体验在早期主要运用在网站的设计上，即要求在网站设计的过程中，结合不同利益相关者的利益，如在市场营销、品牌、视觉设计、可用性等各个方面。现在，人们利用新媒体进行营销，则更需要重视用户体验的提升，因为只有完美的用户体验，才能长久地吸引消费者。

12.1.4 新媒体营销的方式

1. 病毒营销

病毒营销指企业的广告像病毒一样自动地扩散和传播，其对应的另一个词"自来水"，意思是有自然来的"水军"自发帮广告扩散。每个企业都希望实现病毒营销，病毒营销的核心是想实现病毒式传播，那么"病毒"一定要设计得有创意，人们在实践中，研发出了创意魔方的模型，包括内容创意、话题创意、资源创意和产品创意 4 个层面。内容创意指在文案、图片、视频、动图等方面，通过创意去驱动广告的受众，让受众自发地传播；话题创意指人们如何去创造话题，让大家形成关注，甚至形成新闻报道的效应；资源创意指人们如何进行跨界合作，如何与企业联合；产品创意指在产品侧如何改进和创新，以使产品本身具备广告效应。通过这 4 个层面的思考，使企业广告像病毒一样自主地扩散下去。

📎 相关链接

可口可乐火炬在线传递病毒营销

背景与病毒源： 奥运是 2008 年绝对的主题和主旋律。每个人都是奥运的粉丝，心中对奥运有着美好的憧憬，对奥运的方方面面充满兴趣。可口可乐公司作为奥运的顶级赞助商，能够利用火炬这个话题引发病毒传播，可谓天衣无缝。

传播途径： 可口可乐公司选择当时拥有 2 亿多个用户基数的 QQ，作为其传播渠道。在国人特别是年轻人的生活中，QQ 几乎成了必需品，是生活中极其重要的一部分。庞大的用户基础及软件技术的发展，为可口可乐奥运火炬的在线传递，创造了技术和路径上的可能性，为火炬在线传递活动的蔓延扩散提供了平台支撑。

传播方式： 只要某用户的在线好友，接到了 QQ 邀请并且接受，该用户就会接到好友的邀请，而且是强制性的，在弹出窗口出现可口可乐的广告，其接受度非常高。可口可乐成功利用社会热点和受众的关注点，巧妙地实现了"受众参与体验，品牌蔓延扩散"的营销目的。

效果： 亲民性好，参与度高，效果极其显著。在短短的几个小时，就有 40 多万人次的浏览量。不论是从受众参与传播的角度，还是品牌蔓延扩散的角度考量，可口可乐公司与腾讯公司联合开展的奥运火炬在线传递活动，都是一次成功的营销活动。

可口可乐公司在奥运营销的各项活动中，将"分享"的理念奉为天理。通过奥运火炬接力活动，可口可乐公司不仅营造了一次绝佳的和消费者直接联系与沟通的良好时机，还极大地加强了其"奥运顶级赞助商"的领导地位。

2. 事件营销

事件营销（Event Marketing）是企业通过策划、组织和利用具有新闻价值、社会影响，以及名人效应的人物或事件，吸引媒体、社会团体和客户的兴趣与关注，以求提高企业或产品的知名度、美誉度，树立良好品牌形象，并最终促成产品或服务销售目的的手段和方式。

3. 口碑营销

口耳相传赢天下，口碑营销显威力。口碑营销以质取胜，不论企业大小，这种营销方法可以让人人都谈论该企业的产品或服务，而且所花成本只是传统营销经费的 1/10，甚至连半毛钱都不需要，就能产生 3~6 倍的成效。

4. 知识营销

知识营销是通过有效的知识传播方法和途径，将企业所拥有的对客户有价值的知识（包括产品知识、专业研究成果、经营理念、管理思想，以及优秀的企业文化等）传递给潜在客户，并逐渐形成对企业品牌和产品的认知，将潜在客户最终转化为购买者的过程和各种营销行为。

5. 互动营销

互动指双方互相动起来。在互动营销中，互动双方的一方是客户，另一方是企业。只有抓住共同利益点，找到巧妙的沟通时机和方法，才能将双方紧密地结合起来。互动营销尤其强调，双方都采取共同的行为，达到互助推广、营销的效果。

6. 情感营销

情感营销是从客户的情感需求出发，唤起和激起客户的情感需求，诱导客户心灵上的共鸣，寓情感于营销之中，让有情感的营销赢得无情的竞争。在情感消费时代，客户购买商品看重的已不仅仅是商品数量的多少、质量好坏，以及价钱的高低，而是为了得到感情上的满足和心理上的认同。

7. 会员营销

会员营销是基于会员管理的营销方法，商家通过将普通客户变为会员，分析会员消费信息，挖掘客户的后续消费力，以汲取终身消费价值，并通过客户转介绍等方式，将一个客户的价值实现最大化。会员营销与传统营销方式在操作思路和理念上有众多不同。

12.1.5 新媒体营销的优势

1. 新媒体营销让用户自主选择

营销人员应该掌握用户的主动权，让用户营销自己的商品。

在新媒体之前，过去的营销方式是硬性推广，而新媒体营销则不同，新媒体使得与用户沟通的互动性增强，有利于取得更有效的传播效果。企业要做的就是让目标用户参与，让品牌融于用户的互动活动当中，融于口碑当中，形成另一种传播源，不断向下扩散。这样，营销就会事半功倍。相反，如果让用户置身事外，他们将永远无法体味个中滋味，更无法成为营销的"病毒载体"。

在网络时代，泛滥的信息让人们的决策成本空前提高，简单的信息告知传播，显然已经无法满足企业的营销期望。因此，让用户成为企业的营销计划中的一部分，变成营销的"病毒载体"，一起来完成企业的营销宏图，就成了每个企业都望穿秋水的期待。通过这种方法，企业能够与用户实现更多的互动，也可以收集到更多的反馈信息。新媒体营销让用户占据了主导的地位，在这个崇尚体验、参与和个性化的时代，用户的个性化需求更容易得到满足。

2. 新媒体有效地降低了营销成本

新媒体不仅使企业宣传品牌的方式多元化，而且大大地降低了营销的成本。例如，在过去，很多企业曾经花很多钱建一个官方网站，定期或不定期发布一下企业动态和产品信息，不停地更新网站和推广，但效果往往并不理想。而新媒体提供了更多免费的开放平台，并且资源共享。例如，在微信开通公众号账户，在豆瓣建立兴趣小组，在天涯建立品牌空间，在新浪微博建立官方微博，在百度百科建立品牌词条，在 QQ 上建立粉丝群，在自己的官方网站上建立互动有奖游戏，而且这些基本上都是免费的，可以大大节省营销成本。

3. 新媒体提升了广告的创意空间

新媒体的发展使病毒营销、社区营销、数据库营销、反向沟通、互动体验、口碑传播、精准营销、焦点渗透、事件营销等各种新的广告形式和营销方法不断出现。在社会化营销中，创意就是营销的弹药，新媒体营销会发挥出强大的力量。创意可遇不可求，但是一旦拥有了创意，并通过用户的参与，其整个营销的效果就会得到极大提升。通过新媒体载体，人们将更多创造性的元素融入整合营销传播当中，对于企业战略转型和整合营销传播的完善和发展都具有关键意义。而创意经济自身蕴含着巨大的能量，创意元素已经成为当今企业和产品竞争中最为重要的一环。

4. 新媒体能让用户帮企业创造产品

新媒体能引导用户创造产品，并分享利润，苹果公司的 App Store 就是一个典型的例子。苹果公司允许用户上传自己编写的应用程序，并由平台统一进行销售和下载。每成功出售一次，作者便会得到一定比例的分成。于是，苹果公司和应用程序作者实现了让人难以想象的共赢。短短几年光景，App Store 中经过认证的应用程序就接近 20 万个，总下载次数超过 15 亿次，其中，收费的应用程序平均价格约为每个 2.85 美元。正是凭借着 App Store 中大量的应用程序和作者们自发地推广，苹果出售终端 iPhone 和 iTouch 才赚得盆满钵满。

让用户创造内容或产品，企业提供销售平台，与用户共同分享利润，在保证产品的多元化和创造力的同时，也拥有了大量忠实、可靠的宣传者。他们热情并且希望得到旁人的认可，更希望能够把自己的作品向全世界公开。于是，能够展示其作品的平台或终端会备受推崇，口口相传之下，企业成了最大的受惠者。因为，每一个用户都渴望得到别人的认可，所以，再也没有比传播自己的内容更有驱动力的方式了。新媒体能让用户在参与的过程中，将一成不变的产品信息打上自己的烙印，进而再次传递，营销的效果更佳。更进一步讲，如果企业在传递过程中，因为用户的参与而获利，并慷慨地与该参与的用户分享利润，那么这种共赢的模式，将会进一步提高营销的效果。

5. 更精准化的客户定位

在新媒体营销中，不管是门户网站的按钮广告，还是搜索引擎的关键词广告，相对于传统媒体而言，都更有针对性。例如，如果某个用户在微博谈论购买篮球的事情，那么系统会认定他有购买篮球的需求。而过一段时间，不管他是否在进行篮球运动，系统都有可能为他定制耐克、阿迪达斯或李宁等品牌。在这个营销过程中，一切都基于人、账户及关系网，所以一切需求和潜在消费欲望都可以得到记录、计算和推理。

6．巨大的数据库营销宝藏

新媒体的另一个好处就是可以轻而易举地得到大量的用户信息。在用户看来，自己的信息只不过是交往时必要的谈资；但从大数据营销的角度，用户就是精准的潜在消费者。目前的大数据技术，完全有能力根据用户的基础信息和实时交流内容，通过语境和语义的分析，算出用户在哪方面有需求，或者有消费潜力。

12.1.6　新媒体营销的渠道

1．搜索引擎营销

搜索引擎营销包括百度搜索引擎、搜狐搜索引擎、360 搜索引擎、神马搜索引擎、夸克搜索引擎等。

2．博客营销

博客营销是经过博客网站或博客论坛，通过博客作者个人的常识、爱好和生活体验，传达商品信息和营销活动。

3．自媒体推广营销

自媒体推广营销包括今日头条、百家号、搜狐自媒体、企鹅号、UC、QQ 空间、网易云阅读等。

4．视频营销

视频营销包括各大门户视频网站，可以进行发布流量曝光。

5．音频等知识付费平台

音频等知识付费平台相比过度开发的开屏（视觉）广告，利用了音频的闭屏特点，可以更有效地让品牌信息触达用户，这是音频营销的关键点，也是一种趋势。

6．App、短视频即时营销

App、短视频即时营销既包括知乎、简书等 App 的营销，也包括抖音、快手、火山等短视频营销。

7．付费推广

付费推广随着媒体展现的多元化，广告投放也多元化，包括搜索引擎竞价、分类信息、信息流推广。

12.1.7 新媒体营销的策略

随着新媒体的爆发，拥有粉丝变得越来越重要，在新媒体营销中充当重要角色的就是粉丝经济。粉丝经济表明，一个媒体平台，如果不能聚粉，那么这个媒体将会慢慢失去价值。

新媒体之战其实就是粉丝之战，新媒体营销的一切目的都转向了获取高质量的粉丝，拥有粉丝就等于拥有了财富，那么要运营好新媒体，就要把以下两点作为重点，一是人（灵魂人物），二是思想（转变观念）。

1. 打造灵魂人物

人们可以发现一个现象，现在很多企业的官方微博都已死机，可是那些行业里的意见领袖的微博却运营得风生水起。其实关键就是人，企业官方微博对于粉丝而言是一群人，而粉丝面对的意见领袖是一个活生生的人，也就是灵魂人物，可以跟他进行沟通、互动、交流。

2. 平台思维

平台要想吸引更多的粉丝关注，必须能够提供更多粉丝所需要的价值，就如同一家电视台，要想提高电视台的收视率，必须引进更多的优质电视剧，才能获得更多的观众。同样，一个优秀的公众平台，必须拥有更优质的作者提供内容，才能吸引粉丝的关注。

3. 资源运作

随着粉丝越来越多，最终这些粉丝都会变成资源，是资源就可以进行交换、变现。如果企业拥有的平台资源只供自己使用，那么，这个平台发挥的影响力就会很小；如果这个平台的资源，可以为平台里面的粉丝所有，那么，这个平台就更有价值，进而打造成为粉丝跟平台利益的共同体。

4. 把读者当作客户

读者就是读完某篇文章或某本书的人，读完以后作者跟读者不需要保持任何的关系。而客户在购买产品以后，商家必须保持跟客户的关系，并且必须对卖出的产品负责任。即前一种不需要维持关系，而后一种则需要长期维持关系。如果人们希望利用新媒体进行变现，那么就需要把读者当作客户，因为只有客户才能长期创造利润，而读者只是阅读。

5. 打造多个媒体传播渠道

平台要想获得更多的粉丝，就必须拥有多个价值输出的渠道，这样才能保证新媒体的活跃度。刚开始关注新媒体的粉丝往往很活跃，可是随着时间的推移，很多粉丝的活跃度就会下降，一个新的平台只有每天都有源源不断的粉丝增加，才可以保持平台的活跃度，所以，一定要为自己的平台准备多个价值的输出渠道。

6. 重视人脉关系链的传播

新媒体中的人脉链传播改变了传统媒体传播模式，把每个粉丝都变成了传播的载体，粉丝既是观众，同时又是内容的传播者，这样的传播想象力可以无限地放大。如果分享内容的是一位拥有 10 万名粉丝的行业领袖，那么这一次传播所产生的影响力，将会是原来的 10 倍甚至 100 倍。因为永远不会有人知道分享内容的粉丝拥有的粉丝人数。同时，通过人脉关系链的传播，可以在不增加任何成本的情况下，为平台获取更多的粉丝，增加平台的影响力。

要想做好人脉关系链的传播，就需要从内容上下功夫，粉丝之所以会自愿地帮助主动传播，原因只有两个字——内容。

未来企业传播的渠道、获取客户的通道都会转向移动新媒体，谁更懂得运营新媒体，谁就会拥有更多的机会与商机。移动互联网已经在改变整个商业的格局，因为用户的购买习惯已经改变了，手机商业模式已经到来，一切商业都要围绕手机运转，新媒体营销也要围绕着手机开展。

12.2　直播营销

关键词语

直播营销　网络红人　直播平台

12.2.1　直播营销的概念

1. 直播营销的基础概念

广播电视专业词典对直播的定义为"与广播电视节目的后期合成、播出同时进行的播出方式"。但是，随着互联网的发展，尤其是智能手机的普及和移动互联网的速度提升，直播的概念有了新的扩展，越来越多基于互联网的直播形式开始出现，即"网络直播"或"互联网直播"，指用户在手机上安装直播软件后，利用手机摄像头对发布会、采访、旅行等进行实时呈现，其他网民在相应的直播平台上，可以直接观看与互动。

2. 直播营销的优势

现阶段谈到的"直播营销""移动直播营销"等，多数情况下默认是基于互联网的直播。与传统媒体平台（电视、广播）的直播营销相比，互联网直播营销有如下两个显著的优势。

第一，参与门槛大大降低。网络直播不再受制于固定的电视台或广播电台，无论企业是否接受过专业的训练，都可以在网上创建账号，开始直播。

第二，直播内容多样化。除传统媒体平台的晚会、访谈等直播形式外，利用互联网可以进行户外旅行直播、网络游戏直播、发布会直播等。

12.2.2　直播营销构成的要素

基于互联网的直播营销，通常包括场景、人物、产品、创意 4 个要素，如图 12-1 所示。第一是场景，企业需要用直播搭建销售场景，让用户仿佛置身其中；第二是人物，主播或嘉宾是直播的主角，定位需要与目标受众相匹配，并友好地引导用户互动、转发或购买；第三是产品，企业产品需要巧妙地植入直播内容、道具、互动等，从而达到将企业营销软性地植入直播之中的目的；第四是创意，创意是直播营销的亮点，网民对于常规的"歌舞晚会""朗诵直播"等已经产生了审美疲劳，新鲜的户外直播、互动提问、明星访谈等，都可以提升直播营销的效果。

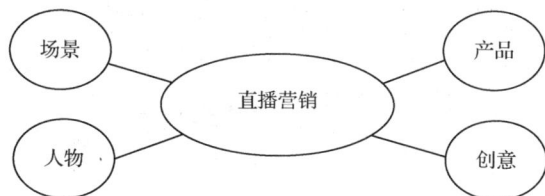

图 12-1　直播营销构成的要素

12.2.3　直播营销的主要特点

直播营销之所以受到越来越多企业的青睐，主要是因为其具备以下 6 个特点，如图 12-2 所示。

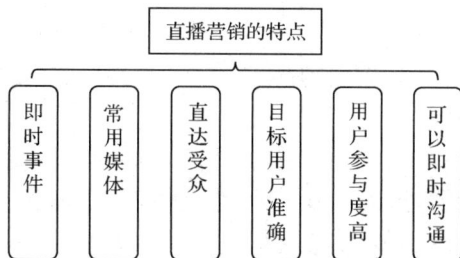

图 12-2　直播营销的特点

1．即时事件

由于直播完全与事件的发生、发展进程同步，因此，可以在第一时间反映现场状态。无论晚会节目的最新投票、体育比赛的最新比分，还是新闻资讯的最新进展，都可以直接即时呈现。

2．常用媒介

观看互联网直播通常无须专门购买昂贵的设备，使用手机、计算机等常用设备，即可了解事件的最新进展。也正是由于这一特点，用户之间的相互推荐变得更加方便，从而更有利于直播的传播。

3．直达用户

与录播节目相比，直播节目不会做过多的剪辑与后期加工，所有现场情况可以直接传达给用户。因此，直播节目的制作方或主办方需要花更多的精力，去策划直播流程，并筹备软、硬件，否则一旦出现失误，将直接呈现在用户面前，从而影响制作方或主办方的品牌形象。

4．目标用户精准

互联网直播具有即时性，不同的主播直播时间也不同，并且不确定性较强，和互联网用户日常获取信息的碎片化时间是相冲突的。用户在观看直播时，需要在主播通知的时间里，进入主播的直播间进行观看。因为有时间的限制，所以能够在特定时间段里，进入直播间观看直播的用户，都具有较高忠诚度。所以，直播吸引到的都是较为精准的目标用户。

5．用户参与度高

人们日常生活中看到的图文广告或视频类广告，都是提前制作好的作品，虽然可能会花费大量的时间和精力，但质量也比较精良，因此能够吸引许多受众，但是用户只有接受行为，而没有参与行为，所以会有一定的距离感。直播由于是即时性的内容传播，用户可以在内容产生的过程中，发表自己的言论，能够与内容生产者产生很好的互动，从而提升用户的参与感。

6．可以即时沟通

在互联网直播营销过程中，在内容生产的这个时间段里，用户可以通过直播平台的评论入口，即时地直接发表自己的意见，不仅可以与内容生产者进行交流，同时也可以和观看直播的其他用户进行交流沟通、传达意见。这个是其他营销渠道很难实现的，不论是微博、微信，还是短视频抖音，用户都是只能通过评论的形式发表看法，但内容生产者是很难对评论进行即时性回复的，这样不利于沟通，不利于解答用户对内容的疑虑。

12.2.4　主流直播平台

现阶段，在线直播类软件已成为软件市场最火爆的类目之一。根据平台主打的内容划分，直播平台可以分为综合类、游戏类、秀场类、商务类、体育类、专业类、教育类等（见表 12-2）。需要强调的是，此分类仅表示该平台的主打内容，实际上绝大多数平台并非单一属性，会出现同时拥有游戏直播、教育直播、秀场直播的多维度定位。

表 12-2　直播平台的分类

综合类	游戏类	秀场类	商务类	体育类	专业类	教育类
一直播	斗鱼 TV	六间房	淘宝直播	章鱼 TV	疯牛直播	网易云课堂
花椒直播	虎牙直播	YY 直播	京东直播	企鹅直播	知牛财经	荔枝微课

续表

综合类	游戏类	秀场类	商务类	体育类	专业类	教育类
QQ 空间	战旗 TV	新浪秀场	拼多多直播	懂球帝		千聊
映客直播	龙珠直播	腾讯视频	脉脉直播	中国体育		沪江 CC Talk

12.2.5　主流电商平台

近年，随着互联网的高速发展，以及社交软件和大量视频直播平台的涌现，传统电商平台陆续步入瓶颈期。同时，淘宝、京东、苏宁、拼多多、抖音、快手、小红书、B站、微博、腾讯等平台纷纷向外界展示了各自对直播业务的最新布局。根据目前直播带货的方式、策略，下面对十大主流平台直播带货的模式特点进行对比。

1. 淘宝直播

（1）用户基数大、黏性高。截至 2019 年年底，淘宝直播用户每天可观看的直播内容时长超过了 35 万小时，可购买的产品数量达 60 万种。

（2）带货规模跨越式发展。淘宝直播 2019 年全年引导成交额超 2 500 亿元，连续三年增速超 150%。2019 年，淘宝直播有 177 位主播年度网站成交金额（Gross Merchandise Volume，GMV）破亿元。

（3）直播主体更多元、场景更丰富。2019 年 "618" 期间，大约 300 位明星、600 位总裁、1 万多个线下门店、5 万多名柜哥和柜姐进行直播。直播场景也由直播间扩展至工厂、田间、档口、商场、街头、市场等。

2. 京东直播

（1）高流量曝光。京东直播通过主会场站内搜索推荐或站外联动，形成高流量曝光的全场景直播；携手快手、抖音、微视、B 站等打造直播带货生态，形成全域连卖的热闹景象。

（2）多元丰富的直播内容。以 2019 年 "618" 直播为例，京东直播有超 30 万场次重点直播，开设 "总裁价到" "高管直播秀" 等品牌高管直播栏目；100 多位明星轮番直播；硬核演唱会、草莓音乐节等内容助阵，以吸纳多元用户的注意力。

（3）商品端服务升级。京东直播突出对供应链超强的整合能力，鼓励商家直播发布新品。在 2019 年 "618" 期间，"十大礼包" 助力商家加速跑。旗下社交电商平台京喜的入局，丰富了京东在新兴市场、产业带等的直播生态圈。

3. 苏宁直播

（1）打造生态链。苏宁直播通过端内直播打造自己的生态链，侧重点在于打造更加亲民化、娱乐化的好物直播。

（2）多样直播形式。苏宁直播通过店铺/原产地直播、好货折扣直播、明星直播、电商综艺直播四大直播形式，进行直播入局。

4. 拼多多直播

拼多多直播为商家提供现金红包营销工具，通过微信，可引导用户邀请好友进入直播间，帮助各个商家进行引流与曝光度的提升，从而达到店铺的转化。其固有特征在于3点：①80%左右都是店铺直播。②上线了多多农园、县长直播、明星带货，拼多多多个维度发力，支持助农。③流量获取上，主要依赖于私域流量或公域投放广告的方式获取。

5. 抖音直播

（1）2020年抖音直播的重点在于壮大了电商直播，完善自己的生态闭环。

（2）明星、大V纷纷在抖音创建带货直播间，进一步推动"抖音直播"走向大众化、常态化、规模化发展。

（3）以内容种草为抓手的抖音，聚焦年轻人潮流个性的生活态度，平台调性让内容种草+直播带货成为品牌品效合一的最佳组合拳。

6. 快手直播

（1）快手在明星化布局和企业联合快手红人直播等举措下，逐步拓展、扩充头部红人类型，再次包装家族主播，弱化江湖草根味。

（2）众多品牌进入快手直播间，不仅仅是清理库存的渠道，随着新品发布的增多，品牌方已经开始认可快手在下沉和拉新方面的独特魅力，快手的品牌化进程加快。

（3）与京东达成战略合作，用户可以将主播作为途径，通过推荐与体验，购买京东商品，享受京东售后服务。

7. 小红书直播

（1）把关键意见领袖（Key Opinion Leader，KOL）/关键意见消费者（Key Opinion Consumer，KOC）发展为种子用户，通过他们的分享去影响普通用户，积累口碑，完成品牌价值的原始积累。

（2）小红书直播目前处于0到1的培育过程，虽然有明星入驻、明星直播的先例，但是入口浅、开放有限、仅限小红书商城等局限性，需进一步完善。

📎 相关链接

杨天真要在小红书"二次创业"

2020年7月25日晚，杨天真在小红书开启直播卖货首秀，邀请到傅首尔和小红书博主"小颠儿kini"两位嘉宾助阵，在长达4个半小时的直播里，引导成交额超736万元，当晚直播间最高同时在线人数超过11万人。

直播期间，杨天真共带货26种商品，主打美妆服饰，包括兰蔻小黑瓶、Valmont（法尔曼）面膜、Olay小白瓶礼盒等产品，除此之外，杨天真个人创办的大码女装品牌Plusmall也亮相直播间，并在直播间首发两款新品的预售，直播期间销量超过

3 000 件。

2020 年"六一"当天，杨天真宣布告别艺人经纪业务，进入直播行业。直播行业虽然火热，但赛道也越发拥挤。杨天真虽然多次因"经纪人"的身份在社交平台被热议，但在正式直播卖货之前，杨天真在小红书平台的粉丝量也不过 23 万人。首秀带货 736 万元，在一定程度上，表现了杨天真在垂直领域的带货实力，但是否能够持续吸引粉丝，带动转化，仍有待验证。

截至 2021 年 2 月底，杨天真大码女装在小红书平台带货数量可观，不仅有来自杨天真本人的流量，还有来自杨天真平台销售产品的细分客户需求。由此可见，在任何平台进行直播形式传递和展示商品，基本能力都是满足用户的需求为主。

8. B 站直播

哔哩哔哩简称 B 站，现为我国年轻一代高度聚集的文化社区和视频平台。该网站于 2009 年 6 月 26 日创建，粉丝们亲切地称之为"B 站"。2018 年 3 月 28 日，哔哩哔哩在美国纳斯达克上市。2020 年 9 月 15 日，B 站定制的视频遥感卫星——"哔哩哔哩视频卫星"成功升空。

B 站早期是一个动画、漫画、游戏（Animation, Comics, Games，ACG）内容创作与分享的视频网站。经过十多年的发展，围绕用户、创作者和内容，构建了一个源源不断产生优质内容的生态系统，B 站已经涵盖 7 000 多个兴趣圈层的多元文化社区，曾获得 QuestMobile 研究院评选的"Z 世代偏爱 App"和"Z 世代偏爱泛娱乐 App"两项榜单第一名。

📎 相关链接

B 站刷屏朋友圈的演讲《后浪》

2020 年 5 月 3 日 17∶00 点，央视在《新闻联播》前，播出了 B 站青年宣言片《后浪》，国家一级演员何冰走上舞台，声情并茂地告诉着不停奔涌的"后浪"："不用活成我们想象中的样子，我们这一代人的想象力，不足以想象你们的未来！"

五四青年节，是每一个年轻人都应该仔细思考的一天，因为青年正在改变这个世界！

9. 微博直播

（1）微博橱窗是微博的高流量性质产品展示的窗口，除向天猫进行导流外，也将京东购物向微博的用户全量开放。

（2）微博端内的直播页面，以直播平台"一直播"的秀场直播为主，但在电商直播领域中，已与淘宝打通，进行双平台分发，通过微博的曝光与淘宝直播的商品展示，实现了全方位的电商服务。

10. 腾讯直播

腾讯直播对于商家店铺+明星/网红或低价售卖等方式，动用全部已知存量，激发存量的线上消费。但对小众品牌、无私域存量的品牌却并不友好，直播培育成本较高，只适合建立渠道，不适合高效曝光。

根据不同的平台属性及未来发展趋势，针对品牌直播不同侧重点，可以总结出如下两个特点。

（1）品牌规模。商家用户存量广，线下门店覆盖量极高，希望致力于供应链整合及拓展销售模式的，适合工具型，如腾讯直播和电商平台店铺直播，如淘宝、拼多多、京东等。白牌或新兴品牌适合高流量曝光，可以将产品迅速打入市场，如微博红人直播、抖音、快手等。根据目前品牌所处阶段与目的，商家应调整适合自己的平台。

（2）直播目的。商家若看重迅速销货，则需要在转化率较高的电商平台或小红书类种草平台，直播效果会更佳；若重曝光，则可通过微博红人橱窗展示、抖音种草等方式与直播相融合。

相关链接

十大主流电商平台直播带货模式

十大主流电商平台直播带货模式对比如表 12-3 所示。

表 12-3　十大主流电商平台直播带货模式对比

平台	平台属性	流量来源	KOL 属性	商品属性	带货模式
淘宝直播	电商	公域流量	头部主播集中 代表主播：薇娅、李佳琦	淘宝体系内全品类	商家直播、明星直播、达人直播模式兼具
京东直播	电商	公域流量	垂直化主播培育 代表主播：王自如、黄爸爸寻鲜	京东电商全品类	帮助主播专业内容+品质供应链
苏宁直播	电商	公域流量	暂无头部主播 明星代表：贾乃亮、关晓彤	苏宁易购优势品类	达人、店铺直播兼具，以店面、原产地直播为特色
拼多多（多多直播）	社交+电商	私域或公域投放的广告	暂无头部主播 明星推荐官：周涛	商品为主	定位更偏向于工具，以店铺直播为核心
抖音直播	社交+内容	偏公域	头部主播较集中	美妆+服装百货	短视频+直播带货、种草转化
快手直播	社交+内容	偏私域	头部主播较分散	商品为主	达人直播、打榜、连麦等
B 站直播	内容社区	公域+私域	目前小范围测试	内容电商+直播带货	以视频种草为主
小红书直播	种草基地	公域+私域	头部 KOL 不是很出众，缺乏代表人物	美妆类为主	直播+笔记
微博直播	社交+内容	偏公域	头部主播较集中	服装、生活用品等非标品类为主	话题人搜+直播+名人背书
腾讯直播	社交+内容	私域流量	以商家店铺直播为主	服装、美食、数码等有线下店铺的商品	公众号+小程序+直播

12.2.6 直播营销的优势

企业营销活动是将企业研发出的满足客户需求的产品价值呈现给客户，并实现价值交换（企业交付产品、客户支付款项）的过程。而在企业已经生产出成形产品的前提条件下，企业营销的重点是呈现产品价值、实现价值交换两大模块。

在传统的市场营销活动中，企业呈现产品价值主要依靠户外广告、新闻报道、线下活动等形式，企业实现价值交换则是借助推销员销售、自动售货机贩卖、电话下单与发货等方式。而互联网直播的出现，给企业带来了新的营销机会。借助直播，企业可以在上述呈现产品价值环节支付更低的营销成本、进行更快捷的营销覆盖；在上述实现价值交换环节实现更直接的营销效果、获得更有效的营销反馈。直播营销的优势如图 12-3 所示。

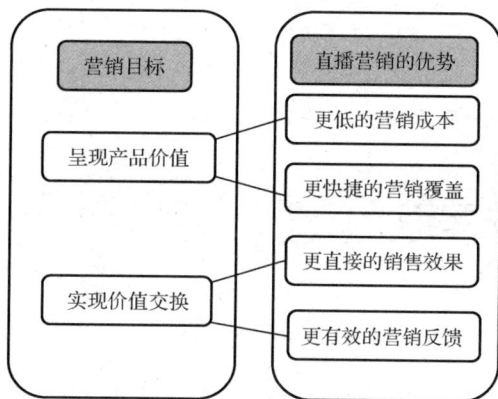

图 12-3 直播营销的优势

1. 更低的营销成本

传统广告营销方式的成本越来越高，楼宇广告、车体广告、电视广告的费用从几十万元到上百万元不等。网络营销刚兴起时，企业可以用较低的成本获取用户、销售产品；但随着淘宝、百度等平台用户的增加，无论是搜索引擎广告，还是电商首页广告，营销成本都开始变高，部分自媒体"大号"的软文广告费甚至超过 50 万元。

而直播营销对场地、物料等需求较少，是目前成本较低的营销形式之一。

2016 年 5 月 25 日晚，小米公司举办了一场纯在线直播的新品发布会，小米公司总经理雷军直接在办公室，通过十几家视频网站和手机直播 App，以及自家的"小米直播" App 发布了其生态链产品——小米无人机。采用线上直播的形式，无须租借会议酒店，无须准备户外宣传，无须进行大型会场布置，所花费的成本仅十余台手机而已。

2. 更快捷的营销覆盖

用户在网站浏览产品图文或在网店翻看产品参数时，需要在大脑中自行构建场景。而直播营销完全可以将主播试吃、试玩、试用等过程，直观地展示在用户面前，因此，能够更快捷地将用户带入营销所需的场景。

3. 更直接的销售效果

用户在购买商品时，往往会受环境的影响，有时由于"看到很多人都下单了""感觉主播使用这款商品效果不错"等原因而直接下单。因此，在设计直播营销时，企业可以重点策划主播台词、优惠政策、促销活动，同时反复测试与优化在线下单页面，以收获更好的销售效果。

4. 更有效的营销反馈

在企业已经生产出成形产品的前提条件下，企业营销的重点是呈现产品价值、实现价值交换；但为了持续优化产品及营销过程，企业需要注重营销反馈，了解用户意见。由于直播互动是双向的，在主播将直播内容呈现给用户的同时，用户也可以通过弹幕的形式，分享体验。因此，企业可以借助直播，收到已经用过产品的用户的使用反馈，还有现场观众的观看反馈，以便下一次直播营销时进行修正。

互联网直播行业的发展已经超过了 10 年，但尝试直播营销的企业并不算多。由于直播营销具有更低的营销成本、更快捷的营销覆盖、更直接的销售效果、更有效的营销反馈四大特点，已经有更多的企业尝试借助直播进行营销推广。

12.3　社群营销

关键词语

社群营销　构成要素　构建　运营方法　变现方式

12.3.1　社群营销的概念

社群是一群志同道合的人的聚集，同时也是连接信息、服务、内容和商品的载体，有稳定的群体结构和较一致的群体意识；成员有一致的行为规范、持续的互动关系；成员间分工协作，具有一致行动的能力。社群营销在营销过程中，通过引起受众的关注度，汇聚人群，以达到最终的营销目的。而网络社群营销则是在网络社区营销及社会化媒体营销基础上，发展起来的用户连接及交流更为紧密的网络营销方式，主要通过连接、沟通等方式实现用户价值，营销方式人性化，不仅受用户欢迎，还可能使用户成为继续传播者。

营销视野

社群、社群经济、社群营销与微商的区别

1. 社群与社区的区别

社群与社区两者都是人聚集而成的产物，有一定的社会形态，但是社群强调的是人与人在虚拟空间里的关系，社区强调的是人与人在物理空间里的联系。

2．社群经济与粉丝经济的区别

社群是两两相交的网状关系，而粉丝经济则是以某个点为中心，所有人围绕这个中心活动的明星式经济；社群经济发展到一定程度会自我运作，但粉丝经济不会。

3．社群营销与微商的区别

社群营销与微商的区别可以从六个维度进行分析，如表 12-4 所示。

表 12-4　社群营销与微商的区别

维度类别	思维逻辑	动力来源	盈利模式	传播方式	成本投入	效果
社群营销	以社群成员为中心，通过造福社群成员，销售产品与服务，顺便盈利	通过群内的活动和用户的参与产生内容，大家发自内心，还会有物质收获，能够持续产生创新动力	通过服务社群成员持续盈利，利润来自服务费，用户越精确越好，赚熟人的钱	群成员精准投放，自媒体传播，群成员主动口碑传播	客服系统建设、线下活动、客服团队建设、用户数据统计与需求挖掘	转化率高、获客成本低、复购率高、可持续、多方盈利
微商	以自己为中心，对外传播，目的是吸粉、吸金	通过物质奖励、精神荣誉方式刺激经销商推广，动力无法持久	通过卖产品盈利，通过增加用户的数量盈利，用户越多越好，赚陌生人的钱	病毒式传播，强推，朋友圈、微信群、软文等	吸粉、推广、进货、奖励	效率低、转化率低、复购率低、不持久，只有少数商家盈利

12.3.2　构成社群的五大要素

1．人——同好

人具有同好这个因素十分重要。同好就是大家都有共同的兴趣爱好，有共同的话题，这是建立整个社群的一大前提。在建立社群前，需要先清楚成立群的目的，如果只是发广告，那么就可以随便拉人，但是不会有什么好结果。如果群有一个主题，并且这个主题是朋友们都认可的，那么建群才有意义，社群才有运营的必要性。

2．规则——体系

大部分社群都会经历一个阶段，即从最初的活跃到最终的沉寂，不管是大社群还是小社群，无一例外。原因在于没有对社群进行合理的规划，导致群没有结构、没有体系、没有规则、没有管理。一个整天广告满天飞的群是没有人愿意加入；一个整天闲聊的水群，没有任何干货也是没有人愿意加入的；一个一年半载都没人留言的群也是没有人愿意加入的。

3．输出内容——社群存在的价值

要建立有价值的社群，就必须要有让人信服的内容。几乎所有的社群，在成立之初都是非常活跃的。但如果一个社群长时间没有内容输出，不给成员提供有价值的东西，那么，久而久之，社群活跃度就会逐渐下降，最终逐渐成为广告群或不了了之。因此，如果建立的社群要有价值，那么给群成员持续不断地提供有价值的内容，便是群主和管理员的责任。

4．运营——决定社群的生或死

如果一个社群建好后，却从来没有人管理，那么一定会早死或晚死。因此，运营的意义不仅是要让社群越来越好，还要让社群活得长久一些。作为群主和管理员，就需要持续给成员建立"四感"，即仪式感、参与感、组织感及归属感。

（1）仪式感。让成员觉得自己备受重视，大部分人都会喜欢被在意的感觉。仪式感包括进群成员需要认同群规，规定哪些行为可以获得奖励或惩罚，进群要先申请等。

（2）参与感。社群是大家的，每个人都应积极地参与社群建设，这个社群才有意义，才可能是成功的。如果每天只有群主或管理员输出，恐怕难免枯燥乏味。一定要尝试邀请群内成员进行分享，或每天提出一个话题，引导大家共同探讨，让每个人都觉得在这个群里能学到东西，是有意义的，这样的社群才是一个健康合理的社群。参与感能够让每个成员感受到自己的价值。

（3）组织感。组织感主要针对管理员而言，管理员这个职位可以每周一换，或每月一换，大家也可以自荐竞争上岗，或者在群内组织一次大型活动，邀请每一个人分工执行，这也可以让成员感到有价值或有意义。

（4）归属感。社群成员的归属感可以通过线上或线下活动实现，作为群的一员，应该自愿为群付出。

5．复制——决定社群的规模

当一个社群运营正常了以后，可以按照这个模式再去多建几个社群，毕竟如果一个社群被网民认可了，一定会有越来越多的人愿意加入，这时不管是微信群还是 QQ 群，一个群不可能完全满足，那么建立其他的群就成为必需。不过企业和个人要量力而为，根据自己企业或者个人精力选择是否继续运营别的群，避免一旦后续运营不成功，可能还会连累本群，导致所做的工作变得毫无意义。

🔍 营销视野

估值上亿的社群：罗辑思维

在 2012 年，传说中的"世界末日"那一天，罗辑思维出现在了大众的视野之中，同名微信公众号开通运营，第一期视频也同时上线。主讲人罗振宇开始了每天早上六点半推出 60 秒音频和每一期的视频节目更新。

逻辑思维的口号是"有种、有趣、有料"，倡导独立、理性的思考，推崇自由主义与互联网思维，其由一款互联网自媒体视频产品，逐渐延伸成为互联网社群品牌，致力于打造的是一个有灵魂的知识社群，成为一群自由人的自由组合。

三年后，罗辑思维拥有了超 600 万人的微信订阅用户，视频点击量近 3 亿次，考验"真爱"的限时限量会员招募也轻松收入过千万元。2015 年 10 月 20 日，罗辑思维正式对外宣布完成 B 轮融资，估值 13.2 亿元人民币。罗辑思维集微信公众号订阅、知识类脱口秀视频及音频、会员体系、微商城、百度贴吧、微信群等具体互动形式于一体，主要服务于"80 后""90 后"用户中有"爱智求真"强烈要求的群体，已成为影响力极大的互联网知识社群。2020 年 8 月，罗辑思维以 70 亿元位列"苏州高新区·2020 胡润全球独角兽榜"第 351 位。

12.3.3　如何构建社群

1．确定创建目的

有些人认为创建社群的目的就是销售自己的商品，其实不然。建立社群的目的，是需要进行细分的，一个过于笼统的目的就等于漫无目的，厘清目的是为了指导后续的工作。所以，要明确一个细化的、较近的目的。例如，一个卖红酒的商家，由于他的品牌和商品都是新的，所以，他确定了建立自己的第一个微信社群的目的，是扩大这款红酒的知名度，以便他的目标用户知道这款酒很不错。

2．群成员定位

结合上一步细分的目的，就可以知道这个群的成员应该定位在哪些人，即进行成员画像。结合红酒卖家的例子，那么这个群的群成员画像就是：直接消费者、比较喜欢喝红酒的人，以及有送礼需求的人，成年、男女都可，这样一个大致的范围。还可以结合商品本身进行画像的细化。例如，如果这款酒是品质上乘、价位比较高的种类，那么目标人群的画像还要再加上一项，就是高收入阶层。

3．群管理人员与群规的设置

群规应当不局限于禁止刷广告、禁止发布不当言论等这个层面，还要规定好本群要定期发布什么样的信息、组织什么样的活动、进群的门槛、哪个管理员负责什么工作等，规定的设置与人员的分工是紧密关联的。这些信息可以以群公告的形式告知大家，也可以在新人入群的时候以欢迎语的形式告知。例如，红酒卖家可以规定每周五晚上 8:00 会有关于红酒专业知识的分享直播（群规）；而直播者是专业品酒师（人员）。

4．社群运营平台的选择

当前互联网上比较主流并且适合社群运营的平台有 QQ、微信、微博、百度贴吧、陌陌、知乎、豆瓣等（见图 12-4）。不同的平台各有其优势和缺点，选择社群运营平台时，应该根据自己所创建社群的属性、目标群体、社群类型等选择适合的社群平台进行建设。

图 12-4　主流社群运营平台

5. 获取种子用户

前面三步，完成了这个社群运营前的准备工作，接下来就是吸收群成员。而第一批必须是商家一类种子用户，这些人在群运营工作中，会起到至关重要的作用，甚至决定社群运营的成败。种子的作用是播撒出去后，经过耕耘和灌溉，可以结出很多果实。社群里的商家会一传十、十传百、百传千、千传万……社群传播都是靠种子用户进行的。

6. 价值输出+用户裂变

从第一个群成员进入社群开始，社群的机制就要正常运转起来，而价值输出是留住用户的最重要手段。例如，为群成员提供专业的红酒品鉴知识，或每周提供一款特价红酒，都要持续而有价值。在此基础上，要积极利用群内已有成员尤其是种子用户的社交圈，制定裂变机制，实现群成员在数量上的飞跃。裂变机制可以是最简单的拉人进群得红包，也可以是进行分享可得优惠等。

7. 持续运营

根据群规，不断输出价值，不断裂变成员，当然也可能会不断淘汰和清除不符合条件的成员。通过群晋升、群裂变等手段，建成活跃而有价值的群，一定会得到长久的发展。

12.3.4　社群变现方式

社群变现不局限于经济变现，还包括资源变现、人脉变现。其中的经济变现虽然只是其中的一个部分，但却是营销者非常关注的部分。

1. 产品变现

无论是具体到实物的产品，还是培训、咨询等无形的服务，都可以理解为产品。例如，某个社群架构运营师课程，课程就是产品；手机、充电宝、耳机也是产品。产品要求符合社群属性，有差异性，品质好，否则辛苦建立的社群关系就会迅速崩塌。社群对于产品变现有天然优势。以小米手机为例，可以利用手机用户的需求，让用户参与产品设计，以期生产出用户需要的好产品，这就是客户到企业的 C2B 模式。

2. 电商变现

电商变现指把社群当作销售渠道,任何与社群成员相关的产品都可以通过社群推广,电商平台是用户与垂直品类产品的交流通道。但是,如果在社群成立之初,目标就是卖东西的话,往往起不到很好的效果。例如,罗辑思维先靠知识类内容吸引用户,把用户聚合在一起后,才开始做电商,以实现高精准、高互动,终于爆发出价值,这是社群电商深度运营的结果。

3. 会费变现

社群成员在加入社群时,必须向社群支付一定的费用,才能加入社群、参与社群活动、享受社群服务等。如果社群或者社群领袖相对于群成员存在着势能优势,那收取一定的"门票"自然是水到渠成的。付费也可以看作筛选门槛,社群不同于粉丝群,它是有着共同目标和价值观的人群集合,因此群成员必须经过筛选,收费就是一个很好的手段。如果一个人愿意为入群付出金钱代价,那基本可以认为他对社群是高度认同的。

4. 广告变现

广告变现相当于把自媒体的模式应用于社群,不仅对用户质量有要求,还对合作伙伴有要求,否则广告没效果,用户却失去不少。广告变现最好以合作的方式开展,通过高性价比的活动,潜移默化地进行宣传,"发完就走"的广告模式绝对不可行。

社群本身重运营、重互动,社群成员又是相对精准的,因此,广告只有建立在良好的社群运营和精准的群成员匹配上,才会有效果。通常社群成员远不及自媒体的粉丝多,因此广告变现难以成为持续的社群变现方式。

5. 服务变现

服务变现指把基础的社群运营活动,通过免费的方式,尽可能多地聚集精准成员,然后通过增值服务的方式,对部分有需求的人进行收费。例如,霸王课就是通过收费好课免费学的方式,打造了一个爱智求真小伙伴的朋友圈。但是,要想通过专属的服务、专业的指导、专门的陪伴,能够用最快速度获得自己想要的技能,却是需要付费的。对于这种方式,一方面粉丝能够理解,因为毕竟基础服务要做得更好,就需要更多的人手去运营;另一方面,其实群友无所谓付费还是免费,主要在于能否快速地得到自己想要的服务,所以,增值服务能够实现营收。

6. 人脉中介

社群聚集了一群有共同特质的人,有共性,也有差异,共性使人产生协作,差异提供互补资源,运营社群不是运营微信群,而是运营人。只有成员之间互通有无,互相协作,才能产生很多的价值。社群的运营者也要格外注意跟社群成员的合作,无论是产品代销、资源匹配,还是人脉链接,人是所有事物的中心节点,因为通过一个人,可以连接到他身旁的任何事物。

人脉中介具体的形式可以是招聘求职需求、渠道合作需求、外包服务需求等。只有了解清楚用户能提供什么，用户需要什么，才能在资源匹配的同时，获取变现收益。

🔍 营销视野

吴晓波频道——自媒体时代的知识内容变现方法

作为我国最出色的财经作家之一，吴晓波的视频节目得到了极大的关注。从 2014 年 5 月 8 日节目正式在爱奇艺上线，到 2014 年 7 月 25 日，他在短短两个月的时间内，已上线 12 期节目，总播放量突破 9 000 万次，逼近 1 亿次大关。

互联网时代的内容生产者需要有产品意识。这就需要将创作的内容以产品化的思维创作、打包、运营，从而实现知识的变现。吴晓波频道刚上线时，曾推出过一项"失败值测试"的产品，设计几个问题，让用户回答这些问题，最终会给用户一个分数，65 分、75 分、85 分，回复一个数字，可得到对应的分数，然后进行评价。3 个多月的时间内，有 10 多万人参加。"如果今天做这个产品，我可能会增加一个支付的环节，你要取得那个报告，添加一个广告或者支付 3 块钱，或者 5 块钱，这个就是一个产品。"吴晓波如此说道。自媒体收费并不是一个趋势，而是工具革命给自媒体人带来的福利，内容产品化思维对内容生产者的改变堪称非常彻底。

随着用户数量的不断增多，吴晓波频道的节目收入主要来自广告、培训、会费，以及电商。其中，吴晓波频道视频盈利模式比较单一，主要以冠名、赞助等传统硬广告的广告费为主。不仅如此，吴晓波频道还开展线下培训活动，如曾经开办的电商大课，每天收取 1 088 元/人。已成为节目主要的收入来源。此外，吴晓波频道微信公众号还向付费会员推出了《每天听见吴晓波》信息增值服务，每天收取 0.5 元/人。最后就是将自媒体转向电商，吴晓波开办了"美好的店"，向粉丝售卖商品。

"吴晓波频道"运营两年半后，用户超过 200 万人，每天新增用户 2 000 人，付费用户接近 10 万人。吴晓波总结了成功的经验，一是找到了一个有充分刚需的细分市场；二是打造独一无二的风格，内容能被广大用户认可；三是快速做到全国前列，快速获取用户。再加上以内容产品化思路去制作内容产品、以不同的媒体工具进行多元化内容呈现，每种呈现方式都能带来不同的变现路径。

本章小结

直播营销是在现场随着事件的发生、发展进程，同时制作和播出节目的播出方式。该营销活动以直播平台为载体，以达到企业获得品牌的提升或是销量增长的目的。直播的核心价值在于它具备了聚集注意力的能力。基于互联网的直播营销，通常包括场景、人物、产品、创意 4 个要素。直播营销具有传统营销所不具备的特点与优势。

互联网进入了新媒体传播时代，为了能更好地达到新媒体营销的效果，企业往往利用多种不同的渠道进行整合营销，以形成一种围绕门户网站、搜索引擎、微博、SNS、博客、播客、BBS、RSS、Wiki、手机、移动设备、App 等形成的立体式营销氛围，并且具有独特的核心要素与营销渠道。

互联网时代的社群是不同的社会成员基于共同的目标、利益、兴趣等要素，聚合在网络平台的一种特殊的社会关系。社群营销是基于相同或相似的兴趣与爱好，通过互联网社群，使产品或服务满足群体需求而产生的营销方式。社群是基于移动网络和社交工具，由拥有相同兴趣或价值观的人突破时间和空间的限制，聚合而成的实时互动沟通的群体。社群作为流量接口，能够使用户被内容吸引，并通过接口进入的流量沉淀下来，为后续的商业化打下基础，而商业化则是寻找利益点进行商业转化。现在的商业模式正在打破传统的以产品、厂商为核心的格局，转而向人和社群转变，使用户占据主要位置，以大数据作为驱动。

课后拓展

直播表情包制作

表情包指通过趣味的图片（包括明星、动漫、影视截图等）加上相匹配的文字，形成特定的表情小图片，用来表达特定的情绪。在直播活动中，有趣的图片可以通过截图的形式保存下来，配上文字成为直播表情包。表情包的制作共分为发现表情、表情截取、添加文字、表情使用 4 个步骤。

1. 发现表情

直播活动结束后，如果在整场活动的视频中，遇到了合适的表情，就可以记录下位置（该表情具体在 × 分 × 秒，出现在谁身上），以便后期统一制作表情。

通常可用作表情包的直播表情有几类：①经典同步型。互联网上已经有广为流传的表情，如金馆长表情、微信表情、新浪微博表情等，直播中那些与经典表情同步的表情，就可以作为表情包素材。②夸张表情型。当直播参与者无意中出现“皱眉”“噘嘴”“闭眼”等面部表情时，也可以标记并保存。例如，在 2016 年奥运会女子 100 米仰泳半决赛中，我国选手傅园慧以 58 秒 95 的成绩排名半决赛第三。在赛后接受采访时，傅园慧说：“58 秒 95？啊？！……我以为是 59 秒。啊？！……我有这么快！……我很满意！”“我已经……我已经……用了洪荒之力了！”在采访当天，以傅园慧为原型的夸张型表情包便在微博走红。③动作表情型。直播中的人物动作也可以作为人物情绪的体现，尤其是与台词、口语或流行语相关的动作，如“轻轻地我走了”“左手一只鸡，右手一只鸭”“不许动，举起手来”“下班啦”等，当有人做出此类动作时，就可以保存下来作为表情包素材。

2. 表情截取

对静态图片表情及动态表情，截取方法有所不同：①静态图片。可直接将视频暂停，并用截图工具（QQ 截图、微信截图、360 浏览器截图等）截取相应表情。②动态表情。可以使用 QQ 影音截取。操作步骤是先使用 QQ 影音打开视频，单击右下角“扳手”图标，点选“动画”功能，然后在弹出的 GIF 制作界面中，通过滑动灰色线上的调节杆，选择动态图的起点与终点，截取后再保存到本地磁盘中。

3. 添加文字

对于静态表情图片，可直接使用 Photoshop 软件，通过新增图层添加文字即可。动态表情图在 Photoshop 软件里以图层形式出现，每一帧即一个图层。可单击右下角"创建新图层"按钮，选中新建的图层后直接添加文字。企业名称、品牌名称等可以用加水印的形式，添加在图片的一角。

4. 表情使用

直播表情包制作完成后，只有内部人员知晓。作为直播活动负责人，需要将直播表情进行推广。表情推广平台包括几类：①企业自媒体，如企业的官方微博、微信公众号等平台，在内容配图时，可以应用自家表情包进行推广。②官方群组，如粉丝群、试吃团、读者群等官方群组内，可以由管理员带动，在聊天时应用表情包。③表情开放平台，如微信、QQ 等分别推出了表情开放平台，原创表情可以尝试提交到表情平台，引导陌生网友查看与使用。

课后实训

实训背景与说明： 随着自媒体越来越广泛地进入人们的生活，大家都热衷于通过自媒体宣传企业或自己。王伟发现，有很多和他类似的果蔬零售店，已经通过自媒体平台，扩大了宣传面并获取了很多受众人群。因此，王伟希望同学们能够通过新营销的手段和平台，助力他在自媒体平台宣传一下优选果蔬零售店。

当前市场营销面临的新发展方式包括直播营销、新媒体营销、数字营销等，这些新的方式对于创业者及营销工作者，运用得好就能够起到事半功倍的好效果，能够增大企业宣传的速度，扩展企业宣传的范围。所以，对于新兴的营销形式，不论是传统企业还是创新型企业，都应努力跟上潮流发展，选取适合自己的营销方式。

实训考核重点： 在企业的营销活动中，人们既可以使用传统的营销手段，也可以利用互联网，迅速发展新兴的新营销手段宣传企业，推广产品。人们可以通过公众号平台，向客户传递企业资讯，指导消费者购买及售后等，还可以通过直播形式，向消费者传递产品感官信息，也可以通过社群环境，起到引流的作用等。

实训内容： （1）请帮助王伟在优选果蔬零售店中，完成一次果蔬农产品直播带货，需要提供完整的带货视频并存档。

（2）请帮助王伟的优选果蔬零售店创建微信公众号，用作优选果蔬零售店宣传和商品推广，并进行果蔬农产品安全知识的宣传。

（3）针对优选果蔬零售店现有客户群体，再帮助王伟创建一个社群环境，通过引流形式，吸引更多潜在的客户。

实训要求： 以上内容完成后，以书面形式提交汇总，并做小组汇报。然后在教师指导下，进行小组互评，再由教师进行总结点评。

参 考 文 献

[1] 菲利普·科特勒，加里·阿姆斯特朗. 市场营销原理与实践[M]. 楼尊，译. 北京：中国人民大学出版社，2020.

[2] 郑锐洪. 渠道营销管理（第 3 版）[M]. 北京：机械工业出版社，2020.

[3] 赵丽华. 市场营销学（第 3 版）[M]. 北京：中国铁道出版社，2019.

[4] 秋叶. 新媒体营销概论[M]. 北京：人民邮电出版社，2019.

[5] 王永贵. 市场营销学[M]. 北京：中国人民大学出版社，2019.

[6] 王永贵. 新媒体运营[M]. 天津：天津科学技术出版社，2018.

[7] 刘永焕，郝静. 市场营销学[M]. 大连：大连理工大学出版社，2017.

[8] 勾俊伟，张向南，刘勇. 直播营销[M]. 北京：人民邮电出版社，2017.

[9] 武勇梅. 社群营销[M]. 天津：天津科学技术出版社，2017.

[10] 菲利普·科特勒，凯文·莱恩·凯勒. 营销管理[M]. 何佳讯，等译. 上海：上海人民出版社，2016.

[11] 秋叶，秦杨，陈慧敏. 社群营销[M]. 北京：机械工业出版社，2016.

[12] 杨洪涛. 市场营销——网络时代的超越竞争（第 3 版）[M]. 北京：机械工业出版社，2019.

[13] 苏朝晖. 市场营销——从理论到实践[M]. 北京：人民邮电出版社，2019.

反侵权盗版声明

电子工业出版社依法对本作品享有专有出版权。任何未经权利人书面许可，复制、销售或通过信息网络传播本作品的行为；歪曲、篡改、剽窃本作品的行为，均违反《中华人民共和国著作权法》，其行为人应承担相应的民事责任和行政责任，构成犯罪的，将被依法追究刑事责任。

为了维护市场秩序，保护权利人的合法权益，我社将依法查处和打击侵权盗版的单位和个人。欢迎社会各界人士积极举报侵权盗版行为，本社将奖励举报有功人员，并保证举报人的信息不被泄露。

举报电话：（010）88254396；（010）88258888

传　　真：（010）88254397

E-mail：　dbqq@phei.com.cn

通信地址：北京市万寿路 173 信箱
　　　　　电子工业出版社总编办公室

邮　　编：100036